国家社会科学基金重大课题"创新驱动发展战略下知识产权公共领域问题研究"（17ZDA138）阶段性成果
中国法学会部级法学研究课题"互联网环境下版权公共领域问题研究"［CLS（2022）D47］结项成果

互联网环境下
版权公共领域问题研究

Research on the Public Domain of Copyright
in the Internet Environment

秦 俭 著

重庆大学出版社

图书在版编目(CIP)数据

互联网环境下版权公共领域问题研究／秦俭著. --
重庆：重庆大学出版社,2024.2
ISBN 978-7-5689-4337-6

Ⅰ.①互… Ⅱ.①秦… Ⅲ.①版权—保护—研究
Ⅳ.①D913.04

中国国家版本馆 CIP 数据核字(2024)第 023640 号

互联网环境下版权公共领域问题研究
HULIANWANG HUANJING XIA BANQUAN GONGGONG LINGYU WENTI YANJIU

秦 俭 著

策划编辑:唐笑水

责任编辑:杨 扬　　版式设计:唐笑水
责任校对:邹 忌　　责任印制:张 策

*

重庆大学出版社出版发行
出版人:陈晓阳
社址:重庆市沙坪坝区大学城西路 21 号
邮编:401331
电话:(023)88617190　88617185(中小学)
传真:(023)88617186　88617166
网址:http://www.cqup.com.cn
邮箱:fxk@ cqup.com.cn(营销中心)
全国新华书店经销
重庆升光电力印务有限公司印刷

*

开本:720mm×1020mm　1/16　印张:13.75　字数:198 千
2024 年 3 月第 1 版　　2024 年 3 月第 1 次印刷
ISBN 978-7-5689-4337-6　定价:78.00 元

作者简介

　　秦俭,毕业于西南政法大学,获知识产权法学博士学位,中南财经政法大学法学博士后流动站研究人员,重庆理工大学重庆知识产权学院讲师,硕士研究生导师,重庆市版权保护基地副主任。

　　主持中国法学会部级法学研究课题、重庆市社会科学规划项目、重庆市社科联调研项目、重庆市教委人文社会科学研究项目等多项课题。在《科技与法律》《网络法律评论》《电子知识产权》《中国广播电视学刊》等核心刊物发表多篇文章。

前　言

在互联网环境下,随着我国大数据、云存储、人工智能等新技术对作品利用方式带来的巨大冲击与改变,适用于纸本和印刷时代的版权制度已经无法满足网络时代的多元化创新之需求。历史上的版权制度总是通过改革迎接新技术所带来的挑战,制度与技术相互合作与支持,才能实现制度理念与价值促进创新技术的发展。而依托于互联网传播的版权产品在互联网技术快速发展的背景下,其权利边界不断扩张,且以往的实践重点关注新兴作品的权利界定、专有权利的配置,无形中损害了公共利益。因此,本书立意于互联网环境下的版权公共领域研究,一方面,是通过公共领域的视角去看待互联网环境下的新问题,试图找到更合理的解决路径;另一方面,则是希望通过本书发现互联网与公共领域的内在联结,并试图构建一套良性的互联网版权公共领域运行机制,使二者结合并激发公众的创新潜力。

本书正文内容共六章,采用总分结构,各章包括对具体问题的阐述和分析。以下对各章中的主要观点予以综述:

第一章"互联网与版权公共领域的关系"。本章从物理结构出发,介绍了互联网开放共享的本质特征。对公共领域的界定,在论述了否定式界定方法的不足及评述公众权利理论、版权义务理论、方法论理论的基础上提出笔者自己的见解,那就是"公共领域为版权限制领域,是所有版权限制制度的集合"。版权客体"信息"的公共性、无限性、共享性、传播性以及外溢性等特征决定了版权公共领域的开放性与共享性。通过对内在特征的考察,可以得出一个重要的结论就是"互联网与版权公共领域天然契合",二者相结合能够释放出开放创新、协同创新、竞争创新的巨大能量。

第二章"互联网环境下公共领域的政策目标"。很多国家对版权制度的选择和考量,都表现出某种超越私权属性的国家利益本位与公共政策立场。在法经济学视角下,互联网版权自身无法克服外部不经济现象,易沦为一种无效率或低效率的制度选择。按照帕累托标准,版权制度只有最大化满足各方的利益需求,才是有效率的。具体来说,"有偿"的版权公共领域制度既给权利人的创作活动提供必要的条件和动力,同时也为广大使用者提供自由选择信息产品的市场机会,符合帕累托最优。另外,"无偿"的版权公共领域机制致力于推进知识共享、创作自由。

第三章"互联网环境下版权客体中的公共领域"。本章首先澄清版权客体中的公共领域不局限于法定,也并非"不构成作品的对象",而是对版权保护客体的限制。版权限制说为构建版权客体中的公共领域制度体系提供方法论基础,抽离公共领域客体的共同特征作为通用的适用规则,包括思想与表达合并原则、事实公共领域原则、公用因素原则;并结合互联网环境下的计算机字体、单纯事实消息、无主作品、数据利用等实证问题进行论证,使互联网环境下版权客体中的公共领域机制建立在丰富的实践基础之上。

第四章"互联网环境下版权权能中的公共领域"。合理使用、法定许可、强制许可、默示许可、开放许可等使用模式不同程度地限制财产权,是为了实现福利最大化目标,并为文本与数据挖掘、新闻聚合、孤儿作品、游戏直播、知识共享使用提供更优的制度选择。互联网环境下技术措施限制、首次销售理论、非正式规则限制以及人格权限制的目的都在于保护使用者利益,与财产权限制制度共同构成互联网版权权能中的公共领域体系。

第五章"互联网环境下版权责任中的公共领域"。版权责任中的公共领域除了传统的"技术中立"抗辩原则与"避风港"抗辩规则外,随着网络服务商加强对内容的识别和控制能力,网络服务商确需履行合理的注意义务。但司法实践中对侵权认定标准的异化与过重的注意义务使技术创新面临被扼杀的风险,通过对网盘服务商注意义务的论证,以及对视频聚合平台侵权认定标准的厘定,可明确新形势下信息存储服务商与信息定位服务商版权责任公共领域制度的适用要件。

第六章"互联网环境下的版权期限中的公共领域"。著作权保护期限的不理性延长是版权扩张的体现，并带来互联网无主作品增多、作品管理成本增加等一系列问题。期限公共领域旨在限制版权期限的不合理延长，维持有限保护期制度在权利人利益和文化消费者利益之间精心设计的平衡状态。对数据库、计算机软件等新作品形式的保护期限，应区别于传统作品，建立科学的期限评估方法。

秦　俭

2024 年 1 月

目 录

导　言

一、选题的背景及意义

（一）选题背景

依托于互联网传播的知识产品在互联网技术飞速发展的背景下,其权利边界不断扩张,以致损害公众对知识的基本权利。如今,有关互联网的版权案件层出不穷,司法机关总是纠结于将新兴版权产品归结于哪类作品,应配置哪些专有权,对其的使用行为怎样能够定性为侵权行为,这样的判决思路正侵蚀着公共领域。在现有法规未对新兴知识产品与利用形态明确定性的情况下,权利人基于非正式规则,如拆封合同、格式合同等自定义其权利范围,追逐私益的市场本质使权利范围不断扩大,而司法实践往往承认上述合同的有效性,无形中损害了多数人的利益。互联网环境使公众对知识产品的利用方式更加多元化,而使用者与创造者的身份也因互联网独特的"基因"而变得模糊,在此情形下版权的边界更应该得到明晰的界定,否则公众的使用行为是否、何时落入侵权的桎梏,或因难以提前预判而损害法律的公信力。另外,所有的创造行为必须建立在对前人知识产品的"借鉴"上,版权不断扩张,私权范围不断扩大,导致公众对其使用的权利受阻,也顿挫了社会公众的创造性,这不利于我国创新驱动发展战略的实施,不利于我国建设创新型国家。基于上述症结,本选题以互联网环境下版权公共领域问题为研究对象,具体研究内容主要体现在以下几个

方面:

首先,探索互联网环境下版权公共领域的价值基础,明晰版权公共领域与版权保护的辩证关系。由于互联网具有无中心性、开放性、共享性、匿名性、联合性、传播性等特点,大大提升了人们知识搜取、知识共享、知识存储、知识发布和知识增值的能力。同时,版权的扩张与技术措施的应用造成了数字化版权掠夺、关键网络资源垄断等负外部性效应,愈发限缩公众获取知识的途径,从而抑制了社会的创造性甚至信息自由。由于知识具有公共产品属性,版权公共领域作为版权保护的限制原则一直是版权制度不可或缺的基本内容。随着互联网等新技术的发展,更应该完善版权公共领域制度以扩大公众接触知识的途径,让科学合理的制度与先进的技术充分结合,释放社会的创造活力。

其次,专注于互联网环境下版权公共领域的具体问题,分析具体形态的公共领域性质。国内学者对版权公共领域的研究主要集中在十年前,而互联网等新技术在近几年发生了突飞猛进的变化,也因此衍生了许多以前从未存在的新问题。这些对作品的新型利用方式与技术变革紧密相关,对其的性质界定关乎技术的发展与人类的进步,因此需结合公共领域制度进行分析,更有利于厘清保护与公有的边界。本书将选取客体、权能、责任、期限四方面的新型形态,分析其特性、功能、影响等要素,以期探索出合理的权利边界与共赢的利用方式,以满足权利人对私益的财产性需求及公众对知识的公益性需求。

最后,变革与发展互联网环境下的版权公共领域制度,为使用者提供清晰的规则指引。版权公共领域不仅是建构一套制度,其更是一种理论倾向和思维方法,在私权不理性扩张侵蚀公共利益时,公共领域提醒我们要及时遏制市场失灵倾向、防止版权在网络环境下无限制地扩张为绝对垄断权。基于对互联网环境下版权公共领域具体形态的分析,对已有公共领域机制进行完善与改造,一方面,明确互联网环境下落入版权公共领域的判断标准、对知识产品的利用方式及使用责任,为使用者提供规则指引;另一方面,为保障创造者利益也需明确知识产品的权利主体、权利范围及授权方式。两方面互为补充,以达到私益与公益、独占与共享、公平与效率、财产性权利与使用性权利的平衡。

（二）理论意义

（1）思想论意义。互联网环境下版权公共领域的研判是将研究目标限定在公共领域制度下的互联网版权领域，亦非仅仅是传统版权公共领域制度的承袭，而是版权公共领域在"互联网模式"下的话语、范畴、方法及当下制度的经验总结、制度积累和理论提炼。此种融合性的思想贡献需要固化、规范和提炼，本书以体系化为研究目标，即是对这种思想贡献进行"思辨而精确"的法律表达、思想提炼和力所能及的意识传承。

（2）学术论意义。本书立足于版权公共领域的理论意义与价值基础，进一步强化了版权制度"权利与限制"的基本范式。人们通常认为界定智慧创作物是一个事实问题，实际上它却与社会心理、意识形态等因素组成的复杂系统有关，其中必定包含了价值判断。正是由于版权是人为设置的垄断性权利，在产生之初其制度范式就被设计为"权利与限制"，以权利弱化与利益分享为基础的公共领域制度是"利益平衡"原则的主要体现。强调公共领域保留，具有法哲学、法经济学上的合理性，蕴含着深远的社会价值与人文价值。

（3）方法论意义。学界关于公共领域问题的研究多着眼于公共领域中的某一具体问题，本选题利用历史考察法、比较分析法、实证分析法、经济分析法、体系与逻辑分析法、多学科分析法等研究方法，挖掘公共领域的功能价值，收集互联网版权公共领域具有代表性的具体样态，提炼兼具理论性与指导性的互联网版权公共领域制度。在创新驱动发展战略的大背景下，本选题高度关注互联网版权公共领域对国家创新的价值，将制度设计提升到国家战略高度，完善法律制度、创新合作机制。

（三）实践价值

（1）保护互联网环境下知识产品的消费者利益。互联网环境下的知识产品消费者是指通过互联网购买知识产品或者接受知识服务，借助阅读、欣赏等手段获取文化知识的人。消费者与使用者不同之处在于,消费者一般指被动接受知识产品的人,而使用者还包括利用知识产品从事再创造的人。较之于传统领域,在技术创新和互联网传播环境下,知识消费者利益受到的侵害更为严重,因为在数字技术支持下,消费者进行知识消费的渠道和途径越来越多,当权利人采用强硬的保护标准,消费者的权益会受到影响进而危害整个文化生态。对于互联网版权公共领域的研究,旨在促进文化资源配置和维护消费者对知识产品合理接触的权利。互联网版权公共领域制度是调整知识产品创造、传播和消费利益关系链的基本制度,既要保护创造、鼓励传播,又要促进消费,满足广大公众对智力文化的需求。

(2)保护互联网环境下知识产品的使用者利益。使用者除了有对知识产品的消费需求,还可能从事再创造行为。知识具有历史继承性的特点,任何知识即使是最终产品,都有可能成为中间投入品,因为在学习知识的过程中,相关知识有可能激发使用者去改变思路、思维方式和创作方法,创造出新的知识成果。特别是在互联网环境下,信息空前丰富,利用更加便捷,更容易激发人的再创造欲望,后辈利用前辈的知识共有物,是知识创造、产生和发展的必由之路。知识产品具有公共产品属性,涉及公众自由创作的权利等公共利益,版权公共领域制度以权利弱化与利益分享为基本原则,强调公共领域保留是一定程度地弱化专有权,避免社会公众失去越来越多的文化继承物,鼓励在借鉴基础上产生新作品和其他智力创造成果。

(3)保障互联网环境下知识产品的创造者利益。版权的价值并不仅在于鼓励创造,还在于通过实现智力成果的产业化、市场化,加速对创造者的智力成果的传播和应用,保障创造者的财产性收益。版权公共领域以承认版权保护作为存在的前提条件,公共领域中的素材并非完全免费,而是为信息自由流通而创立共赢的授权许可方式。面对互联网海量知识产品的授权问题,传统的版权保护制度既要付费又要许可,不符合互联网快速传播的特性,运用互联网版权公共领域制度,限制权利人部分权能,可适用灵活、开放的许可证模式,辅之以补偿金,既能够保障创造者的财产性权益,又达到了鼓励信息流通的目的。

二、国内外研究的现状

(一)互联网版权公共领域的一般理论

(1)关于互联网版权公共领域的界定。"公有领域"这一术语起源于 18 世纪,国外学者对公有领域的定义包括:詹姆斯·博伊尔(James Boyle)认为"版权公共领域是指不受版权保护材料的集合",[①]简·C.金斯伯格(Jane C. Ginsburg)将公共领域定性为"权利过了保护期的那种状态";[②]泰勒·T.奥乔亚(Tyler T. Ochoa)认为"公共领域包含了公众对该领域中相关素材的所有利益",[③]大卫·瓦弗(David Vaver)也认为公共领域是指"使用者的权利";[④]杰西卡·利特曼(Jessica Litman)认为"公共领域不应理解为不值得保护创作素材的范围,而应理解为保证作者得以有效运用这些素材以继续创作的工具";[⑤]爱德华·塞缪尔斯(Edwarde Samuels)认为"公共领域不是一种理论而是一种定位知识产权不保护边界的思想倾向"[⑥]。国内不少学者对知识产权制度的基础理论——洛克财产权劳动理论、财产权人格理论与经济激励理论进行了批判,[⑦]并提出了权利弱化与利益分享的理论范式,包括资源本位理论、反面功利论、正义论、半等论。[⑧]

---

① James Boyle, "The Opposite of Property?", Law & Contemp. Prob, vol. 66, no. 1&2, Winter/Spring 2003, p. 5.

② Jane C. Ginsburg, "Une Chose Publique?" The author's Domain and the Public Domain in Early British, Cambridge Law Journal, 65(3), November 2006, p. 638.

③ Tyler T. Ochoa, "Origins and meanings of Public Domain," University of Dayton Law Review, Vol. 28, Issue 2(2002), p. 240.

④ Society of Composers, Authors and Music Publishers of Canada v. Canadian Assn. Of Internet Providers, [2004]2S. C. R. 427, 2004 SCC45, at para. 40.

⑤ Jessica Litman, "The Public Domain," Emory Law Journal, Vol. 39, Issue 4, Fall 1990, p. 977.

⑥ Edward Samuels, "The Public Domain and Copyright Law," Journal of the Copyright Society of the U. S. A., Vol. 41, Issue 2, Winter 1993, p. 138.

⑦ 李琛:《著作权基本理论批判》,北京:知识产权出版社,2013 年版;黄汇:《寻求著作权制度理论解放的力量——评李琛教授〈著作权基本理论批判〉之两题》,《知识产权》,2013 年第 12 期,第 46-54 页。

⑧ 曹新明:《关于权利弱化与利益分享理论之研究——一种新的知识产权理论范式》,《中南财经政法大学研究生学报》,2007 年第 1 期,第 6-15 页。

（2）关于互联网与版权公共领域的契合。知识产权客体——信息具有共享性、动态性、无限性，因此知识产权应不同于物权的排他性。[1] 由于信息资源的"互补性"与"集成效应"，在知识产权领域更可能出现"反公地悲剧"而不是"公地悲剧"。[2] 互联网具有开放性、共享性、传播性特点，互联网与公共领域的契合体现为：互联网为公共领域提供技术支持，公共领域为互联网提供制度保障。[3]

（3）关于互联网公共领域的公共政策目标。公共领域是版权法的重要组成部分，公共领域的价值和功能之一在于促进版权公共利益的实现，促进人类版权的开放创新，促进知识共享的价值实现，促进信息自由的文化教育，确保版权法律制度的生态和谐及平衡。[4] 在创新驱动发展战略背景下，国家应重视公共领域对创作的促进意义。[5] 从法经济学角度，运用科斯定理、帕累托标准、成本理论论述了知识产权权利限制能使总体效益最大化。[6] 美国学者 B. 卓瑞纳·康（B. Zhurina Kang）提出，在公共利益效果的衡量上，就一个国家而言，"如果社会从知识传播中获得的利益大于其赋予创作者或者发明者暂时的排他性权利所付出的成本，则社会总福利将有所改善"。[7]

（4）关于互联网版权和公共领域保留的关系。美国学者卡罗尔·M. 罗斯（Carol M. Rose）指出："公共领域"和"作者领域"不是相互独立、对立存在的两个领域，[8]而是一同诞生、相互依存的关系，版权只有在承认公共领域的前提下，

---

[1]　朱谢群：《信息共享与知识产权专有》，《中国社会科学》，2003 年第 4 期，第 134-143 页。

[2]　阳晓伟、杨春学：《〈公地悲剧〉与〈反公地悲剧〉的比较研究》，《浙江社会科学》，2019 年第 3 期，第 4-13 页。

[3]　孙阳：《论互联网公共领域的发展与治理》，《海峡法学》，2017 年第 4 期，第 46-54 页。

[4]　董慧娟：《公共领域理论：版权法回归生态和谐之工具》，《暨南学报（哲学社会科学版）》，2013 年第 7 期，第 86-95 页。

[5]　黄汇：《版权法上公共领域的衰落与兴起》，《现代法学》，2010 年第 7 期，第 30-40 页；吴汉东：《知识产权法的制度创新本质与知识创新目标》，《法学研究》，2014 年第 3 期，第 95-108 页。

[6]　宁立志：《知识产权权利限制的法经济学分析》，《法学杂志》，2011 年第 12 期，第 34-38 页。

[7]　［美］B·卓瑞纳·康：《知识产权与经济发展：欧美国家的历史经验与教训》，彭学龙译，载梁慧星主编：《民商法论丛》第 33 卷，北京：法律出版社，2005 年版，第 302-303 页。

[8]　Carol M. Rose, "Romans, roads, and romantic creators: traditions of public property in the information age," Law and Contemporary Problems, Vol. 66, Issues 1-2, Winter/Spring 2003, pp. 89-110.

才能获得其正当性。① 日本学者田村善之提出,包括版权在内的知识产权不是自然权利而是人为赋予的权利,②版权与公共领域都是资源配置的手段,最终目标都是为了实现社会公共利益,二者须保持动态平衡。③ 版权制度具有激励创新、丰富公共领域元素的积极影响。但不合理扩张对公共领域造成了圈占、限缩、限制公众使用利益等消极影响。④ 目前,版权扩张导致互联网时代的第三次圈地运动,有必要重构版权与公共领域利益平衡关系。⑤ 当二者发生冲突时,根据法益位阶选择规则,公共利益应具有优先性。⑥

(二)互联网版权公共领域的具体范畴

(1)关于互联网版权客体中的公共领域。有学者将版权客体中的公共领域界定为"著作权法不予保护的对象",⑦著作权法基于公共政策、公共利益、立法宗旨等方面的考虑,明示排除对一些对象的著作权保护。客体公共领域的认定标准为:思想与表达二分法、基于公共利益、以流通为目的、思想表达难以分离。⑧ 随着版权的扩张,作品受保护的要件减少,作品的独创性标准呈下降趋势,⑨从切实维护版权人和社会公众利益平衡的视角出发,基于一些客体的特殊

① 冯晓青、韩萍:《私权保护中的知识产权公共领域问题研究——基于实证案例的考察》,邵阳学院学报(社会科学版),2018 年 4 期,第 41-55 页。
② [日]田村善之:《〈知识创作物未保护领域〉之思维模式的陷阱》,《法学家》,李扬译,2010 年第 4 期,第 131 页。
③ 冯晓青:《知识产权法中专有权与公共领域的平衡机制研究》,《政法论丛》,2019 年第 6 期,第 55-71 页。
④ 曹新明:《知识产权与公有领域之关系研究》,《法治研究》,2013 年第 3 期,第 30-41 页。
⑤ 冯晓青:《知识产权法的价值构造:知识产权法利益平衡机制研究》,《中国法学》,2007 年第 1 期,第 67-77 页。
⑥ 付继存:《著作权法公共利益的结构》,《武陵学刊》,2018 年第 11 期,第 62-69 页。
⑦ 晓青、徐相昆:《著作权法不适用对象研究——以著作权法第三次修改为视角》,《武陵学刊》,2018 年第 6 期,第 54-61 页。
⑧ 高璎识:《不适用著作权法保护的对象研究》,《邵阳学院学报(社会科学版)》,2014 年 1 期,第 35-41 页。
⑨ 徐兴祥、顾金焰:《论著作权客体的演变》,《西南交通大学学报(社会科学版)》,2014 年第 4 期,第 128-133 页。

性,有必要提高某些作品形式受著作权法保护的实质性条件。[①]

(2)关于互联网版权权能中的公共领域。不少学者对我国网络环境下著作权许可模式展开研究,承认网络技术对著作权许可模式的影响,并应对网络环境下的著作权许可模式进行变革[②]:有学者介绍了网络环境下的版权默示许可制度,[③]有学者讨论了人工智能深度学习中著作权的合理使用问题,[④]有学者针对面向互联网的著作权数字授权许可 CC0、[⑤]拆封许可与公共领域的关系[⑥]等展开研究。鉴于著作权对网络技术发展的阻碍,对许可使用制度的困境应通过公共领域来解决。[⑦]

(3)关于互联网版权责任中的公共领域。间接侵权责任认定制度具有公共政策属性,各国对于知识产权间接侵权的法律规定或司法裁判呈现出多样性,其根源就在于各国基于技术、文化和商业的本国国情作出的政策考量不同。[⑧]对于共同侵权认定中的责任人"意图"、责任的承担等问题,[⑨]有学者认为对责

---

① 张玉敏、曹博:《论作品的独创性——以滑稽模仿和后现代为视角》,《法学杂志》,2011 年第 4 期,第 54-58 页;黄汇、郑家红:《论计算机字体单字著作权保护中的公共领域保留——以方正诉宝洁侵犯计算机倩体字"飘柔"案为例展开》,《法律适用》,2013 年第 4 期,第 108-110 页。

② 李永明、钱炬雷:《我国网络环境下著作权许可模式研究》,《浙江大学学报(人文社会科学版)》,2008 年第 6 期,第 93-102 页;熊琦:《著作权许可的私人创制与法定安排》,《政法论坛》,2012 年第 6 期,第 93-103 页;张平:《网络环境下著作权许可模式的变革》,《华东政法大学学报》,2007 年第 4 期,第 121-127 页。

③ 吕炳斌:《网络时代的版权默示许可制度——两起 Google 案的分析》,《电子知识产权》,2009 年第 7 期,第 73-76 页。

④ 徐小奔、杨依楠:《论人工智能深度学习中著作权的合理使用》,《交大法学》,2019 年第 3 期,第 32-42 页。

⑤ 麻思蓓、许燕:《面向互联网的著作权数字授权许可 CC0 研究》,《图书馆理论与实践》2019 年第 3 期,第 13-17 页。

⑥ 苟正金:《拆封许可与公共领域》,《西南民族大学学报(人文社会科学版)》,2011 年第 7 期,第 94-97 页。

⑦ 孙昊亮:《网络环境下著作权的边界问题研究》,北京:法律出版社,2017 年版;金福海:《版权法改革:理论与实践》,北京:北京大学出版社,2015 年版。

⑧ 王国柱:《我国知识产权间接侵权制度的立法构造——兼论知识产权间接侵权与多数人侵权的差异》,《东北大学学报(社会科学版)》,2015 年第 3 期,第 295-305 页。

⑨ 崔国斌:《网络服务商共同侵权制度之重塑》,《法学研究》,2013 年第 4 期,第 138-159 页。

任人"意图"的清晰界定可以限制网络服务商的间接侵权责任;①基于网络链接对技术和服务创新的意义,②网络聚合平台著作权侵权责任配置问题不仅关涉著作权人与聚合服务提供者之间的私权利益,也关乎整个互联网生态的良性发展,为平衡著作权保护、传播技术创新与资讯共享之价值,在认定平台直接侵权责任时,应为著作权人施加设置技术措施等义务,从而达至网络聚合平台著作权侵权责任的合理配置。③

(4)关于互联网版权期限中的公共领域。设保护期的主要理由在于维护鼓励创作与公共利益之间的平衡,延长著作权财产权保护期会有违反法治、侵蚀公共领域、重塑社会结构的危险。④

这些研究开疆拓土,分别从宏观视角出发,探讨了有关版权公共领域的基本理论和基本方法,论证了版权公共领域与客体限制、权能限制、责任限制、期限限制之间的关系,呈现出版权公共领域的公共价值及其对创新发展的作用,给予本书重要的知识论、方法论、价值论指导。不少学者结合互联网背景,对新形势下涌现的新问题提出版权限制的解决思路,为本书开展提供了重要的实证素材。本书结合互联网环境下的具体问题与版权公共领域基础理论进行讨论,旨在构建全面的、系统的版权公共领域体系,解决实际问题。

三、研究方法及可能的创新

(一)研究方法

(1)历史考察法。对互联网环境下版权公共领域制度的地位和法律规范进

① 熊琦:《著作权间接责任制度的扩张与限制——美国判例的启示》,《知识产权》,2009 年第 11 期,第 66-73 页。
② 刘银良:《信息网络传播权框架下深层链接的法律性质探究》,《环球法律评论》,2017 年第 6 期,第 84-104 页。
③ 黄汇、刘家会:《网络聚合平台深层链接著作权侵权责任的合理配置》,《当代法学》,2019 年第 4 期,第 39-49 页。
④ 李雨峰:《论著作财产权的保护期》,《政治与法律》,2008 年第 4 期,第 118-123 页。

行研究,不但局限于对当前问题的关注,而且考察公共领域制度产生的社会历史背景,考察公共领域制度在历史发展中的一些重要历程,包括技术等因素对版权制度变迁的影响。

(2)比较分析法。在制度建立和完善的过程中,学习和借鉴他国的先进理论、制度和实践,比较研究其背后的原理和运行机制,在此基础上结合中国国情,提出针对国内问题的理论和制度改造之对策。

(3)实证分析法。版权制度具有很强的实践性,理论研究必须与实践相结合,关注法律实务,研究实际问题。通过深入走访国家有关行政机关、企事业单位,到行业组织与具有代表性的网络公司进行实证调研,从我国版权制度适用现状出发,收集当前实践中存在的困难、问题、障碍、影响。

(4)多学科分析法。研究过程中拟采用多学科分析的方法,包括法经济学、法社会学、公共政策学等分析方法,如引用公共物品理论等经济学理论,劳动财产权理论、利益平衡理论、激励理论等法哲学的分析方法,还包括计算机科学、传播学、心理学等交叉学科知识的应用,对版权公共领域制度在互联网环境下根植的合理性进行全面的深入的分析,为论证互联网版权公共领域路径奠定扎实的理论基础。

(5)体系化研究法。版权法发展至今已有一套比较完备的理论体系,在互联网语境下探讨版权制度构建,需结合版权法的理论基础和制度体系。将互联网领域内的版权问题带入成熟的法律制度和法学理论体系中思考,以认识新型版权问题的本质,从而得出相对科学的理论观点和具备针对性的制度结论。

(二)可能的创新

(1)内容新。本书不仅注重对公共领域基础理论的探讨,也注意对其作具体的实证化研究。以互联网版权问题为蓝本,将互联网特性与公共领域理念相结合,对互联网环境下出现的新型问题通过公共领域视角进行深入解读、剖析、研判与探讨,以得出多方共赢的解决方案。

(2)视角新。互联网是以数字化为基础的信息传输媒介,一方面,互联网的开放性促进大量网络知识产品的诞生,导致版权客体与版权权利的扩张;另一方面,互联网的传播性使作品的复制和传播成本非常低廉,导致在互联网领域对版权的"侵权"加剧。在此背景下,本书从版权制度的另一端——公共领域的视角,来探寻互联网版权"侵权"的解决之道。

(3)方法新。在比较借鉴国内外学者研究的基础上,综合运用历史考察、法经济学、法社会学、公共政策学和实证分析等方法,探索公共领域的本质、版权保护和公共领域的互补关系、公共领域在版权法上的公共政策意义以及版权公共领域在互联网环境下的勃兴等问题。在内容设计上,还采用体系化研究方法、实证研究与理论分析相结合的方法、多学科分析的方法等,力图在我国互联网领域既构建一套相对完善的版权公共领域理论体系,也搭建起一套具有实践意义的公共领域制度体系,以服务于我国创新驱动发展战略的需要。

第一章　互联网与版权公共领域的关系

从历史上看，版权制度从一开始便是在不断地迎接新技术的挑战过程中发展起来的，印刷技术的出现催生了版权法制度，广播技术的发展扩大了作品使用范围，而互联网技术体现出与版权公共领域相契合的特点。历史上的版权制度总是通过改革迎接新技术所带来的挑战，制度与技术相互合作与支持，才能促进技术的发展。因此在互联网技术环境下，与之密切相关的版权公共领域制度也亟需改革，以适应技术发展。

第一节　互联网开放共享的本质特征

互联网是一个世界范围的计算机网络，它连接了遍及全世界的数十亿计算设备。以前，这些计算设备多数是传统的电脑端、工作站以及服务器；如今，越来越多的非传统的互联网"物品"（如智能手机、电视、游戏机、温度调节装置、家用安全系统、家用电器、手表、眼镜、汽车、运输控制系统等）正在与互联网相连。互联网具有强大的互联功能，我们应如何界定互联网呢？不少学者介绍过互联网的显性特征，本书从互联网的内部硬件和软件组件着手探究网络是如何连接彼此的。

互联网是一种特定的计算机网络，从技术层面对其进行界定有两种方式：其一，从具体构成描述，互联网由基本硬件和软件组成；其二，从提供服务描述，互联网由分布式应用提供的服务与支持服务的联网基础设施构成。应用程序除了诸如电子邮件和 Web 冲浪等传统应用外,还包括移动智能手机和平板电脑应用程序;因为这些应用程序涉及多个相互交换数据的端系统,故它们被称为分布式应用程序(distributed application)。互联网的基础设施主要包括端系统和互联网协议:端系统通过互联网服务提供商(Internet Service Provider,ISP)接入互联网;端系统、分组交换机和其他互联网部件都要运行一系列协议(protocol),这些协议控制互联网中信息的接收和发送,互联网的主要协议统称为 TCP(Transmission Control Protocol,传输控制协议)/IP(Internet Protocol,网际协议)。① 互联网的物理结构决定了互联网开放共享的本质特征。

一、互联网的无中心性

互联网的无中心特征体现在互联网应用程序体系结构、服务器分布、数据中心与移动设备的网络设计等众多方面,蕴含着互联网对等级的否定,对平等、开放的推崇。研发网络应用程序的核心是写出能够运行在不同的端系统和通过网络彼此通信的程序。将应用软件限制在端系统、而无需考虑与运输层、链路层、物理层适配的方法,降低了网络应用程序的研发难度,促进了大量网络应用程序的并发和部署。现代网络应用程序中涌现的一种主流体系结构即为对等(P2P)体系结构,其具有高度非集中式的特点。许多目前流行的、流量密集型应用都是 P2P 体系结构的,这些应用包括文件共享、对等方协助下载加速器、互联网电话和视频会议。这种对等方通信不必通过专门的服务器,该体系结构被称为对等方到对等方的,信息在用户主机之间(无须通过中间服务器)直接发送。②

集中式设计不适用于当今的互联网,因为互联网有着数量巨大并持续增长

---

① ［美］詹姆斯·F.库罗斯、基思·W.罗斯:《计算机网络:自顶向下方法》,北京:机械工业出版社,2018 年版,第6-8页。
② ［美］詹姆斯·F.库罗斯、基思·W.罗斯:《计算机网络:自顶向下方法》,北京:机械工业出版社,2018 年版,第54-55页。

的主机,以 DNS(Domain Name System)服务器工作机理为例。集中式设计中,客户直接将所有查询直接发往单一的 DNS 服务器,同时该 DNS 服务器直接对所有的查询客户做出响应。尽管这种设计简单明了,但它包括以下问题。首先,单点故障(single point of failure)。如果其中一个 DNS 服务器崩溃,整个互联网都会瘫痪。其次,通信容量(traffic volume)。单个 DNS 服务器不得不处理所有的 DNS 查询,为上亿台主机产生的所有请求报文和电子邮件报文服务。再次,远距离的集中式数据库(distant centralized database)。单个 DNS 服务器不可能"邻近"所有查询客户。如果我们将单台 DNS 服务器放在纽约市,那么所有来自澳大利亚的查询必须传播到地球的另一边,中间也许还要经过低速和拥塞的链路,这将导致严重的时延。最后,维护问题(maintenance)。单个 DNS 服务器将不得不为所有的因特网主机保留记录,这不仅将使这个中央数据库变得庞大,而且它还不得不为解决每个新添加的主机而频繁更新。总的来说,在单一 DNS 服务器上使用集中式结构完全没有可扩展能力。因此 DNS 采用了分布式的设计方案。①

除此之外,由彼此已经发现相互接近且有通信需求的移动设备还可以"动态"形成有线局域网,它们自己组合在一起形成一个自组织网络,即一个无中心控制和与"外部世界"无连接的网络。当携带便携机的人们聚集在一起时,例如,在一个会议室、一列火车或者一辆汽车中,在没有中央化鉴别协议的情况下交换数据。为了降低数据中心的费用,同时提高其在时延和吞吐量上的性能,因特网云服务巨头如谷歌、脸书、亚马逊和微软都在不断地部署新的数据中心网络设计方案。一种方法是采用全连接拓扑(fully connected topology)结构来替代交换机和路由器的等级结构。② 为了克服传统等级设计缺陷,在这种设计中,每台第一层交换机都与所有第二层交换机相连,对于 n 台第一层交换机,在任意两台二层交换机间有几条不相交的路径,这种设计可以显著地改善主机到主

---

① [美]詹姆斯·F. 库罗斯、基思·W. 罗斯:《计算机网络:自顶向下方法》,北京:机械工业出版社,2018 年版,第 85 页。

② Facebook 2014;Al-Fares 2008;Greenberg 2009b;Guo 2009.

机的容量。无中心的特征缩短了任一节点与所访问目的地的平均距离,提升互联网的信息传输速度。且由于数据包在多路径分散传输,网络不会因任何一点受到攻击而整体瘫痪。全连接拓扑结构还具有无限扩展性,因为没有中心容量的限制,网络可以在边际不断扩展。①

二、互联网具有开放性

互联网的开放性特征蕴含着互联网对控制、私有的否定,对自由、创新的推崇。软件定义网络(Software-Defined Networking,SDN)的本质,无疑是为了在此领域的创新驱动下导致丰富、开放的生态系统。因为计算机发表并与路由器交互的控制器是用软件实现的,故网络是由"软件定义"的。这些软件也越来越开放,换言之类似于 Linux 操作系统代码,这些代码可为公众所用,允许 ISP(以及网络研究者和学生)去创新并对控制网络层功能的软件提出更改建议。② 在 20世纪 70 年代后期,国际标准化组织提出计算机网络围绕 7 层③来组织,称为开放系统互连模型(OSI)。OSI 模型通过构建原型和开放源码系统,测量实际系统的性能。与之相对的网络应用程序是专用的网络应用程序。在专用网络情况下,由客户和服务器程序应用的应用层协议没有公开发布,开发者用他的代码完全控制该代码的功能。但是因为这些代码并没有实现一个开放的协议,其他独立的开发者将不能开发出和该应用程序交互的代码。互联网的开放性还体现在,各个端点只要遵守 TCP/IP 网络协议就可以加入互联网实现信息的互联互通。从接口上看,互联网提供标准的、开放的网络层接口,所有主机通过 IP地址接入,IP 地址的无限量决定了互联网可以开放地容纳无限量的终端节点。从终端来看,互联网在 TCP/IP 架构下,采用了"端到端透明"的数据传输机制,使业务与承载分离,所有终端都可以在接入互联网后利用相关开放接口所提供

---

① 薛虹:《十字路口的国际知识产权法》,北京:法律出版社,2012 年版,第 7-13 页。

② [美]詹姆斯·F. 库罗斯、基思·W. 罗斯:《计算机网络:自顶向下方法》,北京:机械工业出版社,2018 年版,第 202 页。

③ 7 层:即应用层、表示层、会话层、运输层、网络层、数据链路层和物理层。

的任何业务和应用。[①] 万维网的重要奠基者马克·安德森(Marc Andreessen)认为随着 Web 技术的发展,技术开发者最应当了解的是在新的机会和可能性方面如何保持开放的思想,才能灵活地适应改变。

三、互联网具有共享性

互联网的共享性特性激发了终端用户相互学习与知识共享的欲望,使互联网传输成为信息共享的媒介。每一台与互联网连接的计算机都可以在业务应用允许的条件下与另外的主机进行数据和信息的交互,互联网为信息共享提供了技术支持。互联网的交互性模糊了生产和消费、信息提供与接收的绝对界限,消极、被动的用户也是信息的创造者和传播者。互联网不限制任何两个计算机之间点对点的信息传输,孵化出 P2P、Bit Torrent、云共享等文件共享系统。[②]

终端用户只需将储存在本地电脑上的信息设置为共享,其他终端即可通过 P2P 网络访问这些信息,对共享资源进行搜索和下载。使用 P2P 体系结构,任意间断连接的主机之间可以直接通信。这些主机不为服务提供商所拥有,而是受用户控制,表现为计算机终端。通过 P2P 应用从单一服务器向大量对等方分发大文件,例如一个 MPEG 视频文件。在客户-服务器体系结构的文件分发中,该服务器必须向每个对等方发送该文件的一个副本,即服务器承受了极大的负担,并且消耗了大量的服务器带宽。在 P2P 文件分发中,每个对等方能够向任何其他对等方重新分发它已经收到的该文件的任何部分,从而在分发过程中协助该服务器,这极大地提高了文件的分享性。以 P2P 文件分发协议 BitTorrent 为例,BitTorrent 将参与一个特定文件分发的所有对等方的集合统称为一个洪流(torrent)。传输过程中,BitTorrent 使用一种称为最稀缺优先(rarest first)的技术,最稀缺块得到更为迅速的重新分发,其目标是均衡每个块在洪流中的副本

---

① 刘玮琼:《互联网环境下的知识产权公有领域研究》,暨南大学硕士论文,2007 年 5 月,第 14 页。
② 薛虹:《十字路口的国际知识产权法》,北京:法律出版社,2012 年版,第 7-13 页。

数量。另外,BitTorrent 使用了一种机灵的对换算法,向当前能够以最高速率提供数据的邻居给出其优先权。BitTorrent"生态系统"取得了广泛成功,数以百万计的并发对等方在数十万条洪流中积极地共享文件。云共享技术无需在个人终端上存储信息,而是通过互联网访问众多服务器组成的云计算数据中心,使云共享用户可以通过账户在任何时间任何地点经由互联网访问、存储和应用共享信息。[①]

四、互联网具有匿名性

互联网的匿名性特征蕴含着对信息隐私价值的认同。互联网采用信息分组交换的技术架构,信息被划分为小的数据包进行传输,数据包上仅标示了数据包的 IP 地址——发送地址和接受地址,并不附加其他标识信息,信息发送者和接受者的身份是无法通过 IP 地址加以确认的,[②]因此网络端点之间的信息的利用和发布多数是匿名的。从机制设计上,TCP/IP 协议组没有特定的认证和识别机制,因此互联网"端到端"的数据传输机制只局限于传输信息,而不"解释"信息;从终端需求上,计算机终端只需通过硬件接口和遵循标准化的网络协议就能互相连接。因此,整个传输过程中,一终端只负责把数据送达另一终端,而不限于特定路径。[③]

甚至你可以不想向该 Web 网站透漏你的 IP 地址,不想要你的本地 ISP 知道你正在访问该站点,不想要你的本地 ISP 看到你正在与该站点交换的数据。如果你使用传统的方法直接与该 Web 站点连接而没有任何加密措施,你将无法实现这三个诉求。为了获得隐私和匿名,你能够使用一种可信代理服务器和安全套接字层(Secure Sockets Layer,SSL)的组合。利用这种方法,你首先与可

---

① 郑重:《数字版权法视野下的个人使用问题研究》,北京:中国法制出版社,2013 年版,第 228-229 页。

② [美]劳伦斯·莱斯格:《代码 2.0:网络空间中的法律》,李旭等译,北京:清华大学出版社,2009 年版,第 48-49 页。

③ 孟兆平:《网络环境中著作权保护体系的重构》,北京:北京大学出版社,2016 年版,第 40 页。

信代理建立一条 SSL 连接。然后你在该 SSL 连接中向所希望站点的网页发送一个浏览请求。当代理接收到该 SSL 加密请求时,它解密请求并向 Web 站点转发该明文请求。接下来 Web 站点响应该代理,该代理经过 SSL 再向你转发该响应。因为该 Web 站点仅看到代理的 IP 地址,并非你的客户 IP 地址,你彻底获得了对该 Web 站点的匿名访问权。并且因为你和代理之间的所有流量均被加密,你的本地 ISP 无法通过对你访问的站点做日志和记录你交换的数据来侵犯你的隐私。如今许多公司(例如 proxify. com)都提供了这种代理服务。①

五、互联网具有传播性

互联网传播的节点更多,知识传播的范围更广。互联网的传播性特性创造出更多传统时代所无的正面外溢效应。互联网是一种高效的信息技术或信息工具,是信息交流的重要手段。美国国防部于 1969 年启动了 ARPAnet 项目的研发,最初的 ARPAnet 是一个单一的、封闭的网络。罗伯特·E. 卡恩(Roberts E. Kahn)和温顿·G. 瑟夫(Vinton G. Cerf)研究出让任何计算机都能与 ARPAnet 连接的通用技术标准 TCP/IP 协议,使 ARPAnet 从专用网络实现互联。TCP/IP 协议即传输控制协议/网际协议(Transmission Control Protocol/Internet Protocol),TCP/IP 协议是当今因特网的支柱性协议。TCP/IP 协议提供面向连接的服务和可靠数据传输的服务。面向连接的服务是指,TCP 让客户和服务器互相交换运输层控制信息,使连接双方可以在此连接上同时进行报文收发,进行双向数据传输(bidirectional data transfer)。可靠的数据传送服务是指,通信进程中能够依靠 TCP,无差错、按适当顺序交付所有发送的数据。TCP 还提供拥塞控制(congestion control),TCP 拥塞控制防止任何一条 TCP 连接用过多的流量来淹没通信主机之间的链路和交换设备,力求为每个通过一条拥塞网

---

① ［美］詹姆斯·F. 库罗斯、基思·W. 罗斯:《计算机网络:自顶向下方法》,北京:机械工业出版社,2018 年版,第 428 页。

络链路的连接平等地共享网络链路带宽。① TCP/IP 协议为互联网的传播功能提供了技术支撑。

在 20 世纪 90 年代,万维网(World Wide Web)应用程序的出现,将互联网带入世界上数以百万计的家庭和商业中,进一步优化了互联网的传播性能。Web 作为一个平台,引入和配置了数百个新的应用程序,其中包括搜索、互联网商务以及社交网络。与传统的电信网、广播电视网以及其他信息载体相比,互联网的信息传播主要呈以下特点②。第一,传播形式具有互动性。互联网改变了传统媒体单向传播的特点,实现了信息的双向传播。第二,传播内容具有丰富性。互联网整合了广播、电视、报纸等多种传统媒体的功能,可以实现文字、图片、影像、语音等多种内容的信息传播。第三,传播界限具有突破性。互联网超越了任何地域的局限,传播时间上可以是同步传播,也可以是异步传播。第四,传播能力具有扩展性。互联网的传播能力因信息节点与终端的不断增多而得到持续扩展,是一个动态的过程,且信息回路的每个节点没有优先级,信息的聚合呈多向流动的传递回路。第五,传播效果具有聚合性。信息在互联网环境下的传播形式为群体传播、社区传播等,传播效果与影响较传统媒体大大增强。

第二节　版权公共领域的界定和类型

一、版权公共领域的界定

尽管很多国内外学者都意识到从"公共领域"理论出发来制止权利扩张态势的重要性,然而仍有很多学者是从知识产权的对立面来界定公共领域的,此

---

① [美]詹姆斯·F.库罗斯、基思·W.罗斯:《计算机网络:自顶向下方法》,北京:机械工业出版社,2018 年版,第 124 页。

② 胡志兵:《互联网生产和消费三个模式的微观研究》,北京邮电大学博士论文,2008 年 5 月,第 12 页。

种界定方法称之为否定说。国外如詹姆斯·博伊尔认为"版权公共领域通常被用来指代不受版权保护材料的集合",①简·C.金斯伯格将公共领域定性为"权利过了保护期的那种状态";②国内如胡开忠教授将公有领域定义为"不受知识产权法保护的领域",③王太平教授认为公共领域是指"不受知识产权保护或者知识产权的效力所不及的材料方面"。④ 否定说认为,公共领域是和权利保护相对的概念,即人类有价值的知识领域划分为知识产权保护领域与公共领域,非此即彼。从否定说角度,版权法公共领域就是指版权保护的对立面,凡不属于版权保护领域的就属于公共领域。否定说依托思想与表达二分法、作品认定标准等版权保护规则对公共领域进行界定,将不符合独创性等保护要件的智慧成果、作品中不予保护的思想等不满足版权保护的实质性或程序性要求⑤的智慧成果纳入公共领域。否定式界定方法的好处在于简单清晰,但其实质上未将公共领域作为一个独立的概念进行分析。⑥ 首先,将公共领域的概念定义为"不属于版权保护领域"的时候,对公共领域的界定就演变成对版权规则的重复适用,无法揭示公共领域的本质。其次,否定式界定方法只有在界定完版权保护的领域后才能确定公共领域的范围,使公共领域成为一个事后的、静态的范畴,难以对版权扩张进行能动地、动态地遏制。最后,否定式界定方法比较单一,难以为作品的合理使用、将互联网环境下的新兴客体纳入公共领域提供正当性解释。

　　鉴于否定式界定方法的不足,有学者从公共领域的理论层面对公共领域的概念进行了创新性探索。(1)公众权利理论。公众权利理论将公共领域界定为

---

① James Boyle, "The Opposite of Property?," Law&Contemp. Prob, vol. 66, no. 1&2, Winter/Spring 2003, p. 5.

② Jane C. Ginsburg, "Une Chose Publique?," The author's Domain and the Public Domain in Early British, Cambridge Law Journal, 65(3), November 2006, p. 638.

③ 胡开忠:《知识产权法中公有领域的保护》,《法学》,2008 年第 8 期,第 65 页。

④ 王太平、杨峰:《知识产权法中的公共领域》,《法学研究》,2008 年第 1 期,第 20 页。

⑤ 在版权制度发展的早期,曾要求作品获得版权保护必须履行一定的程序要件,如版权声明,没有履行这一程序的作品便进入了公共领域。

⑥ 李雨峰:《版权法上公共领域的概念》,《知识产权》,2007 年第 5 期,第 3-8 页。

公众的权利,即社会公众拥有使用知识共有物甚至受保护的知识产品的权利。如冯晓青教授认为"公共领域是从专有权中剥离出的可以为公众自由利用的部分"①;泰勒·T.奥乔亚认为"公共领域包含了公众对该领域中相关素材的所有利益"②,大卫·瓦弗更指出"使用者权并不是法律漏洞。所有者的权利与使用者的权利都应得到平等对待,这样才有利于法律的修改补正"③。(2)版权义务理论。版权义务理论将公共领域视为作者的义务领地,即作者用留置部分于公共领域让他人正当使用的义务来置换其取得作品受版权保护的权利。如温迪·J.戈登(Wendy J. Gordon)认为洛克理论中取得版权的先决条件为作者至少在公有物中留下足够而良好的部分。对版权施加一定期限,作品保护期届满后归入公共领域亦符合版权义务理论,换言之作者的独占权是附期限的权利。(3)方法论理论。此理论将公共领域定位于一种与版权相对抗的方法论,从而充分发挥公共领域对版权的检视与评价功能。如杰西卡·利特曼认为"公共领域不应理解为不值得保护创作素材的范围,而应理解为保证作者得以有效运用这些素材从而更好地创作的工具"④;爱德华·塞缪尔斯认为"公共领域不是一种理论而是一种定位知识产权不保护边界的思想倾向"⑤;黄汇教授提出"公共领域不仅是一种制度存在物,它更是一种理论倾向和思维方法"⑥。无论是公众权利理论、版权义务理论抑或方法论理论,都从肯定的、正面的角度论述了公共领域的概念和性质,为公共领域制度的构建奠定了重要的理论基础。

---

① 冯晓青:《知识产权法的公共领域理论》,《知识产权》,2007 年第 3 期,第 3-11 页。

② Tyler T. Ochoa,"Origins and meanings of Public Domain,"University of Dayton Law Review,Vol. 28,Issue 2(2002),p. 240.

③ Society of Composers, Authors and Music Publishers of Canada v. Canadian Assn. Of Internet Providers,[2004] 2S. C. R. 427,2004 SCC45,at para. 40.

④ Jessica Litman,"The Public Domain,"Emory Law Journal,Vol. 39,Issue 4,Fall 1990,p. 977.

⑤ Edward Samuels,"The Public Domain and Copyright Law,"Journal of the Copyright Society of the U. S. A.,Vol. 41,Issue 2,Winter 1993,p. 138.

⑥ 黄汇:《版权法上的公共领域研究》,《现代法学》,2008 年第 3 期,第 46-55 页。

本书将版权公共领域界定为版权限制领域,①是所有版权限制制度的集合。版权公共领域"限制说"是基于方法论理论发展而来的,在形式上公共领域被当作与版权相抗衡的工具,在本质上是为了实现版权制度的终极目标——鼓励作品的创作和传播,促进文化的发展与繁荣。② 本书选择"限制说"界定公共领域原因如下。首先,互联网环境下,传统理论已不能涵盖新出现的公共领域情形。随着互联网技术的发展,开放许可软件、知识共享协议、平台责任限制等效果上处于公共领域的情形大量出现,难以通过否定式学说、公众权利理论、版权义务理论进行解释,版权公共领域需要一个更为统合的概念,以囊括因科技发展而衍生的各种已出现或将来出现的公共领域情形。其次,版权公共领域"限制说"具有集大成者之优势,在形式和内容上能够统一现行法中已经存在的公共领域制度以及解释包含在这一命题下新出现的主题。③ 在内容上,将版权公共领域定性为对权利的限制,可进一步细分为对客体的限制、对权能的限制、对责任的限制、对期限的限制,各类限制项下可接纳各种具体的版权公共领域情形。在形式上,版权公共领域"限制说"的表述与现行《中华人民共和国著作权法》(以下简称《著作权法》)"权利的限制"章节相一致,立法修订时可直接嵌入现有框架。目前我国《著作权法》"权利的限制"一节只规定了版权公共领域中的合理使用制度与法定许可制度,随着互联网技术的发展、版权公共领域范围的动态扩大,修法时可直接在"权利的限制"章节下进行修订和添加,在保留现有框架与语法传统的情况下则修订效率大为提高。最后,版权公共领域"限制说"具有高度概括性特点,能够使公共领域建立起统一的理论制度体系。一套规则理想的版权公共领域制度架构才能达到有效地遏制版权扩张之目的,一套合乎工具

---

① James Boyle,"The Second Enclosure Movement and the Construction of the Public Domain,"Law and Contemporary Problems,Vol. 66,Issues 1-2,Winter/Spring 2003,pp. 71-72.

② 参见:《中华人民共和国著作权法》第一条。

③ Tyler T. Ochoa,"Origins and Meanings of the Public Domain,"University of Dayton Law Review,Vol. 28, Issue 2,2002,p. 222.

理性的版权公共领域理论才能有效指导良性版权法机制的建构。[①] 在权利限制理论的指引下,笔者相信能够很好地识别和剖析公共领域需要留存的、版权领域不应占有的,深刻认识版权制度的价值构造,进而构建起一套系统的、规范的版权法公共领域生态体系。

二、版权公共领域的特征

知识产权客体——信息[②]的性质是公共领域的客观基础,信息的公共性、无限性、共享性、传播性以及外溢性、历史继承性共同决定了公共领域的客观特征。(1)信息的公共性是信息的社会属性,意味着信息在本质上是社会的而不是个人的。(2)信息的无限性、共享性、传播性是信息的自然属性。信息不同于有形客体的损耗性,不会随着使用而减少,甚至可能因使用而增多,例如人们通过思想碰撞使信息交换衍生出新的信息。信息不同于有形客体的排他性与竞争性,有形客体通常只能被一个主体占有和使用,而信息能够同时被无数人占有和使用。信息的传播性因技术的发展而不断增强,从通过印刷技术、广播技术传播演变为借助互联网技术传播,传播速度更快、受众更广。[③] (3)信息的外溢性[④]是信息的经济属性,意味着信息的传播越广、消费越多,会产生越大的外部积极性。夏先良教授指出,私人所生产的知识成果,当被扩散或溢出进入社

---

① 黄汇:《版权法上的公共领域研究》,西南政法大学博士论文,2009 年 3 月,第 18 页。

② 信息说是目前关于知识产权客体本质的强有力学说,它不仅为世界知识产权组织所主张,更为国内外权威学者所推崇。参见世界知识产权组织:《知识产权纵横谈》,世界知识出版社 1992 年版,第 4 页;Paul Goldstein,R. Anthony Reese,Copyright,Patent,Trademark and Related State Doctrines:Cases and Materials on the law of Intellectual Property,New York:The Foundation Press,1990,p. 1;中山信弘:《多媒体与著作权》,张玉瑞译,北京:专利文献出版社,1997 年版,第 3 页;郑成思:"信息、知识产权与中国知识产权战略若干问题",《法律适用》,2004 年第 7 期。

③ 朱谢群:《信息共享与知识产权专有》,《中国社会科学》,2003 年第 4 期,第 137 页。

④ 溢出效应(Spillover Effect),是指一个组织在进行某项活动时,不仅会产生活动所预期的效果,而且会对组织之外的人或社会产生影响。

会公共领域,就能够成为社会所公有的知识。① (4)信息的历史继承性。从发展上来看,知识具有历史继承性。王太平教授指出,在知识②创新过程中,研究人员在其研究中必须以前人的成果为基础,无论是向前人学习以积累和夯实自己的知识基础,还是将前人的作品作为新创作原材料③,新知识的产生都是历史继承的结果。信息的上述特性,决定了版权公共领域具有如下特征。

1. 开放性

信息的公共性决定了版权公共领域应具有开放性,意味着版权公共领域应向所有公众开放,所有公众都可以从公共领域调取信息作为创作素材。公共性是信息的本质,信息天然地适合处于公共领域为人们自由使用,从而使版权公共领域成为人类知识和智慧的源泉。从公共政策的角度来看,将信息放置在公共领域让公众共享,通过公共领域机制建构进一步推动信息的传播和利用,有利于提升公众的知识水平,促进国家的整体进步。

2. 共享性

信息的无限性、共享性、传播性、外溢性和历史继承性共同决定了版权公共领域应具有共享性,意味着公众对处于公有领域的材料享有所有权与使用权。首先,由于信息具有无限性,信息不会因使用而减少,因此版权公共领域应具有共享性。其次,将信息的外溢性与公共领域的共享性相结合,会产生强大的正面外溢效应。不同于有形客体的开放可能使具有损耗性的公共资源因被公众过度使用而濒临消亡,从而产生"公地悲剧"的后果,知识等信息的无限性不会因使用而穷竭,只会因分享而增加,版权公共领域向公众开放使用会产生促进

---

① 夏先良:《知识论:知识产权、知识贸易与经济发展》,北京:对外经济贸易大学出版社,2000 年版,第 36 页。

② 下文的论述中王太平教授用"知识"指代"信息",因为"根据信息与知识的关系,知识不过是认识主体以'内在认识图式结合同化认识客体而再现出来的或原则上可以再现出来的被观念化被符号化了的有序信息组合',即知识本质上就是信息"。

③ 王太平、杨峰:《知识产权法中的公共领域》,《法学研究》,2008 年第 1 期,第 26 页。

创新等"公地喜剧",特别是在网络效应①下。再次,信息的共享性与历史继承性共同决定了版权公共领域的共享性特征。从信息的可共享性与知识的发展进程来看,新知识的产生是历史继承的结果,新知识的产生必须以旧知识为原材料,因此版权制度中的公共领域应供人类共享,为继续创作提供素材源泉。最后,互联网使信息的传播速度更快、传播范围更广,为版权公共领域的共享提供了技术支持。互联网环境下,信息来源、覆盖区域和表现形式的广泛性突破了传统媒体的时空界限。② 随着互联网时代"分享经济"的发展,云计算、大数据、互联网、物联网和人工智能等新技术都对信息共享提出了新的需求,因此今后版权公共领域的发展应以共享性为重点推动新兴共享模式的开发与运用。③

3. 体系性

版权公共领域除了上述客观属性,还具有发挥能动性作用应具备的特征。版权公共领域是一个重大理论制度体系,其蕴含着强大的哲学原理和制度经济学原理,是版权制度建设中的元命题和基础命题,它既关系着版权制度本身的科学建设和科学发展,也关系着人类创新的动力来源和制度诱因。完善的版权公共领域理论体系应是一个有机的整体,既包括理论体系的建构,也包括制度的完善。版权公共领域的体系性具体体现在两个方面:(1)系统性,即版权公共领域是所有版权权利限制制度的整体耦合。(2)全局性,即版权公共领域的基本理念和制度精神贯穿整个版权制度。

4. 工具性

版权公共领域制度的本质是工具,其包含一系列为实现目的的方法、规则、技术与手段。版权公共领域的工具性体现在:首先,版权公共领域是评价整个

---

① "网络效应"是指,信息产品存在着互联的内在需要,信息产品对一名用户的价值取决于使用该产品的其他用户的数量,用户数量的增加有利于形成规模经济,且所有用户都可能从网络规模的扩大中获得更大的价值。参见:[美]卡尔·夏皮罗、哈尔·R. 范里安:《信息规则——网络经济的策略指导》,孟昭莉、牛露晴译,北京:中国人民大学出版社,2017 年版,第 38 页。

② 李明德、管育鹰、唐广良:《〈著作权法〉专家建议稿说明》,北京:法律出版社,2012 年版,第 251 页。

③ 胡波:《共享模式与知识产权的未来发展——兼评知识产权替代模式说》,《法制与社会发展》,2013 年第 4 期,第 103 页。

版权制度建设优劣的重要依据。一套科学的版权制度,一方面,必须提供与本国经济、科技和文化发展水平相适应的版权保护;另一方面,还需提供一个庞大的公共领域制度体系,以丰富社会整体的知识存量,为社会创新的整体扩大和有效积累提供一个素材、价值、思想、观念来源之基础。其次,版权公共领域是抵制版权过度保护和过度扩张的重要方法论手段。过度的版权保护必然带来接触资源的成本,将会导致创新资源的"锁定效应"或者说"寒蝉效应",版权公共领域是保障公众接触文化信息的最后底线。

5. 动态性

有学者指出"只有将版权公共领域和版权保护置于一个有机辩证的框架之下,从动态的方法论和认识论的视角来审视它,才能真正把握版权公共领域理论之实质。版权公共领域不是作者创作要素的静态集合,而是一套动态控制版权扩张、实现版权目的的步骤和方法"[1]。其动态性功能表现为以下两个方面:第一,版权公共领域对版权过度保护和过度扩张进行实时动态的评估和监测,促进国家及时地调整版权保护政策;第二,版权公共领域的范围随着落入版权公共领域的信息的增加而得到一种累积性的扩大,从而使自身实现一种动态的繁荣和丰富,成为人类创新永葆活力的智慧源泉。

一些学者还提出版权公共领域具有无偿性、有主性、国别性、历史性、不可撤销性等特征,[2]笔者未将其纳入的原因如下。其一,若将对版权的所有限制形态都纳入公共领域,则版权公共领域不再满足无偿性特征。除了合理使用"既不必征得作者的同意,也无须向其支付报酬"之外,其他权能公共领域如法定许可、强制许可等是有偿的。其二,有主性指公众对处于版权公有领域的材料享有所有权,考虑到版权是作者对作品享有的所有权,有主性特征仅从版权保护的对立面来定性,无法揭示公共领域的本质特征。其三,国别性、历史性并不是

---

① 黄汇:《版权法上的公共领域研究》,《现代法学》,2008 年第 3 期,第 48 页。
② 黄汇:《版权法上的公共领域研究》,《现代法学》,2008 年第 3 期,第 48 页。

版权公共领域所特有的,不能体现版权公共领域的特殊性,因为版权保护与版权公共领域都具有地域性差别与历史发展差异的特征。其四,作品进入公有领域后,在特殊情况下可以被撤销。

三、版权公共领域的类型

有学者将版权公共领域的类型归纳为:(1)因欠缺版权保护要件而不受保护的对象;(2)基于公共利益应当由人类公有的对象,如单纯事实消息、国家立法、通用数表、通用历法、思想等;(3)对版权保护作品的特定使用情形,如合理使用、法定许可、强制许可等;(4)版权法实施前就已经存在的对象;(5)版权保护期届满而失效的对象;(6)版权人有意放入到公共领域的对象,如开放许可等。[①]

传统的列举式分类方式具有具体、明确的优点,但难以灵活应对版权公共领域边界的动态变化。本书采用公共领域"限制说",结合民法中民事法律关系的客体、权能、责任、期限等基本要素,将版权公共领域划分为版权客体中的公共领域、版权权能中的公共领域、版权责任中的公共领域、版权期限中的公共领域四类。此分类标准的优势在于:

第一,具有高度概括性。随着科技革命的爆发,权利行使方式、责任划分方式、作品使用方式等受到新技术的冲击,新的版权限制形态不断涌现,版权公共领域的类型划分标准应具有高度概括性的特点,能够灵活应对新技术带来的不确定性,容纳不可预见的版权限制形态。此种分类方式能够涵括目前互联网环境下已出现的公共领域问题,也能够包容未来新技术发展可能带来的新的限制形态,具有较好的稳定性。

第二,体现体系化思路。应以体系化思路架构版权公共领域类型,以顶层

---

① Yochai Benkler,"Free as the Air to Common Use:First Amendment Constrains on Enclosure of the Public Domain,"New York University Law Review,Vol.74,Issue 2,May 1999,p.361.

设计的思路为版权公共领域制度的有效展开奠定良好的基础。版权公共领域的类型划分标准应具有全局性、整体性、系统性、前瞻性和一体性特点,以类型化作为突破点,在我国构建起体系完整、内容科学的版权公共领域体系。此种分类方式结合民法的体系化优势,搭建起版权公共领域类型化的基础架构,对整个版权公共领域体系的视角选择、思维方式、逻辑关系、制度机制都具有重要的引领作用。

版权客体中的公共领域,是指对版权保护客体的限制;版权权能中的公共领域,是指对权利人行使权利的限制;版权责任中的公共领域,是指对侵权责任人责任的限制;版权期限中的公共领域,是指对版权保护期限的限制。至于每种类型下的具体情形及界定方法,将在下文各章节详细展开论述。

第三节　互联网与版权公共领域的契合

互联网与强版权保护的矛盾由来已久,其原因在于互联网试图冲破版权保护对信息的强控制,建立开放共享的信息生态,而这也是强版权保护难以容忍的。具体来说,首先,互联网数字版权产生的海量化、多元化与传统版权生产模式和归属的单一性相矛盾。传统版权的产生依赖于报社、出版社、广播电台等,传播方式、手段主要是有形物,因此作品生产形式比较单一;而在数字环境下,从互联网到流媒体,从移动客户端到应用平台,版权内容的产生变得异常高效和多元。传统版权固定的生产模式使作品的版权归属也比较单一,而在互联网环境下利用计算机或多媒体手段对其他作品进行分解、演绎,又加入新的元素,创作、复制和传播作品方式的多元化使作品归属难以被界定。互联网用户创作的非功利倾向——其创作目的不在于版权的获得而是基于纯粹的兴趣或创作分享的成就感等其他因素,导致互联网环境下的作品生产与流通过程的免费与开放,这与传统版权模式对版权的强控制也是矛盾的。其次,互联网技术的高传播效率与低传播成本客观上导致版权保护的专有性难以实现。传统作品的复制和传播媒介比较单一,这个特点使得传统作品的著作权人更容易控制作品的专有权,作品的使用人除非得到著作权人的授权,否则很难突破对作品的占有使用限制。而在互联网环境下,数字化的作品无须任何有形载体就可以完成复制和传播,并且不会损耗原作品的使用价值,导致对作品的使用脱离著作权人的控制,著作权人甚至难以了解自己作品的使用情况。[1] 在互联网环境下,权利人权利的专有性难以得到保证,互联网技术的传播特点客观上导致权利人丧失对原作品的排他性控制,并且随着传播技术的发展,这一趋势将不可阻挡。

不同于互联网与强版权保护相矛盾的窘境,互联网与版权公共领域具有天然的契合性。这种契合体现在以下四个方面:首先,互联网和公共领域的精神契合,二者都强调平等、开放、共享的精神。其次,互联网和公共领域的文化契合,二者相辅相成,共同促进文化创作。再次,互联网和公共领域的制度契合,互联网环境衍生出诸多非正式的著作权运作机制,[2]公共领域机制也反哺互联网生态的发展。最后,互联网和公共领域的技术契合,主要体现为互联网为公共领域的动态扩大提供技术支持。互联网与版权公共领域的契合是天然的、原生的,在互联网环境下我国应偏重于使用公共领域机制,将公共领域机制作为互联网生态的基础制度,从而产生互联网与版权公共领域结合的奇妙化学反应——促进创新。

一、互联网和公共领域的精神契合

互联网去中心化、开放、共享的物理结构不仅仅是一种网络架构,更是一种先进的思想。版权公共领域也具有平等、开放、共享的精神内核,互联网和公共

---

[1] 曾琳:《著作权法第三次修正下的"限制与例外"制度应用研究》,北京:中国政法大学出版社,2016年版,第78页。

[2] Edward Lee,"Warming Up to User-Generated Content,"University of Illinois Law Review, Vol. 2008, Issue 5, 2008, p. 1460.

领域的精神契合有助于打破权利人对知识的垄断。(1)去中心化精神,即平等精神。互联网打破了传统作品的集团式发行渠道的限制,实现了分散化传输,从而为信息传输提供了经济最优的资源渠道。然而,在强版权保护环境下,这些创新资源只要符合版权保护的基本条件就属于受保护作品,权利人可禁止大众接触,甚至在大众使用后再提起侵权诉讼以获取巨额赔偿,因此需要版权公共领域制度为互联网去中心化的接入与传播机制"保驾护航"。公共领域也平等地对待所有公众的使用权,所有公众都可以从公共领域调取信息作为创作素材。(2)开放精神。基于架构的开放性,用户只要接入互联网就可以自由地传播作品,现如今接入设备更加先进与多元,智能手机、平板电脑、笔记本电脑甚至智能穿戴设备都能及时分享与浏览信息。一些创新能力较强的用户,利用互联网的开放接口,设计出各式各样的应用软件上传至商店(如 iTunes,安卓应用商店)供用户下载使用。开放的接入与传播功能很容易落入版权保护的管辖范围,比如微博转发、微信公众号转发、计算机软件引发的著作权纠纷。版权公共领域在开放机制下扮演的角色是,限制一些信息的强保护,比如创造性程度不高的信息、具有公共属性的信息、权利人自愿分享的信息等,有利于互联网信息的流动;对计算机软件的"借鉴"持宽容态度,如将游戏规则、游戏模式纳入思想范畴。(3)共享精神。互联网环境下自发形成了很多知识共享社区与共享协议,比如 FDL(Free Document License)、CC(creative commons)共享协议,是互联网用户基于无偿分享意愿建立的知识促进型共享机制,公共领域发展之初也被认为是免费共享制度,都体现了共享的精神。

二、互联网和公共领域的文化契合

互联网与版权公共领域开放、共享的精神契合,直接促使文化的开放创新、协同创新。首先,促进文化开放创新。互联网环境下的开放创新,是指利用数字化网络化的媒介,使其中的每个对象都能被开放交互地解析、关联,从而为知识的扩展和再创造提供巨大的新空间。① 互联网技术比如检索技术、文本与数据挖掘技术可以打破创造主体、创新领域、创新学科、知识个体之间的壁垒，从而形成高效的知识转移和知识传播网络，加速知识的传递与繁殖。版权公共领域的存在是检索技术、文本与数据挖掘技术等进行的前提，比如将检索性使用、文本与数据挖掘使用纳入合理使用制度，保障相关信息和数据的开放使用，否则检索等技术性使用须一一取得授权，而这又是难以实现的，将导致检索、数据与文本挖掘等技术对文化创作的促进作用无法发挥。其次，促进文化协同创新。协同创新又称为"群体生产现象"，是以互联网在线社群为耦合动力而生成的新型创作模式。随着移动互联网的兴起，在线社群作为一种新型信息交互和知识交流模式，在网络社交平台迅速发展。在线社群集结了那些有共同兴趣、目标或实践的人，在网络上交流、分享信息和知识，并在此基础上形成了丰富的信息群、开放的知识团体与联系紧密的共享社区。② Facebook、Twitter 和LinkedIn 等社交软件为在线社群的形成提供了技术条件，基于互联网平台的无障碍交流可激发相互学习与知识共享的欲望，从而引发群体性的创造行为，在这些软件创造的虚拟社区中已经诞生了不少优秀的文化创作。③ 互联网环境下，用户参与提供内容的网络社群成为主要的创新主体，兴起的部落格、维基百科、短视频平台、微博或微信朋友圈、QQ 空间等社交平台均属于创新社群主义形成的知识社区。版权公共领域为协同创新提供可利用的材料与资源，衍生出高效的使用与生产模式。因此，将互联网与版权公共领域相结合，即在对素材的高效利用中加入交互性创造行为，会引发意想不到的文化现象与规模经济。最后，互联网的匿名性将个人身份与个人行为相分离，对智力发展与智力创作

---

① 张晓林：《开放获取、开放知识、开放创新推动开放知识服务模式》，《现代图书情报技术》，2013 年第2 期，第 3 页。

② 于超、朱瑾、张文倩、张耀耀：《信息交互视角下在线社群协同进化耦合域构建机制研究》，《情报科学》，2018 年第 12 期，第 111-112.

③ Sims J M，"Communities of practice：Telemedicine and online medical communities"，Technological Forecasting and Social Change，2018，126（1），pp. 53-63.

有巨大的工具价值。公众利用互联网体验新的生活方式,通过测试自己身份的可塑性和他们制定的社会准则来参与网上自我发现的社会过程,①例如互联网在线社群里大多数创作者都采用"笔名"发表作品。互联网的匿名性使我们有扮演各种角色的自由,摆脱社会伦理与眼光的束缚,具有激励、非抑制、平等、去个人化等效果,这是智力成果创造的重要组成部分。

三、互联网和公共领域的制度契合

互联网和公共领域的制度契合体现在,互联网环境下衍生的诸多非正式的著作权运作机制应落入版权公共领域的范畴。鉴于互联网传播的必要性和版权排他性之间难以调和的矛盾,权利方与使用方开始寻求私立规则来满足各自的需求。这些私立规则通常表现为权利方在不同程度上放弃著作财产权,让使用者得以自由利用作品,这些使用模式限制了权利方权能,使作品版权落入版权公共领域的范畴。私立著作权规则是互联网和公共领域制度契合的产物,本书将私立著作权规则分为两类,包括许可规则和社区自治规则。

第一,许可规则。互联网环境下,使用主体与使用方式越来越多元化,而著作权分散于不同主体,权利人身份还时常隐匿,导致使用方在传播前难以及时、充分地征得所有权利人的同意。在提高传播效率的同时如何保障许可效率?独立于著作权法的一些私立规则能够弥补著作权法在应对产业发展上的不足。私立规则在有效满足公众对知识的需求的同时,能够平衡作者的著作权利益,是适合互联网传播的授权许可模式,比如默示许可、开放许可。默示许可制度是指除非作者明确表明不能复制与传播,则互联网用户默认是可以任意复制传播的。在默示许可规则支配下,使用者免去了许可流程,同时仍需向权利人付费,不允许权利方"秋后算账"式的维权。使用者使用前只需要查找权利人是否

---

① 迈克尔·盖斯特:《为了公共利益——加拿大版权法的未来》,北京:知识产权出版社,2008 年版,第123 页。

声明禁止使用,就可以确定其使用行为是否承担法律责任。[①] 开放许可旨在弱化甚至排除著作财产权,例如软件所有者开放软件源代码供他人复制、传播与修改,并要求基于开源软件的新版软件必须采取相同方式开放。开放许可实现了软件开发者之间的合作,使得因著作财产权产生的搜寻、协商与执行成本不会成为互联网传播效率的障碍。[②]

第二,社区自治规则。社区自治规则,是指成员约定的自我调节和自我执行的协议以及相应的惩罚措施。哈丁教授的"公地悲剧"理论确实在有形公共物的应用上具有指导意义,除了信息作为无形物应区别于有形物之外,罗丝教授认为哈丁教授还忽略了共享中最显著的因素——管理因素以及管理因素对共享的重大意义。[③] 其实,互联网中的知识共享社区可以依靠社区自治规则得到很好的管理,以避免出现"公地悲剧"。以维基百科的自治规则为例。维基百科是一家非营利性的知识社区,它的产品免费地开放给所有人,同时它靠用户无偿编辑条目使自身成为世界上最大的知识库。维基百科是大规模协作的社区,维基百科的运行机制采用互联网的自组织来取代层级式的组织,主要体现在以下三个方面。(1)它由大量志愿者从事专业化分工的工作。维基百科并不是放任自流的社区,它由大量专业、热情的志愿者管理网页、寻找照片、协调矛盾等。(2)它靠共享社区来保证内容质量,靠快速迭代来提高质量。《大英百科全书》的错误修改与迭代需要很长的周期,而维基百科若发现错误,能够马上通过编辑功能得到修正。(3)它有谨慎的惩罚规则。维基百科当然也有用户捣蛋

---

① 许辉猛:《玩家游戏直播著作权侵权责任认定及保护途径》,《河南财经政法大学学报》,2017 年第 4 期,第 30 页。

② Lydia Pallas Loren, "Building a Reliable Semicommons of Creative Works: Enforcement of Creative Commons Licenses and Limited Abandonment of Copyright," George Mason Law Review, Vol. 14, Issue 2, Winter 2007, pp. 285-286.

③ Carol Rose, "The Comedy of the Commons: Custom, Commerce, and Inherently Public Property," University of Chicago Law Review, Vol. 53, Issue 3, Summer 1986, p. 720. 转引自[美]杰里米·里夫金:《零边际成本社会:一个物联网、合作共赢的经济时代》,赛迪研究院专家组译,北京:中信出版社,2014 年版,第 158 页。

的情况,不过维基百科有相应的惩罚规则来处理这些情况。维基百科的惩罚规则是很谨慎的,其创始人威尔士强调"应尽量小心谨慎地处理惩罚,应尽量在热情和规则之间形成平衡"①。

① 方军:《付费:互联网知识经济的兴起》,北京:机械工业出版社,2018 年版,第253 页。

第二章　互联网环境下公共领域的
政策目标

　　耶林提出了著名的"目的是法律的创造者"理论,他指出,法律乃是人类意志的产物,法律的制定应当受"目的律"支配。因此,解释法律必须首先了解法律制定的目的。[①] 我国版权法的立法目的在《中华人民共和国著作权法》(简称《著作权法》)第一条就有所体现,"鼓励有益于社会主义精神文明、物质文明建设的作品的创作和传播,促进社会主义文化和科学事业的发展与繁荣"。由此,可将我国版权法的最高目标概括为"促进社会发展"。

　　关于版权制度的性质存在众多理论学说,如自然法理论、普通法财产理论、黑格尔人格理论等。但笔者赞同的观点是,版权制度本质为工具主义属性,即授予版权是一种公共政策工具,国家应把版权制度作为工具,不以创设版权本身为目的,而是旨在实现更大的公益。[②] 以洛克的财产权劳动理论与具有实证主义倾向的经济激励理论为基础的版权保护模式一直作为实现此目标的主要手段,但随着强版权保护衍生出权利垄断、技术措施抑制创新等问题,学者们开始转向寻求版权公共领域的制度优势以限制版权的功利主义倾向。因此,在促进发展的最高目标下,代表私益的版权保护制度与代表公益的版权公共领域各

---

① 梁上上:《利益衡量论》,北京:法律出版社,2016年版,第23页。

② 持此观点的学者与文献参见:兰磊:《创新视角下的知识产权——反垄断法关系》,《电子知识产权》,2013年第5期,第57页;刘华:《知识产权公共政策的模式选择与体系构建》,《中国软科学》,2009年第7期,第12页;张平:《市场主导下的知识产权制度正当性再思考》,《中国法律评论》,2019年第3期,第121-122页。

自发挥对目标的促进作用,希冀达致一种平衡以增加整体利益。互联网公共领域体现公益的公共政策目标主要包括促进版权公共利益的实现、促进人类版权的开放创新、促进知识共享的价值实现、促进信息自由的文化交流四个方面。

第一节　互联网公共领域的制度意义

随着技术的变革和互联网时代的到来,版权制度面临许多挑战:秉持自由、开放、共享的互联网精神与独占、有偿使用、直接利益变现的强版权保护格格不入,新型客体的出现伴随的是新的保护模式的运作,我国互联网环境下的版权制度在很大程度上陷入了一种利益寻租的状态。强版权保护带来的负面影响使我们不得不寻求版权限制制度的帮助,本书针对互联网环境下版权公共领域的公共政策目标进行深入探索和思考。

一、促进版权公共利益的实现

要探讨互联网版权公共领域对版权公共利益的促进作用,首先应溯及对公共利益的概念研究。"公共利益"在法学、政治学、行政学、经济学中都占有重要的地位,虽然公共利益概念的存在已历史悠久,但对其内涵与外延仍众说纷纭。[①] 关于公共利益模糊性的原因,黄学贤教授认为:"是由于公共利益'利益内容'的不确定和'受益对象'的不确定所导致的。"[②]胡鸿高教授研究发现"公共利益"一词最早可追溯到公元前5—6世纪的古希腊,"公共利益"代表一种"整体国家观",强调的是具有整体性和一致性的公共利益。公共利益被视为一个社会存在必需的元素以及一种抽象的价值,是全体社会成员的共同目标。亚里士多德把国家看作最高的社团,其目的是实现"最高的善",这种"最高的善"

---

① 胡鸿高:《论公共利益的法律界定——从要素解释的路径》,《中国法学》,2008 年第 4 期,第 56 页。
② 黄学贤:《公共利益界定的基本要素及应用》,《法学》,2004 年第 10 期,第 11 页。

在现实社会中的物化形式就是公共利益。① 乌尔比安进一步区分了"公共利益"和"个人利益",提出公共利益造福于国家利益,个人利益造福于私人。② 18世纪法国唯物主义学者爱尔维修认为个人利益不能违背大多数人的利益,应以法律手段约束权力的拥有者,使之从对"权力之爱"转变为"大多数人的幸福"和为公众服务。③ 至此,公共利益的概念逐渐明晰,公共利益是与个人利益相对的概念,且公共利益是比个人利益位阶更高的利益。因此,版权法上的"公共利益"是与权利人对作品的排他的、独占的私人利益相对应的概念,是指不特定的、众多的社会公众对作品等信息享有的权益。版权法的最终目的,并不是单纯地为了特定群体和个人利益的实现,而是为了不特定多数人利益的综合提升。

很多发达国家对版权制度的选择和考量,都表现出某种超越私权属性的国家利益本位与公共政策立场。美国宪法对著作权法的定位是向作者授予专有权以促进"有用艺术"的进步或发展,这意味着授予作者专有权是实现文学艺术进步的政策工具。④ 德国著作权法规定,"应当从作者利益优先的角度出发",但也必须"考虑社会公众、艺术和科学技术、消费者以及作品利用者等各方的利益"⑤。日本著作权法的立法目标包括,文化财产公正利用、保护作者等的权利,终极目标是促进文化的发展。韩国著作权法的立法目的也"在于保护作者的权利以及与此相关的权利,促使作品的公平利用,促进文化及相关产业的进步及发展"⑥。上述各国著作权法的立法目标都包含了公共利益,且促进文化科技整体进步是著作权立法的终极目的。

那么,互联网公共领域是如何促进版权法上的公共利益实现的呢? 本书主

① 胡建淼、邢益精:《公共利益概念透析》,《法学》,2004 年第 10 期,第 3 页。
② ［意］桑德罗·斯奇巴尼:《正义与法》,黄风译,北京:中国政法大学出版社,1992 年版,第 33 页。
③ 赵震江:《法律社会学》,北京:北京大学出版社,1998 年版,第 244-245 页。
④ 冯晓青:《知识产权法利益平衡理论》,北京:中国政法大学出版社,2006 年版,第 93 页。
⑤ ［德］雷炳德:《著作权法》,张恩民译,北京:法律出版社,2005 年版,第 59 页。
⑥ 付继存:《著作权法公共利益的结构》,《武陵学刊》,2018 年第 11 期,第 63 页。

要运用法经济学方法,试图证明互联网公共领域能够以最低的社会成本,得到最大的总体效益之结论。

首先,互联网版权已经出现外部不经济的现象。所谓外部不经济,即"外部经济效应"中的负效果。版权领域中的外部不经济是指,信息的生产者为了使自己的私人利益达到最大化,可能运用版权的垄断性而获得各种"积极性租金"(即垄断利润),却可能带来知识资源的分享减少的社会后果。① 互联网环境下的版权外部不经济现象有知识垄断抑制创新与技术措施限制创新两类。互联网环境下,创新主体已经发生变化,权利转移至利益方,互联网用户蕴含着无限的创造潜力,而权利垄断限制了知识的共享与创新的合作。互联网环境下,信息的传播便捷且广泛,互联网用户因此获得更多接触或获取信息的渠道。而技术保护措施被应用于强化权利人对其作品的控制能力,技术保护措施的普遍应用无疑会限制网络信息传播的巨大能量。

其次,根据科斯定理,保留互联网版权公共领域能使总体效益最大化。美国罗纳德·科斯教授运用交易成本理论分析法律制度对资源配置的影响,提出了权利的界定与安排对经济效率的重要性。② 在互联网环境下,如果任由生产者独占全部权利资源,控制信息产品的传播与使用,则会造成过高的交易成本:一是使用者的搜寻成本,无力每每取得授权都要支付垄断价格;二是权利人的维权成本,权利人为了阻止网络用户使用其信息产品投入的成本也十分高昂。而且互联网环境衍生出的新型客体的作品类型、权利性质、权利归属等也需耗费更多的确权成本。显然,完全排他的私权配置在此环境下是一种无效率或低效率的制度选择。③ 特别是信息自身具有非排他性的公共产品属性,知识产品可以被多人同时使用,也可以被重复使用。经济学家认为信息产品的生产是高

---

① 宁立志:《知识产权权利限制的法经济学分析》,《法学杂志》,2011 年第 12 期,第 37 页。
② [美]约瑟夫·费尔德:《科斯定理 1-2-3》,李政军译,《经济社会体制比较》,2002 年第 5 期,第 78 页。
③ 宁立志:《知识产权权利限制的法经济学分析》,《法学杂志》,2011 年第 12 期,第 38 页。

固定成本、低边际成本的典型实例。生产第一份信息产品的成本非常高,但是生产(或复制)额外副本的成本可以忽略不计。互联网传播技术的发展,使信息产品提供给额外的用户使用的边际成本[①]接近于零。信息产品被更多人利用可以增加新的知识产品,而且网络传播进一步扩大了信息传播的价值,随着参与共享知识节点的增多,知识创新将是井喷式发展。因此,信息产品在互联网环境下呈现低成本高回报的传播特性,在科斯定理看来,这种成本结构的产品,"只要权利界定明确,权利可以自由交换,权利的配置就会发生有效益的结果"[②],这与版权公共领域所提倡的开放共享精神与灵活利用机制相契合。因此,通过版权公共领域制度利用互联网信息产品是一种效益最大化的制度选择。

再次,根据帕累托标准,保留互联网版权公共领域能够兼顾个人利益与公共利益。帕累托标准认为效益的提高必须是对各方都有利,以损害某一方利益为代价来改善他方利益的方法实质上是没有效益的,只有最大化满足各方的利益需求才是有效率的。[③] 具体来说,版权法既要给权利人的创作活动提供必要的条件和动力,同时也要为广大使用者提供自由选择信息产品的市场机会,才符合帕累托最优。私权保护建立在人类理性的假定上,即人是自私的,产权制度的建立即是为了将自私所带来的利益"极大化"。版权的私权保护能够给予生产者物质与精神激励,激发其创造热情,因此产权保护制度是实现促进文化繁荣与科技发展这一最终目标的重要手段之一。版权公共领域作为限制版权保护负面影响的必不可少的制度建构,并非和版权保护完全对立,如黄汇教授对于公共领域作品使用"有偿"还是"无偿"的辨析。黄汇教授认为对进入公共

[①] 边际成本是指,每一个单元成本,该成本代表了每生产一个额外单元的产品所增加的必要成本,即生产(或复制)额外副本的成本。参见冯晓青:《知识产权法利益平衡理论》,北京:中国政法大学出版社,2006年版,第553页。

[②] [美]约瑟夫·费尔德:《科斯定理1-2-3》,李政军译,《经济社会体制比较》,2002年第5期,第78页。

[③] [美]H·范里安:《微观经济学:现代观点》,上海:上海三联书店,1994年版,第24页。

领域的作品之使用须征收文化税,文化税是一种荣誉性奖励,也是对创作者创作的激励机制,因此公共领域可在一定程度上"有偿"。① 互联网版权公共领域也已经自发地形成了一些双赢的使用机制,比如开放许可、默示许可等,这些使用机制省却了使用时需向权利人获得授权许可的繁复流程,但同时保证了权利人的财产性利益。互联网版权公共领域在保障公众对信息的接触和使用,从而激发公众创造潜力的基础上,也保留了调动个人创作积极性的制度设计,以达到最大化实现科技与文化进步的综合效果。

二、促进人类版权的开放创新

吴汉东教授指出,版权保护是促进知识创新的重要制度,但并非唯一制度。② 知识创新的激励制度具有多样性,版权制度如果忽视版权保护以外的补充或替代制度,将会造成创新驱动力不足。本书基于创作者创新的内在原因,说明互联网版权公共领域对文化科技创新所具有的积极意义。

首先,人类多元的创作动机,为版权公共领域促进创新提供了主观条件。版权保护预设每个人都是为了获得专有权而创作,然而创作心理学的研究结论表明,创作动机是多元化的,产权制度的一元化不足以满足多元化的创作动机。可将激励创新的动机分为以下三种类型:(1)物质激励,即行为人为了财产利益而投入智力活动;(2)精神激励,即行为人为了人格利益而投入智力活动;(3)自然激励,即行为人纯粹为了个人愉悦而投入智力活动,比如好奇心驱使、追求真理、兴趣爱好、分享的快乐等。实际上,文化的生产大多数是自发的行为,其动力是个人的兴趣和能力,与法律上的产权制度无关,比如古人在没有版权法保护的时代仍然创作了诗词歌赋、文化巨著等。在互联网环境中的创作亦是如此,比如大多数微信上的帖子、视频分享平台上的短视频、微博上的文字图

---

① 黄汇:《版权法的公共领域研究》,北京:法律出版社,2014 年版,第 197 页。
② 吴汉东:《知识产权法的制度创新本质与知识创新目标》,《法学研究》,2014 年第 3 期,第 102 页。

片等多数都是互联网用户为了获得分享的趣味性与成就感而创作、上传的，接触、使用这些作品是免费的，创作者也希望作品被更多人看到、使用，还可以从观看人数的数量、与其他用户的互动中进一步获得愉悦感。而且，生物学家和神经认知科学家的研究成果也表明人类创作动机的多元性是基于人类的生理与心理构造。人类是最社会化的生物，自身具有强大的、极端复杂的大脑新皮层，对人类最严厉的惩罚就是被别人孤立。认知科学家研究发现，人类的神经回路是一个柔性线路，因此它可以感受到移情的痛苦，而进化性的生存更依赖于人类的集体社交性而不是自我疏导倾向。[①]

　　其次，互联网版权公共领域与创新过程的耦合，为公共领域促进创新提供了客观条件。(1)互联网版权公共领域促进模仿创新。从作品产生的社会学层面看，智力创作的继承性和社会性决定了作品创作活动过程以借鉴、选择与重构他人作品为前提。依据皮尔士等人的见解，人类的知识生产和知识创新有两根基本轴线：一根是垂直轴线，即个体对位居其上的社会结构的模仿；另一根是平行轴线，即个体对与其他个体互动的依赖程度。[②] 但不管是哪条轴线，都表明了创新者对历史的依赖。具体而言，互联网环境下的模仿创新行为具有以下特征：在创作方式上，它通过计算机软件等技术手段对在先作品进行取样、转换、融合从而塑造或组合出具有不同面貌之作品；在创作效果上，它以模仿为起点，又超越模仿，使用原材料来达到全新的效果；[③]在发展趋势上，互联网的普及与数字技术的发展使素材的取得及作品的流通变得更为容易，有助于模仿创新的产生以及创作方式的多元发展。互联网版权公共领域通过合理使用等制度提高模仿创新的效率，降低模仿创新的成本，为互联网用户的自由使用和模仿创造留下足够的空间。(2)互联网版权公共领域促进开放创新。互联网环境下的

①　[美]杰里米·里夫金:《零边际成本社会》,赛迪研究院专家组译,北京:中信出版社,2014 年第 2 版,第 165 页。

②　赵涵:《学科研究视域中知识社会学的理论整合与范式转换问题研究》,南开大学博士论文,2013 年 6 月,第 124-126 页。

③　黄汇:《"山寨"诉求与中国知识产权建设的未来》,《法学评论》2015 年第 3 期,第 75 页。

开放创新,是指利用网络与技术媒介,对互联网上的信息进行关联、解析,从而为知识的扩展和再造提供新的途径。[①] 互联网版权公共领域对互联网中的技术性使用与服务提供持宽容态度,例如将互联网检索、文本与数据挖掘纳入合理使用范围,秉持技术中立原则、限制平台责任,互联网环境下的公共领域制度有利于打破创造主体、创新领域、创新学科、知识个体之间的技术壁垒,从而形成高效的知识转移和知识网络,加速知识的传递与繁殖。[②] (3)互联网版权公共领域促进社群创新。社群创新又称为协同创新,是基于互联网平台的无障碍交流,可激发相互学习与知识共享的欲望,从而引发群体性的创造行为。互联网环境下的社群创新呈现出以下特征:在创新主体上,由用户参与提供内容的网络社群成为主要的创新主体;在创新效果上,在互联网环境下的社群创新创造出更多传统时代所无的正面外溢效应,因为网络效应下参与知识共享的节点越多,创新的生产力就会越大。技术环境下兴起的部落格、维基百科、短视频平台、微博或微信朋友圈、QQ空间等社交平台均属于创新社群主义形成的知识社区。互联网版权公共领域为社群创新提供可利用的材料与资源,衍生出高效的使用与生产模式。

最后,对著作权与鼓励创造说联姻的透视及批判,为公共领域促进创新提供了必要条件。不少学者研究发现,鼓励创造说顺应了财产权劳动理论,"有回报才有付出"符合公众的一般认知,因此较易成为知识产权保护的主流观念。"而一旦鼓励创造说获得了正史的地位,并成为我们社会的主流意识形态后,那就不仅仅是反应型的,更是建构型的。"[③]即是说,鼓励创造说是出版商为了垄断利益而刻意建构的话语体系和理论工具。因此,在产权制度不能激励直接的创

---

① 张晓林:《开放获取、开放知识、开放创新推动开放知识服务模式》,《现代图书情报技术》,2013年第2期,第3页。

② 张晓林:《开放获取、开放知识、开放创新推动开放知识服务模式》,《现代图书情报技术》,2013年第2期,第5页。

③ 黄汇:《寻求著作权制度理论解放的力量——评李琛教授〈著作权基本理论批判〉之两题》,《知识产权》,2013年第12期,第49页。

造者的情况下,利用公共领域制度鼓励公众创新就显得更加有必要了。信息资源具有"互补性"和"集成效应",过于细碎的信息资源几乎毫无价值甚至无法使用,只有将它们整合成一定规模时,才能有效地发挥其作用。① 信息资源是协同创新的天然原料,如果不顾具体资源属性和互联网传播的特点,一味强调知识产品的排他性,主张将知识资源进行私权配置,将造成信息、知识的细碎化分割,从而发生"反公地悲剧"。反公地悲剧是指资源或产权过度分割以致破碎化,资源排他性过强,进而造成资源使用不足的悲剧理论。在互联网环境下,当信息资源以产权方式束以"碎片",为不同个人或组织所有,且整合的成本过高,将影响知识传播的效率,进而降低公众使用知识进行创新的可能性。

三、促进知识共享的价值实现

从知识本体论的视角来看,版权公共领域之所以合理,是因为知识对于人类的重要性。《世界人权宣言》第27(1)条规定:"人人有权自由参加社会文化生活,享受艺术,分享科技进步及其带来的福利。"版权制度作为与知识联系最为紧密的法律制度,促进知识共享的价值实现是版权公共领域的公共政策目标,具体包括以下两个方面。

第一,互联网版权公共领域保障人类获取知识的权利。公众自由、平等地获取知识成为一项基本权利,图书馆承载着收集、保存、传递知识的功能,为公众获取知识提供了公共平台。版权公共领域为图书馆设置合理使用制度,为图书馆向公众无偿供应知识提供正当性背书。以谷歌图书馆(Google Books)为代表的数字图书馆成立之初,遭受了来自出版商和作家的质疑,在美国作家协会(Authors Guild)诉谷歌案中,法官裁定谷歌图书馆项目构成"公平使用"。法院认为,谷歌图书馆项目将图书文本转换为数字媒体,可用作图书馆员、图书馆使

---

① 阳晓伟、杨春学:《"公地悲剧"与"反公地悲剧"的比较研究》,《浙江社会科学》,2019 年第 3 期,第 8 页。

用者的工具；谷歌图书馆将书籍文本转化为数据，可以广泛用于实质性研究。虽然谷歌是一个以营利为目的的实体，谷歌图书馆项目是商业性质，但"任何偶然的商业性可以被企业的教育福利所抵消"。① 版权公共领域除了对图书馆设置合理使用制度以保障知识供应之外，还有思想与表达二分法、版权期限制度、孤儿作品的利用制度等保障公民的知识获取权。著作权只保护作品思想的表达，不保护思想本身，也不保护不具有独创性的部分，思想与表达二分法确保了思想作为知识之公共产品不能被私有而属于公共领域的范畴；作品的保护期限届满，作品即进入公有领域，可以为任何人自由地使用；孤儿作品即作者身份信息缺乏的作品，在一些国家也被列入为公有领域，在互联网上有很多信息都无法查明著作权人，这些信息可纳入客体公共领域，成为公民获取知识的来源之一。

第二，互联网版权公共领域保障人类自我发展的权利。获取知识是人类自我发展的前提，而自我发展是获取知识的目的。按照马斯洛的需求层次理论，自我实现需求是人的需求的最高层次，需要更高的条件才能满足和实现。自我发展不仅仅需要个人的自我学习意识，还需要宽松的学习环境。版权公共领域制度在促进自我学习、自我发展方面有着重要作用。版权公共领域已将个人因学习、研究或欣赏等目的使用他人已经发表的作品的行为，纳入合理使用范围；为学校课堂教学或者科学研究，少量复制已经发表的作品，规定了合理使用制度。互联网环境下的个人使用需求更加多元化，比如对作品进行空间转换、时间转换、格式转换的需求而涉及的复制、修改与储存行为易落入权利人的专有权范畴，也应该纳入版权公共领域的豁免范围。互联网环境下 MOOC(Massive Open Online Course，即大规模在线开放课程)②兴起，"虚拟课堂"对作品的使用涵盖展览、表演、汇编、放映、网络传播等方式，且传播范围广，不满足现行教育

---

① Authors Guild v. Google, Inc. ,2nd Cir. ,Case No. 13-4829(2015).
② MOOC 是一种旨在向不特定人开放的，无条件、无限制的通过网络学习的在线课程。该类课程在中国被译为"慕课""魔课"或者"云课堂"。

合理使用中的"少数""少量"条件。而自我学习与受教育是自我发展的前提，如果因知识垄断而丧失自我学习与受教育的机会，则个体难以发展，社会难以整体进步。公共领域具有共享的基因，因此需要版权公共领域制度规定互联网环境下的个人使用行为与教学研究使用行为的合理性，为人类自我发展提供知识来源。

"义务公共领域"的理论充分挖掘出内蕴于公共领域中"作者和公众之间的资源交换关系"，作者对知识产品保持"特权"的前提是保留公众必要的公共利用空间，公共领域保留是作者的一种"当为性"义务。[①] 作者和公众之间存在资源交换和利益对价之关系，是因为知识的生产和一般物权的取得不同，例如种红薯的整个过程没有依靠别人，因此种出来的红薯的所有权完全归属于种植者。而文化创作不同，文化创作必须从别处借鉴，因此基于文化创作的特点，对生产出的知识所享有的版权不能完全封闭。即使是作为知识产权正当性基础的洛克财产权劳动理论也蕴含着一个重要的逻辑，即只有在公共领域留下足够多、同样好的东西给公众时，[②]劳动成果才能正当地被劳动者"独占"。因此，权利人拿走了一些权利，必须履行相应的义务，即必须留下一些知识，而公共领域就是作者的义务领地。知识是人类发展的重要资源，知识的获取对于个体发展和社会进步都具有重大意义，因此与版权垄断相对应的义务应是保留人类发展所必要的知识与公共领域，通过版权公共领域制度进一步促进知识共享的价值实现。

四、促进信息自由的文化交流

信息自由，也可被称为创作自由，是指版权作品合法获取者根据自己的习惯与模式，经过自己独立的思考活动将该作品的表达形式化为己用，从而将版

---

① 黄汇:《版权法上公共领域的衰落与兴起》,《现代法学》,2010 年第 7 期,第 36 页。
② 约翰·洛克:《政府论(下)》,叶启芳、瞿菊农译,北京:商务印书馆,2011 年版,第 18 页。

权作品挪用成自己的表达方式通过互联网自由表达的权利。[1] 学者苏萨提出，如果法律规定公众只能读取作品而不能参与到作品创作中，人们可能会失去参与创造的积极性而沦为被动接收的惰性容器。信息自由是人的基本权利，洛克的自然权利平等主义的基本理念是，个人作为独立自主的人生计划追求者拥有平等的基本权利，也即个人在行使其权利之时不得妨害他人行使其基本权利。康德的绝对律令"人是目的而不是手段"是洛克式自然权利平等主义在当代的继承与发展，[2]"个人在内在价值与道德具有平等地位"。换言之，版权所有者为其作品的获取以及使用所设定的种种限制本身不能侵犯版权作品获取者使用合法获得的文化/知识作品进行言论表达的权利，不能将作品当成实现自己财产目的的手段。[3] 个人的权利之间并不具有价值序列的差异，因此权利人在行使其版权专有权时，不得以其权利具优先性为名而阻抑他人行使自由创作之基本权利。当然，自由创作基本权利的行使也需遵从"不得不合理地损害著作权人的合法利益"之前提条件，例如重混创作、同人创作的合理使用应基于"非商业目的"，并在使用时须"注明作品来源"[4]。当今的互联网环境具有"公共论坛"的属性。比如在互联网出现之前，街道、公园以及其他公共场所是公众讨论的重要场所，它们作为公用物是公民可以随意使用的；现在互联网成了人们进行思想交流与社交的主要场地，因此互联网也应如同此前的公用物一样，创造一个开放、自由的环境，以保障公民自由创作的基本权利，实现信息自由的文化交流价值。

20世纪60年代围绕着风靡美国的《星际迷航》(Star Trek)一剧而出现的粉丝创作，开启了当代普通大众传媒产品消费者对版权作品的转化性使用浪潮。

① 赵为学、尤杰、郑涵主编：《数字传媒时代欧美版权体系重构》，上海：上海交通大学出版社，2015年版，第143页。

② Edward Lee, "Remixing Lessig," I/S: A Journal of Law and Policy for the Information Society, Vol. 6, Issue 1, Winter 2010, pp. 41-66.

③ 赵为学、尤杰、郑涵主编：《数字传媒时代欧美版权体系重构》，上海：上海交通大学出版社，2015年版，第131页。

④ Carious v. Prince, 714 F. 3d 694 (2nd Cir. 2013).

对大众文化的文本进行转化性的挪用，并且以一种与原文本的创作者截然不同的话语取向来读解这些文本是粉丝活动的根本特征，而粉丝们也正是通过对大众文化的挪用，通过凸显被文化产业所忽视的声音，来建构自己的社会与文化身份。① 互联网时代极大地提升了转化性使用的便利程度、人群规模以及传播范围。② 互联网环境下，用户不仅是内容的消费者，还可以借助日益简单的复制剪辑技术、互联网传播工具参与他们消费的内容，大量粉丝将消费内容"重新混合"或以"同人创作"形式与他人的作品互动，实现充分的创作自由。互联网匿名性特征进一步促进了用户的自由创作，激发出前所未有的创新活力。版权公共领域为互联网环境下的自由创作提供了制度保障。如版权公共领域将激发公众创造力的非商业性的重混创作使用行为纳入合理使用范围；权利穷竭原则规定当作品的合法复制件售出之后，版权人不得再控制该复制件的使用，从而为自由利用提供了法律依据。事实证明，互联网环境下用户通过重混等创作方式创作出很多优秀的作品，即互联网版权公共领域与信息自由之契合能够衍生出文化交流之价值。

第二节　互联网版权和公共领域保留的关系

在互联网版权和公共领域保留二者关系的理解上，存在两种观念：一是将版权作为公共领域的例外，即"版权是一个在有限期间内与作品有关的无限制权利"③。二是将公共领域作为知识产权的例外，这意味着知识以产权形式存在为基础，公共领域是版权的辅助机制。后一种观念是版权绝对化、版权日益扩

---

① Henry Jenkins, Textual Poachers: Television Fans and Participatory Culture. New York: Routledge, 2012, p. 23.

② Daniel Gervais, "The Tangled Web of UGC: Making Copyright Sense of User-Generated Content," Vanderbilt Journal of Entertainment and Technology Law, Vol. 11, Issue 4, Summer 2009, p. 850.

③ Lyman Ray Patterson, Copyright in Historical Perspective, NA shvile: Vanderbilt University Press, 1968, p. 18. 转引自付继存：《著作权法公共利益的结构》，《武陵学刊》，2018 年第 11 期，第 64 页。

张以及公共领域式微的观念起源,继续膨胀将导致版权与公共领域失衡,从而阻碍科技文化进步。在历史上,公共领域与版权是相伴而生的。世界上的第一部著作权法《安娜女王法》,是资产阶级国家颁布的版权法。该法的宗旨不是为了刺激作者创作,因为当时的历史事实是,作者的创作并没有因为缺少金钱的刺激而停止;颁布著作权法是为了促进作品的传播,限制出版商的垄断权,其中包括著名的版权期限限制条款"对出版商权的保护期限为 14 年"。[①] 这一条款只赋予有限的垄断权,首创了公共领域的雏形。[②] 为什么不能将"公共领域"和"作者领域"视为是相互独立并且对立存在的两个领域? 因为版权和公共领域之间存在着千丝万缕的关系。

一、互联网版权以公共领域存在为前提

从版权发生学的角度来看,公共领域是版权产生的基础与前提。通过利用公共领域中的知识进行创作等知识创新活动,产生享有版权的作品。黄汇教授曾精辟地描绘了创作过程的本质:"创作在本质上乃是对既有资料的一种解读、组合、变革和再解读的过程。这一过程从既有的资料开始,在一个特定的社会文化背景当中,作者可以获取故事、价值、观念等,再融入作者自己的经验。因此,创作的过程既是创造的,又是给予的 。"[③]也有学者从创作规律的角度,描述了作品创作对公共领域的依赖。冯晓青教授总结了作者创作活动的两个特点:第一,它是对前人知识的继承,新知识是在吸收已有知识、经验和劳动资料的基础上产生的。第二,它是对前人知识的深化,从知识的演进规律来看,新知识是旧知识的优化。[④] 总之,作者的创作活动过程以借鉴、选择与重构既有知识为基

---

① 徐瑄:《知识产权的正当性——论知识产权法中的对价与衡平》,《中国社会科学》,2003 年第 4 期,第 149 页。

② 冯晓青:《知识产权法中专有权与公共领域的平衡机制研究》,《政法论丛》,2019 年第 6 期,第 64 页。

③ 黄汇:《版权法上的公共领域研究》,北京:法律出版社,2014 年版,第 69 页。

④ 冯晓青:《知识产权法利益平衡理论》,北京:中国政法大学出版社,2006 年版,第 603 页。

本规律,而大部分既有知识来源于公共领域,因此作品与版权的产生以公共领域的存在为前提。

在互联网环境下,形成了大量的"知识社区",根据"社群主义"创新理论,基于互联网平台的无障碍交流可激发相互学习与知识共享的欲望,从而引发群体性的创造行为。在线社群以信息技术为载体、以信息系统为依托、以虚拟网络为延伸,实现不同信息呈现形式(如文本、视频、音频、图片等)的交流互通,从而为作品创作提供行为基础。① 作品的创作必须以整个互联网良好的文化环境与自由创作环境为根本前提,公共领域中的思想与表达二分法、合理使用、法定许可等规则为社区成员利用他人知识创造了良好的文化环境,公共领域中对服务提供者、分享平台、分享技术的责任限制制度为社区成员利用他人知识创造了宽松的使用环境。公共领域为版权创作创造了外部生态,若没有公共领域,版权创作将可能因作者之间的利益冲突而缺乏创作素材。

二、公共领域是互联网版权的终极依归

版权的有限专有意味着受版权保护的作品最终要进入公有领域,即公共领域是版权的终极依归。冯晓青教授指出:"著作权法设置版权的保护期制度,规定版权具有有限的保护期,其目的在于避免版权永久性地被个人占有,使知识产品来源于社会而最终又回归于社会,社会公众最终能够不受任何限制地自由获取知识和信息。如果版权受到永久性保护,那意味着版权人与其合法继受人对版权的永久垄断,会严重危害公众获取和自由使用知识、信息的社会利益。"②

公共领域是互联网版权的终极依归,源于公共利益是版权的最终目标。版权法上的公共利益与权利人对作品的排他的、独占的私人利益相对应,是指不

---

① 于超、朱瑾、张文倩、张耀耀:《信息交互视角下在线社群协同进化耦合域构建机制研究》,《情报科学》,2018 年第 12 期,第 3 页。

② 冯晓青:《知识产权法的价值构造:知识产权法利益平衡机制研究》,《中国法学》,2007 年第 1 期,第73 页。

特定的、众多的社会公众对作品等信息享有的权利和利益。版权法的最终目的，并不是单纯地为了特定群体和个人利益的实现，而是为了不特定多数人利益的综合提升，①即促进我国社会主义文化和科学事业的发展与繁荣。张平教授在知识产权工具论基础上提出了"产业政策论"，产业政策论将知识产权的保护视为促进技术和经济进步的手段，强调国家利益和社会进步的整体效果。②公共领域保留是公共利益的重要成因，公共领域直接代表公共利益。除了上文从法经济学方法证明了互联网公共领域能够使整体利益最大化之外，公共领域的具体制度对公共利益的实现具有直接的推进作用。版权期限限制、合理使用等公共领域制度使得后来的知识创新者得以利用已有知识，来进行有益于人类知识增益之知识创造及传播活动；公共领域对互联网服务提供者版权责任的边界限制、互联网反技术保护措施的版权责任限制、互联网交易平台版权责任的限制有利于互联网、云计算、数字化等技术的高速发展；反不正当竞争法、反垄断法规制所创设的价格公共领域机制避免了因知识与信息的私权化造成的使用成本过高，阻碍公众接触等负面效应。版权也可以促进公共利益的实现，只不过是通过功利主义的产权制度激励个人创新以间接作用于公共利益，这可能会产生与公共利益初衷背离的知识垄断后果，而把公共领域作为互联网版权的终极依归将更有利于促进人类整体利益的实现。

三、互联网版权和公共领域的辩证互动

没有版权保护，将减少作品创作的动力，知识共享无从谈起；适度的版权保护有助于作品的产生，从而为共享提供知识来源。从这个意义上讲，版权保护对知识共享起着促进作用。但是，版权保护的程度过高，又会妨碍社会公众对知识的合理利用，甚至侵占公共领域。互联网版权和公共领域的辩证互动关

---

① 冯晓青、周贺微：《知识产权的公共利益价值取向研究》，《学海》，2019年第1期，第188页。

② 张平：《市场主导下的知识产权制度正当性再思考》，《中国法律评论》，2019年第3期，第122页。

系,体现为二者的关联性和矛盾性。

　　首先,互联网版权和公共领域的关联性在于版权的生产性功能对公共领域的促进意义。除了作品的创作和版权的产生对公共领域存在依赖之外,版权对公共领域也并非完全无为和消极。黄汇教授总结了版权促进公共领域的两个方面:第一,版权作为一种生产性制度对创作的积极意义。通过产权赋予制度激励人们进行创新、创造和创作,可以在很大程度上激励人们创作出更多的智慧创作物,最终达到丰富公有领域的效果。第二,版权吸引创作投资对公共领域的积极意义。资本对文化的介入是以出版商对产品的私有产权为前提的,没有未来收益的稳定预期,投资者就无动力进行文化市场的开发。通过为投资者设定产权的方式,使投资者努力为其投资创造利益回报的同时,也创造了有利于全人类的文化与科技产品。如此情形下,投资者的个人利益和人类文化繁荣的公共价值实现吻合。[1] 版权激励生产出的智慧创作物与文化产品终将进入公有领域为人类所共享。

　　其次,互联网版权和公共领域的矛盾性在于版权的功利性本质对公共领域的侵蚀。版权从功利主义出发,通过赋予产权从而激励个人创作行为,在激励创作的同时,也放纵个人及投资者为寻求私利最大化从而不断扩张权利垄断范围。理论上,在互联网环境下,公共领域应当比史上任何时期更具繁荣状态,然而现实却并非如此。互联网环境下知识产权迅速扩张,为了获取独占性的权利,利益方以知识产权制度为工具,对公有领域的元素附加新价值后,将其转化为知识产权保护对象。[2] 博伊尔(Boyle)认为第二次圈地运动,是对自由思想的禁锢。[3] 互联网环境下的版权圈地表现在很多方面:比如,数据库对公共领域的"蚕食"。根据汇编作品受著作权保护的特点,数据库作为汇编作品而受著作权法保护的是"其内容的选择或者编排"。根据"额头滴汗"的原则,数据库制作人耗费了大量的人力物力进行数据采集和收集,应给予法律保护。但数据库与

---

① 黄汇:《论版权、公共领域与文化多样性的关系》,《学术论坛》,2010 年第 6 期,第 29 页。

② 曹新明:《知识产权与公有领域之关系研究》,《法治研究》,2013 年第 3 期,第 32 页。

③ James Boyle,The Public Domain:Enclosing the Commons of the Mind,London:Yale University Press,2009.

数据库内部所收录的数据并非同一,数据库圈存了公共领域的大量要素,以单纯信息、新闻或者法规等公共领域素材为收集对象的数据库,其库内元素本身属于公共领域之客体,公众可以自由使用。但这些材料被数据库收编后,如果对数据库施以绝对的排他性保护,未经权利人同意,公众不得对数据库的内容进行自由利用,这等于将公共领域的内容放入了著作权的控制之下,侵蚀了公共领域的范围。又比如,技术保护措施对公共领域的"封锁"。技术保护措施是在信息网络技术的发展和普及下,权利人控制其作品可否被信息网络传播的有效的科技方法,但权利人对技术措施的滥用会阻碍公众对作品进行公共领域意义上的使用。

"技术保护措施使作品完全被权利人包裹起来,这使个人合理使用制度功能大受限制",①不仅如此,公众一旦避开技术保护措施,就很可能被斥之为侵权,公众的心理被笼罩在"寒蝉效应"阴影之下,从而使个人合理使用制度"形同虚设"。② 再比如反不正当竞争法的泛用对公共领域的侵蚀。《反不正当竞争法》是"知识产权的兜底性保护法",其一般条款不应作为版权扩张的"万金油"条款,《反不正当竞争法》绝不是"知识产权保护的万能法"。若互联网环境下出现的新兴事物不符合版权保护条件,难以纳入现有作品类型,则应流入公共领域供公众使用,而非借《反不正当竞争法》之名无限扩大版权保护的适用范围以达到保护私利的目的。此外,还有交叉保护对公共领域的侵蚀。对于保护期限届满的作品,若权利人寻求其他形式的知识产权,也应当慎重对待,以防止权利人利用不同形式的知识产权挤占公共领域。劳伦斯·莱斯格认为,在技术与法律双重控制下,互联网自由逐渐丧失,利益方操纵法律和技术不断侵蚀公共领域③。

---

① 刘铁光:《著作权正当性的危机与出路》,《法制与社会发展》,2010 年第 2 期,第 30 页。
② 冯心明:《现代著作权法公共领域的危机和出路》,《华南师范大学学报(社会科学版)》,2011 年第 4 期,第 96 页。
③ [美]劳伦斯·莱斯格:《谁绑架了文化创意》,刘静怡译,台北:台湾早安财经文化出版社,2008 年版,第 25 页。

四、版权保护与互联网公共领域的反思

表面上看,版权保护与公共领域的关系是对立的,但从长期的实践来看,公共领域对版权的限制并不旨在消灭版权保护。版权保护与公共领域本质上是休戚与共、紧密相连的,后者哺育了前者,亦是前者的终极依归,前者对后者也有重要的反哺功能。从版权制度的最终目标来看,版权保护与公共领域二者中的任何一方都不能偏废,要在共存中寻求统一。

首先,根据工具主义理论,版权保护与公共领域同为实现公共利益目标的工具。版权法制定的最终目的是使"社会整个福利最大化",即促进文化和科学事业的发展与繁荣。为了实现此目标,版权法并行设置了版权保护机制与公共领域制度,此二机制的建立与完善都是为了更好地服务于最终目标。互联网环境下出现版权急剧扩张的现象,此时更应该明确工具主义而非独占主义的态度。因为包括版权在内的知识产权并不像生命权、健康权那样,是人类社会中应该享有的自然权利,而是随着社会发展、应社会需求创设出来的"法定"权利,因此应根据外部环境与内部需求的变化,进行制度设计与修正。具体实践中,当版权保护与公共领域发生冲突而不知该如何选择时,可通过采取"法益位阶分析规则"以确定优先保护的法价值。传统法学认为各种价值均有其各自序列,由上而下,层次分明,于价值判断时,应依据较高价值进行活动实践。[1] 私人利益与公共利益的关系,就如同近期利益与长远利益,当使用的特例包含更具有优先性的价值追求且对著作权人的损害较小时,对著作权进行限制就具有正当性。[2] 版权制度的工具属性决定了互联网版权和公共领域的关系具有阶段性特点。每一个国家都会根据本国产业发展水平,在不同的历史时期,对不同的

---

① 杨仁寿:《法学方法论》,北京:中国政法大学出版社,2016 年版,第 227 页。
② 郑重:《经济学视野下网络版权扩张之反思》,《中国版权》,2016 年第 6 期,第 70 页。

对象设置适当的制度。在版权制度发展的早期阶段,因为那时知识创新活动处于一种单个的、无序的状态,因此通过版权保护加强对知识创造的激励更为重要。在版权产业化之初,市场发育还不健全,通过强化权利人的利益,刺激其创造以及成果的市场化,可以加速知识产品生产和流通的步伐。① 但是,公共利益作为版权法的最终目标,特别在互联网技术迅猛发展的情况下,如何最有效地实现整体创新是一个值得重新思考的问题。在互联网环境下,不仅要通过版权保护调动个体创造的积极性,还要利用互联网与公共领域制度相结合的优势,激发公众的创新潜力。版权法作为版权和公共领域关系的调节机制,其发展趋势肯定最终是向社会公众倾斜。

其次,根据利益平衡理论,版权保护与公共领域的动态平衡有利于公共利益的实现。冯晓青教授提出的"利益平衡理论",是指"著作权法的制定是在专有权人私人权利保护和社会公众公共利益维护之间作利益分配和平衡,以期在版权领域中划分出合理的专有领域和公共领域,共同实现促进文化和科学事业的发展与繁荣的最终目标"②。版权保护与公共领域都是实现知识产权立法宗旨的重要法律机制和保障措施,二者并行不悖、缺一不可:版权保护制度确保权利人对其知识产品享有的专有权,以维持知识创新的动力和促进对知识创新的投资驱动与创造激励;公共领域制度确保促进知识产品广泛地传播与利用。著作权法从诞生之初一直试图建立一种精妙的平衡:一方面,它激励作者创作;另一方面,它必须适当地限制著作权的排他性保护,以避免由于垄断而阻碍作品利用。互联网版权和公共领域的平衡应具有动态性。互联网版权和公共领域的辩证互动是一段持续且不断发展的关系,其动态性特征应体现在互联网版权扩张的同时,公共领域范围应随之扩张,以保持动态平衡。随着版权这一专有

---

① 冯晓青:《知识产权法的价值构造:知识产权法利益平衡机制研究》,《中国法学》,2007 年第 1 期,第 76 页。
② 冯晓青:《知识产权法中专有权与公共领域的平衡机制研究》,《政法论丛》,2019 年第 6 期,第 60 页。

权的扩张,社会公众对知识产品的需求也在扩张,这种扩张只能以权利限制形式加以保障。为了保证互联网版权和公共领域之间的动态平衡,可设立动态的矫正机制,及时使不应保护的对象回归到公共领域。

再次,确立版权保护的限度,将灰色地带纳入公共领域更有利于最终目标的实现。以版权制度的经济理性看,版权法通过有效配置和充分利用知识资源,以达效益最大化目标。而如何有效配置知识资源、有效率地利用知识资源就涉及确立版权保护的限度与公共领域的范围问题。版权保护的不理性扩张使版权制度陷入了一种利益寻租的状态,使我们不得不追根溯源,反思版权的制度基础与保护限度:第一,从劳动理论层面分析,保护的限度应与创作者的劳动投入相匹配。比如,权利人投入知识产品的创造性劳动终归是有限的,则应设置版权期限制度以匹配权利人的投入,期限的长度与权利人的投入呈正相关。第二,从经济学角度分析,保护的限度应与产品的社会价值相匹配。知识产品保护既具有社会利益也具有社会成本,当版权保护造成的社会成本(抑或称为社会损失)大于社会收益时,就不再符合经济学上的效益价值规律,则需要终止对此情形下的版权保护。① 第三,从效用理论分析,保护的限度应以激励功用为限。版权法对智力成果设定财产权应仅以能够激励创新为限,超出这一限度的收益则为纯粹的垄断利润,只会成为公众高昂的使用成本。② 司法裁判对于创设版权、强化版权保护方面的解释也应慎重,原则上要等待立法处理,只有当激励明显不足时才得以通过"法官造法"进行保护,③谨防司法无限制地扩张版权权利。对于公共领域的范围,由于其代表公众可使用的范围,其界定方式应不同于对专有权的审慎态度,而应采取更加包容的态度。有学者建议,把版

---

① 冯晓青:《知识产权法中专有权与公共领域的平衡机制研究》,《政法论丛》,2019 年第 6 期,第 61-62 页。
② 兰磊:《创新视角下的知识产权——反垄断法关系》,《电子知识产权》,2013 年第 5 期,第 61 页。
③ [日]田村善之:《"知识创作物未保护领域"之思维模式的陷阱》,《法学家》,李扬译,2010 年第 4 期,第 131 页。

权制度中的"灰色地带"纳入公共领域范围,以扩大公众使用的范围。[1]

最后,构建公共领域制度体系,以更好地发挥与版权保护相抗衡之功用。从版权制度的起源以及发展来看,版权制度理论的发展依旧以版权保护为中心,其范围和重心围绕权利人的利益来展开。互联网环境下,与互联网版权不断扩张的态势相比,零碎的公共领域制度难以发挥与之抗衡的作用。只有版权保护与公共领域保持动态平衡、良性互动的关系,才能实现统一,共同促进人类文化的繁荣。因此,应根据利益平衡理论构建包括版权保护和公共领域的完整的体系化理论,特别是在公共领域的研究落后于版权保护研究时,应重点发展公共领域的理论与实践,以期构建一套相对完善的版权公共领域理论体系与具有实践意义的公共领域制度体系。

---

[1] David Lange, "Recognizing the Public Domain," Law and Contemporary Problems, Vol. 44, Issue 4, Autumn 1981, p. 150.

第三章 互联网环境下版权客体中的公共领域

　　我国在 1990 年颁布了《中华人民共和国著作权法》(简称《著作权法》),随后我又加入了《保护文学和艺术作品伯尔尼公约》(简称《伯尔尼公约》)、《世界版权公约》、《保护录音制品制作者禁止未经许可复制其录音制品公约》(简称《录音制品公约》)等国际条约。2001 年,我国《著作权法》进行了第一次修改,将杂技艺术作品、汇编作品和建筑作品纳入到保护客体中来,扩大了版权客体的范围;2012 年我国再次启动了《著作权法》第三次修改工作,《中华人民共和国著作权法(修订草案送审稿)》中加入了孤儿作品授权机制条款等;2020 年《著作权法》修正案颁布;近年来,司法实践更是不断将新兴出现的客体认定为版权保护对象。扩大著作权保护客体范围的同时,意味着版权公共领域的缩小、知识使用成本的抬高、创新所需共享知识的减少。在一定程度上也阻碍了知识的转移和学习,不利于公众的自我发展与社会的整体进步。在强调版权保护的同时,还应研究如何通过对公共领域客体适格性的判定,划定版权保护和客体公共领域的边界,为我国创新驱动发展营造一个合理的制度环境。

第一节　互联网环境下版权客体公共领域的界定

一、"著作权法不保护对象"之局限

有学说认为,版权客体公共领域是指著作权法不予保护的对象,[①]即认为版权客体公共领域限于法定。此界定方式的局限性在于:首先,范围狭窄,不利于确保后来创新者所需的公共领域资源的充足。我国《著作权法》采取封闭式列举的方式界定版权客体公共领域,根据我国《著作权法》第五条,我国不受版权保护的客体仅有三类:(一)法律、法规,国家机关的决议、决定、命令和其他具有立法、行政、司法性质的文件,及其官方正式译文;(二)单纯事实消息;(三)历法、通用数表、通用表格和公式。旧的法条难以解决互联网环境下出现的新问题,当出现新的公共领域客体时,我国现行法将缺乏包容性。例如通过共享协议自动放弃版权的作品、实际处于公共领域状态的作品根据法定界定方法都难以纳入客体公共领域,不利于公众的自由使用。其次,内容缺陷,封闭式列举对同质作品的公共领域性质解释不足。我国法定采用封闭式列举的方式,没有兜底条款,甚至未使用"等"字,便意味着除了这三类客体,其余都受到著作权保护,具有排他性权利。但是,与第一类官方文件同性质的还有一些信息,例如"我国政协、执政党与事业单位的公务文件以及领导人的职务性讲话等"[②]、官方文件之官方汇编[③]等,若否认其公共领域性质,赋予版权排他性,则与其流通目的相矛盾;若认为属于客体公共领域,又缺乏明确的法律依据。综上,我国现

---

① 冯晓青、徐相昆:《著作权法不适用对象研究——以著作权法第三次修改为视角》,《武陵学刊》,2018年第6期,第55页。

② 杨利华:《我国著作权客体制度检讨》,《法学杂志》,2013年第8期,第28页。

③ 冯晓青、徐相昆:《著作权法不适用对象研究——以著作权法第三次修改为视角》,《武陵学刊》,2018年第6期,第59页。

行法对版权客体公共领域的界定范围狭窄、解释不足,难以满足互联网环境下公众对知识的获取需求以及创新资源的共享需求。

二、"不构成作品对象"之异变

有学说认为,公共领域是与著作权相对立的概念,版权客体公共领域是指不构成"作品"的对象。[①] 但通过分析作品的构成要件,会发现不符合作品构成要件的客体可谓凤毛麟角。作品构成要件的"低门槛"不合理地限缩了版权客体公共领域。根据《中华人民共和国著作权法实施条例》(简称《著作权法实施条例》)第二条的规定,[②]可将作品的构成要件分解为以下四个方面:(1)作品为文学、艺术和科学等领域的智力成果;(2)保护对象为"智力成果";(3)具有独创性;(4)能以有形形式复制。首先,文学、艺术、科学领域的范围十分宽泛。其次,"智力成果"即思想的表达方式,著作权只保护表达,不延及思想。而表达是指作品内容的文字表述、图形线条、音乐符号等一切外在展现方式,[③]范围也非常宽泛。甚至可以说,任何思想都有其外在展现方式。由于前两个要件的范围都非常宽泛,于是独创性与有形复制性成为版权保护客体认定的关键,也间接决定了客体公共领域的边界。关于独创性,往往被分解为独立完成和创造性两个方面,独立完成是指非抄袭、剽窃;创造性是指作者的个性或达到一定水准的智力创作高度。创造性是作品质的规定,成为作品认定最重要的指标,而创造性看似难以达到,实则标准非常之低。不少学者对此诟病,有学者甚至认为,"独创性是著作权法缔造出的概念,是为了给著作财产权提供一个法哲学上的

---

① 徐兴祥、顾金焰:《论著作权客体的演变》,《西南交通大学学报(社会科学版)》,2014 年第 4 期,第 132 页。

② 《中华人民共和国著作权法实施条例》第二条规定:"著作权法所称作品,是指文学、艺术和科学领域内具有独创性并能以某种有形形式复制的智力成果。"

③ 王凤娟、刘振:《著作权法中思想与表达二分法之合并原则及其适用》,《知识产权》,2017 年第 1 期,第 88 页。

基础"。① 有学者认为,"独创性高度的差异更多的是人为的或观念上的,无法准确量化,人为区分较高或较低的独创性标准,并非制度本身的内在需要"。② 创造性的认定标准在司法案例中越来越被淡化,法院认为:"不应要求过高的创造性,否则不利于促进该行业的创新和发展。"③最高人民法院指出:"作品的独创性是指作品由作者独立完成并表现了作者独特的个性和思想。"④由于创造性的高度没有统一标准,司法实践中作品仅需体现作者的个性思想即具有创造性,门槛非常低。最后,以有形形式复制,要求作品被复制或可被固定的可能性。由于只要求固定的可能性,而不要求作品已经被固定的状态,⑤因此有些作品一直未被"固定",也仍受著作权保护,如口头演讲或音乐的即兴创作;有些作品无法永久"固定",如空切、冰雕作品,也受著作权保护。随着技术手段的发展,任何内容实质上都是可复制或可固定的,如动态画面可被录制下来复制;通过数字形式的瞬时复制也属于"固定"。⑥ 以洛克劳动所有权理论为基础的版权保护制度,异变为"只要付出劳动,就可以取得独占权"的逻辑偏执易成为利益方扩展私人领地的工具。根据《著作权法》对"作品"的定义来界定版权客体中的公共领域,是从版权的对立面来界定公共领域,落入"否定说"之窠臼,未将公共领域作为一个独立的概念进行分析。

三、版权客体公共领域"限制说"

根据版权公共领域"限制说",版权客体中的公共领域是指对版权保护客体的限制。有限权利理论认为,作品的新型使用方式在初始意义上都应当是公众

---

① 张玉敏、曹博:《论作品的独创性——以滑稽模仿和后现代为视角》,《法学杂志》,2011 年第 4 期,第 57-58 页。
② 崔国斌:《著作权法:原理与案例》,北京:北京大学出版社,2014 年版,第 83-84 页。
③ 参见:上海市普陀区人民法院(2013)杨民三(知)初字第 295 号民事判决书。
④ 参见:最高人民法院(2013)民申字第 1356 号民事裁定书。
⑤ 崔国斌:《著作权法:原理与案例》,北京:北京大学出版社,2014 年版,第 121 页。
⑥ [英]艾斯特尔·德克雷:《欧盟著作权法之未来》,徐红菊译,北京:知识产权出版社,2016 年版,第 105-107 页。

的自由领域,只有创作者或者传播者提供了足够充分的理由,才可以纳入专有权的范围。① 版权公共领域作为与版权相抗衡的工具,作用在于将版权垄断保持在一个合适的范围,使知识特权和公共领域公众的信息普遍权相互之间形成一个张力和制衡关系。版权客体中的公共领域作为互联网创造的基本泉源,互联网版权扩张的同时,公共领域范围也应随之扩张,才能保持动态平衡。零碎的公共领域制度难以发挥与之抗衡的牵制作用,因此本书选择版权限制说为构建版权客体公共领域的制度体系提供方法论基础,运用比较法研究,构筑起一套包括原则性规则与具体列举的制度体系;并结合互联网环境下的计算机字体、单纯事实消息、无主作品、数据利用等实证问题进行论证,使互联网环境下的版权客体公共领域机制建立在丰富的实践基础之上。

第二节　互联网环境下版权客体公共领域的新问题

一、计算机字体的保护与独创性标准的反思

方正电子公司诉宝洁公司侵犯计算机字体"飘柔"案②争议最大的问题之一便是:将计算机字体单字作为著作权作品来保护,会不会带来对字体公有领域的挤压? 作品保护条件与客体公共领域的界限关乎人们对字体单字等人类最普遍拥有的文化基础要素的自由使用。从操作的层面上看,保护计算机字体符合现行法规定的作品"四要件"。但是从法理层面分析,如果著作权法对创造性很低的计算机字体单字给予著作权保护,而字体是人类最普遍拥有的语言载体,强版权保护无疑会阻碍文字作为语言传播信息的功能。③ 对计算机字体单

---

① 付继存:《著作权绝对主义之反思》,《河北法学》,2017 年第 7 期,第 46 页。
② 参见:北京市第一中级人民法院(2011)一中民终字第 5969 号判决书。
③ 黄武双等著译:《计算机字体与字库的法律保护:原理与判例》,北京:法律出版社,2011 年版,第 21 页。

字的独创性要求过低,将严重影响人们对字体使用的自由,使更多的使用者可能落入侵权的范围。[1] 而保护计算机字体,其目的不应是限制人们对汉字的使用自由,而是应使公众获得更多字体的多元化选择。[2] 因此,对与公共利益密切相关的客体,应尤为注意控制版权保护的疆界,应提高相关客体的独创性标准等版权保护的实质要件,以维护版权人和社会公众利益的平衡。

独创性是作品的灵魂,作品构成要件"低门槛"主要在于独创性标准之低,针对独创性"名存实亡"的现状,张玉敏教授认为重新构建独创性概念"应以实用主义为导向",独创性应关注"该作品所作出的贡献、对于知识和进步的价值,作品应当对人类文化事业的发展和社会进步起到推动作用"。[3] 赵锐认为"应淡化独创性标准中的'创造性'因素,关注作品的经济、社会价值,重视以社会利益价值来衡量作品独创性的立法趋势"。[4] 冯晓青教授也认为保护应以激励创新为限。[5] 戴维·兰格教授提出独创性的认定应"以创作对公众的价值为标准,明智地奖励真正的创造物"。"如果创作只是将离散的公共领域元素通过分崩离析的结构束缚在一起,将其保护可能根本没有意义,扩大保护效果反而阻止它们'转世'的重新开始"[6],造成社会的损失。只有坚持每一种新生的著作权客体与权利都经过充分的正当性论证,才能使已经发生或正在发生的对著作权正当性的偏离得到回归。综上,基于客体与公共利益的密切程度,对不同作品形式设定不同的独创性标准,从而切实维护版权人和社会公众利益的平衡。如

---

[1] 芮松艳:《计算机字库中单字的著作权保护——兼评"方正诉宝洁"案》,载《知识产权》2011 年第 10 期,第 45 页。

[2] 黄汇、郑家红:《论计算机字体单字著作权保护中的公共领域保留——以方正诉宝洁侵犯计算机倩体字"飘柔"案为例展开》,《法律适用》,2013 年第 4 期,第 109-110 页。

[3] 张玉敏、曹博:《论作品的独创性——以滑稽模仿和后现代为视角》,《法学杂志》,2011 年第 4 期,第 57-58 页。

[4] 赵锐:《作品独创性标准的反思与认知》,《知识产权》,2011 年第 9 期,第 58 页。

[5] 冯晓青、徐相昆:《著作权法不适用对象研究——以著作权法第三次修改为视角》,《武陵学刊》,2018 年第 6 期,第 60 页。

[6] David Lange, "Recognizing the Public Domain," Law and Contemporary Problems, Vol. 44, Issue 4, Autumn 1981, p. 150.

德国要求字体须"具有较高程度的新颖性"才给予保护,提高了字体单字的保护标准,以守卫与公共利益密切相关客体的公共领域疆界。

二、单纯事实消息网络转载与思想表达合并原则的契合

2011 年 6 月 23 日,北京城区遭遇了一场罕见的降雨,降雨导致积水漫过地铁站入口,形成了壮观的"地铁瀑布"景象,这一场景被杨某拍下来并上传到微博,这张"地铁瀑布"图片被大量网络媒体使用。对于网络媒体未经杨某同意而使用照片的行为性质是否侵犯了杨某的著作权,一种观点认为"地铁瀑布"照片属于杨某拍摄的新闻作品,网络转载新闻作品不能适用法定许可制度,因此网络媒体使用前须征得杨某的同意。另一种观点认为,杨某拍摄的照片属于客观反映北京大雨这一事件的单纯事实消息,不受我国著作权法的保护,任何媒体均可使用,包括网络媒体,无须征得杨某的同意。[①] 可以看出,这两种针锋相对的观点的主要分歧在于对图片是否属于单纯事实消息的认定不同。我国《著作权法实施条例》第五条第(一)款将"时事新闻"的含义界定为"通过报纸、期刊、广播电台、电视台等媒体报道的单纯事实消息",而新闻中包含了文字信息、照片信息、图片信息和视频信息等多种表达类型,由于法条未区分表达方式,可视性报道是否属于著作权法中不受保护的单纯事实消息存在很大争议。在传统媒体与新兴媒体融合发展的背景下,网络转载已经成为常态化的新闻传播方式,甚至成为很多民众接收与传播资讯的主要途径。互联网环境下公众对含有图文新闻的微博转发、微信公众号转发、QQ 空间转发等行为是否属于"侵权"行为? 对反映客观事实的图文新闻的保护会不会带来对单纯事实消息公有领域的挤压? 对新闻作品保护的边界何在? 对这些问题的探究应考虑版权人和社会公众的利益平衡,使单纯事实消息的公共领域保留奠定在一个科学合理的基础上。

---

① 刘庆:《数字时代时事新闻的界定与版权保护》,《中国出版》,2015 年第 3 期,第 27 页。

从思想与表达二分法引申出的合并性原则,可作为单纯事实消息的界定标准。思想与表达二分法是著作权保护的基本原则,同时也可作为界定客体公共领域的基本原则。著作权法保护的是思想的表达,而非思想本身。思想指人类智慧和思维观念。思想是社会存在作用于人脑的产物,即同样的社会环境可能造就相似的思维成果。著作权法保护独特的表达方式,但不能阻止人类以同样的方式思考,产生同样的思想,思想属于公共领域的客体,保护思想将阻碍人类文明进步。① 从思想与表达二分法延伸而出的合并性原则是指,当思想只有几种或一种表达方式时,授予有限的表达方式以著作权,相当于对此思想的垄断,同样限制了他人表达思想的自由,因此此类有限表达与思想合并不受著作权保护。② 某些信息因表达方式有限,他人无法避免使用相同或相似的表达方式,则适用合并性原则。根据合并性原则,记录性新闻属于单纯事实消息公共领域。记录性新闻是新闻报道最常用的基本形式,旨在迅速、及时、准确地对社会新近发生的重要、客观变动信息作简明扼要的报道。记者像摄像机一样客观记录"观察"到的一切,语言色彩呈中性,让受众意识不到叙述者发出的声音。③ 记录性新闻也包括文字信息与影像信息,原始的新闻事实是文字信息的构成主体,文字信息当然属于客体公共领域的"单纯事实消息";影像信息若是基于说明新闻事实而存在的,则等同于单纯事实,与文字信息一并组成单纯事实消息。

域外网络新闻转载法律规制为新闻的网络转载提供了较为宽松的环境,如意大利《版权法》对单纯事实消息的限制体现在该法第 101 条规定:"在注明出处和不违背新闻业公共惯例的前提下,可以复制新闻报道。"④美国《版权法》对单纯事实消息不受著作权法保护的规定体现在第 107 条规定的新闻报道的合

---

① 王凤娟,刘振:《著作权法中思想与表达二分法之合并原则及其适用》,《知识产权》,2017 年第 1 期,第 88 页。
② 冯晓青:《著作权法中思想与表达二分法之合并原则及其实证分析》,《法学论坛》2009 年第 2 期,第64 页。
③ 蔡之国:《新闻叙事学研究框架的构想》,《南通大学学报》(社会科学版),2006 年第 4 期,第 134 页。
④ 《十二国著作权法》翻译组译:《十二国著作权法》,北京:清华大学出版社,2011 年版,第 312 页。

理使用制度。美国的合理使用判定采取要素主义,美国法院在判断网络新闻转载是否适用合理使用时,需综合考虑作品本身的性质、使用者使用该作品的程度、使用的目的以及是否对权利人其他利益造成潜在的破坏等。合理使用要素主义的包容性兼顾了公众对新闻的及时需求和新闻发布者的利益,较好地体现了新闻转载的利益均衡。

综上,笔者认为,对公众对新闻作品的网络转发应持更加宽容的态度,虽然公众对新闻作品的网络转发突破了私域的界限,但仍应纳入个人合理使用的范围,从而确保每个人都可以通过公共领域创造、了解、使用和分享各种事实和信息。

三、无主作品与事实公共领域原则的联姻

无主作品是指作为著作权人的自然人死亡且无继承人、受遗赠人,或者法人、非法人组织终止且无权利义务继受人,而保护期限尚未届满的作品。① 根据我国《中华人民共和国继承法》(简称《继承法》)第三十二条规定,无人继承又无人受遗赠的遗产,归国家所有;死者生前是集体所有制组织成员的,归所在集体所有制组织所有。我国《著作权法》第二十一条规定,没有承受其权利义务的法人或者非法人组织的,由国家享有。因此我国对于无主作品的归属安排,有归国家所有和集体所有两种不同形式。互联网上存在为数不少的无主作品,当无主作品归属于国家所有或集体所有时,使用者应如何使用呢? 目前学界有学者认为无主作品属于孤儿作品的一种,因此其使用流程依照孤儿作品的准强制许可程序。② 但无主作品实质不同于孤儿作品。孤儿作品是指无法确定权利人,或者即使确定但通过勤勉查找也无法找到权利人的作品。孤儿作品通过勤勉查找一时找不到权利人,但权利人还有可能出现,因此可适用准强制许可程

---

① 李琛:《论无人继承之著作财产权的处理》,《电子知识产权》,2008 年第 1 期。
② 参见:《中华人民共和国著作权法(修订草案送审稿)》第五十一条。

序,使用前提存使用费,待权利人出现时予以补偿;而无主作品的著作权人身份既是确定的也是可查找的,只是著作权人及其法定继承人均已死亡,又无其他人受遗赠,即权利人不可能再出现了。因此,对于无主作品的利用无须再考虑对权利人的补偿,而应考虑如何更好地利用以促进文化繁荣。

针对无主作品,已有国家通过法律明确规定为著作财产权消灭,进入公有领域。如《巴西著作权法》第45条,"作品的著作财产权的保护期届满后,符合下列情况之一的作品将进入公有领域:Ⅰ.该作品的作者死亡后,无继承人的;Ⅱ.该作品的作者身份无法确定的;但如该作品属于民间传统文学,应受民间传统文学的法律保护"。笔者认为从《著作权法》的制度目的来看,无主作品进入公有领域才是社会利益的体现。具体原因包括:首先,从《著作权法》的立法宗旨来看,《著作权法》为作者私益提供保护,其主要目的在于鼓励创造。当著作权人及其继承人都已不存在时,为作品继续提供法律保护不但不能实现《著作权法》的制度目的,反而为公众自由使用设置了不必要的障碍。从总体效益的角度,无主作品进入公有领域才是社会价值最大化的体现。其次,令无主物归国家所有或集体所有,不能实现对其的充分利用。令无主物归国家或集体所有是为了防止因归属不明导致公地悲剧,而作品不同于有体物,其不会因使用而形式上有所减少,因此在无主物归属设置上应与有体物不同。国家、集体作为无主作品的权利人,其在开发方面投入精力的动力不足,无主作品可能被"束之高阁",而公共领域具有天然的开放性与流通性,它能够促使无主作品最大化发挥社会效用。①

"事实意义上的公共领域"即实际处于公共领域状态的客体,互联网环境下的无主作品在被确认为"无主物"前实际已处于人人使用的公共领域。从公共政策的角度,版权制度本质上是服务于立法目标的一种工具,旨在促进版权公共利益的实现,促进知识共享、信息自由的价值实现;从版权制度的经济理性

---

① 王果:《无主作品著作权归属的"公""私"之争》,《中国版权》,2016年第4期,第55-56页。

看,版权制度通过有效配置和充分利用知识资源,以达效益最大化目标。为客体公共领域确立事实公共领域原则,是将实际处于公共领域的客体在版权保护期到期前,提前将之变成人类创新的后续资源;将实际处于公共领域状态的客体明确纳入客体公共领域,供公众共享,更有利于实现文化繁荣与科技发展这一最终目标。不同于学者认为的事实公共领域"通过默示即可实现"、不需要任何规定的观点,笔者认为事实公共领域有必要作为法定原则,为客体公共领域的动态扩张预留空间的同时,赋予其法定的效力保障。事实公共领域原则,作为客体公共领域的法定原则,为新兴客体的纳入提供制度依据。随着互联网技术的发展,版权公共领域范围需动态扩大时,可直接适用事实公共领域原则进行解释。

四、数据利用与公用因素原则的协调

数据对于互联网企业的发展具有举足轻重的作用。目前关于互联网数据的权属,学界已有不少研究,有学者将平台数据权属的类型或观点归纳为四种:个人所有、平台所有、个人与平台共有、公众所有。由于数据的属性高度依赖于具体场景,因此同样的一组数据,在不同的场景中对于不同的对象而言可能分属不同的主体。[①] 但无论哪种学说,都不否定数据共享与互联互通的极大潜力。因此,有必要将基础数据纳入公共领域,根据版权公共领域"限制说",数据公共领域是指对数据专有权的限制,建立对数据的有效利用机制。

一些国家和组织法定了爬虫检索、文本与数据挖掘的合理使用制度。《日本版权法》于 2019 年再一次修订,此次修订的背景就是为了迎接以物联网、大数据、人工智能等新技术的出现与运用为代表的第四次科技革命,修订进一步扩大了豁免条款的适用范围,试图构建与技术发展相适应的版权公共领域制

---

① 丁晓东:《数据到底属于谁——从网络爬虫看平台数据权属与数据保护》,《华东政法大学学报》,2019 年第 5 期,第 79 页。

度。其中第 47 条第 5 项规定了检索性合理使用制度，"为提高国民生活的便利性，电子计算机处理信息可在认可的限度内复制使用已有材料"。欧盟《数字化单一市场之著作权指令提案》第 3 条规定"各成员国应对相关权利规定文本与数据挖掘的例外，允许研究组织为了科学研究目的对作品或其他材料进行文本与数据挖掘"。除欧盟外，英国 2014 年修订的《英国版权法》第 29A 款规定了文本与数据挖掘合理使用制度，但将使用性质限定为非商业目的，且须充分标明使用作品的信息。2019 年修订的《日本版权法》第 47 条第 5 项也包含了文本与数据挖掘的例外规定，其适用条件与同为技术性使用的检索性合理使用相同。

我国将基础数据纳入公共领域可通过客体公共领域路径，借助公用因素原则为数据公共领域提供正当性依据。公用因素原则是指，将反映人类社会及自然最基本规律的朴素表达纳入客体公共领域的规则。公用因素主要包括以下几类：标准化程序、系统、方法、原理；国际条约或公约、法律、法令、法规、司法判决以及其他官方文件；事实、发现等。公用因素具有以下特征：第一，以流通为目的。例如官方文件的创作目的不在于凭借著作权保护获得创作报酬，而在于通过广泛传播实现其特定的社会治理效果。第二，是其他创作的"基石"。在创作过程中，不可避免地会使用公用因素表达，如果授予这些表达以版权，会造成人类的重复劳动，抑制创造力的发挥。例如历法、公式等若被少数人垄断，将极大地阻碍科技的进步。第三，未经过任何加工的事实发现。比如自然形成的图案或形状，不构成美术作品或建筑作品。数据也属于公用因素，数据本质的排他性与流通相契合，是其他先进技术发展的"基石"，被垄断将会抑制整个行业甚至整个社会的创新。基础数据未经过任何加工，也符合事实发现的特征。因此，通过公用因素原则可将基础数据纳入客体公共领域，为公众特别是后来创新者所利用，构筑限制其专有权的利用机制，释放巨大的创新潜力。

第三节　互联网环境下版权客体公共领域的变革

国外对于客体公共领域主要有两种立法例:其一,不专门列举;其二,专门列举。不专门列举是指在法律中没有系统总结著作权不适用对象的专门法律条文,采取这种立法例的多为英美法系国家,如英国。版权客体中的公共领域不专门列举,著作权限制的新类型不立法化即体现了有限权利的思路。专门列举是指在法律中有专门法律条文规定著作权不适用的对象,采取这种立法例的多为大陆法系国家,如日本。我国也采取的是这种方式。二者相比较,不专门列举最为灵活,可为版权的保护与限制动态地划定边界,但由于其概括性规定较为简略,其具有适用目的的广泛性与判断的灵活性优点,同时也具有不确定性与不可预见性等缺陷,不适合应用于法官自由裁量权较小的传统成文法国家。列举式具有明确、稳定的特点,能较好地发挥对行为预判与司法裁判的指导意义;但由于其范围的狭隘性,不能及时更新的局限性,难以适应新形势发展的需要。因此,笔者认为我国可采用"原则性规定+具体列举"的复合式规范结构,作为《著作权法》第四次修订时版权客体公共领域立法的改革方向。

其实,复合式规范的立法结构已有雏形,但并不完善。《埃及知识产权保护法(著作权部分)》的立法例即是先进行一般性说明,然后法律另起一款对不适用对象作封闭式列举。[①] 我国 2014 年公布的《中华人民共和国著作权法(修订草案送审稿)》(简称《送审稿》)第九条在封闭式列举条款前也增加了一般性规定。[②] 这些趋势说明立法机关已经意识到封闭式列举的不足,欲通过增加一般

[①] 《埃及知识产权保护法(著作权部分)》第 141 条第 1 款说明:"著作权保护不包括纯粹的思想、程序、方法、操作手段、概念、原理、探测发现以及数据;即使其被表达、描述、说明或者包含在某一作品之中。"第 2 款列举"著作权保护不包括:(1)官方文件,不论为原文或者译文,包括法律、法规、决定、国际协定、司法判决、仲裁裁决、行政或者司法当局的裁判。(2)具备纯粹新闻信息特征的时事新闻。"

[②] 《中华人民共和国著作权法(修订草案送审稿)》第九条第一款:"著作权保护延及表达,不延及思想、过程、原理、数学概念、操作方法等。"

性说明,扩大客体公共领域制度的适用范围,但尚需完善。封闭式列举前的一般性说明概括程度不高,应全面概括客体公共领域的判定原则,形成体系化的判定方法。原则性规定与具体列举相互作用、实现统一。内容上,原则性规定通过抽离公共领域客体的共同特征,构建通用的适用规则,包括思想与表达合并原则、事实公共领域原则、公用因素原则。独创性标准作为版权保护的要件应基于客体与公共利益的密切程度,对不同作品形式设定不同的独创性标准,以达到抑制版权的非理性扩张、维护客体公共领域的平衡的效果。具体列举在原有法条基础上进行适当增添,原有法条中的"法律、法规,国家机关的决议、决定、命令和其他具有立法、行政、司法性质的文件,及其官方正式译文"和"历法、通用数表、通用表格和公式"体现了公用因素原则;"单纯事实消息"体现了思想与表达合并原则;应增添事实公共领域原则下的具体情形。效力上,具体列举的特别条款优先适用于原则性规定的一般条款,在面临对具体列举未包含的新兴客体是否属于客体公共领域进行判断时才适用原则性规定,起到指引作用。原则性规定与具体情形列举共同组成客体公共领域的判定规则,在互联网环境下保障客体公共领域的动态发展、排除版权不当保护的客体,实现版权保护与公共领域的有机平衡,共同促进人类文化的生态繁荣。具体包括以下内容。

一、判定原则

(一)思想与表达合并原则

思想与表达合并原则是指,当思想只有几种或一种表达方式时,授予有限的表达方式以著作权,相当于对此思想的垄断,同样限制了他人表达思想的自由,因此此类有限表达与思想合并不受著作权保护。[①] 某些信息因表达方式有限,他人无法避免使用相同或相似的表达方式,则落入客体公共领域的范畴,例

---

① 冯晓青:《著作权法中思想与表达二分法之合并原则及其实证分析》,《法学论坛》,2009 年第 2 期,第 64 页。

如单纯事实消息等。

（二）公用因素原则

公用因素原则是指，将反映人类社会及自然最基本规律的朴素表达纳入客体公共领域的规则。例如国际条约或公约、法律、法令、法规、司法判决以及其他官方文件；程序、系统、方法、原理；事实、发现；以及基础数据等。

（三）事实公共领域原则

事实公共领域原则是指，将实际处于公共领域状态的客体纳入客体公共领域的规则。事实公共领域的客体虽具备作品保护的一般特征，但从公共政策和经济理性的角度，将信息明确放置在公共领域让公众共享，通过公共领域机制建构有效配置和充分利用知识资源，有利于提升公众的知识水平、促进国家的整体进步。例如无主作品等。

二、具体情形列举

具体情形列举具有明确指导司法实践的法律意义。我国《著作权法》列举了客体公共领域的三种类型：（1）法律、法规等官方文件，属于公用因素中反映人类社会规律的朴素表达；（2）单纯事实消息，既属于公用因素中的事实发现，也体现了思想与表达合并原则；（3）历法、公式等，属于公用因素中反映自然最基本规律的方法原理。但是除了以上三类，还应列举体现事实公共领域原则的典型情形，即无主作品。

当然，除了上述列举，还有一些作品也在公共领域范围内。比如：（1）可以成为某种版权保护的对象，超过法律规定的保护期限后进入公有领域，成为公有领域的元素；（2）基于权能限制而产生的客体公共领域，比如合理使用、法定许可、强制许可、默示许可使用的作品，还包括权利人通过开放许可协议主动放弃版权的作品；（3）基于地域限制而产生的客体公共领域。由于版权是应社会需求创设出来的法定权利，因此不同国家制定的版权制度不同，在别国属于作品的对象在我国则可能属于公有领域的元素。^① 这些作品并不是因为符合客体公共领域的原则而进入公共领域，应分属于期限公共领域、权能公共领域和地域公共领域。有学者认为，违禁作品形式上属于某种版权保护的对象，但是实质上因为不符合相应法律所规定的条件，因此成为公有领域的元素。关于违禁作品的性质，我国《著作权法》第四条规定"著作权人和与著作权有关的权利人行使权利，不得违反宪法和法律，不得损害公共利益"，被解读为"违禁作品不受著作权保护"。有学者认为此做法违背了作品自创作完成自动取得著作权的国际原则，忽视了《著作权法》属于民事权利法的性质，不恰当地运用了行政法律的手段来介入。^② 笔者也认为，违禁作品因违反我国《出版管理条例》等行政法，因而其流通与使用受到限制，但不影响它构成作品受到著作权保护，因此不能流入公共领域。综上，在《著作权法》修订时对版权客体中的公共领域可作如下法条设计：

第××条【客体限制】著作权保护不延及纯粹的思想、公用因素以及事实上处于公共领域的客体。

（一）单纯事实消息；

（二）法律、法规，国家机关的决议、决定、命令和其他具有立法、行政、司法性质的文件，及其官方正式译文；

（三）历法、通用数表、通用表格和公式；

（四）无主作品；

（五）其他不受著作权保护的对象。

---

① 曹新明：《知识产权与公有领域之关系研究》，《法治研究》，2013 年第 3 期，第 36 页。
② 刘剑文：《关于版权客体分类方法与类型的比较研究》，《比较法研究》，2003 年第 1 期，第 46 页。

第四章　互联网环境下版权权能中的公共领域

我国网络信息技术的迅猛发展在带给人们巨大便利的同时，也给著作权制度带来了巨大的冲击。网络是具有开放性、共享性与传播性的信息传输媒介，使得使用需求与制度供应之间的矛盾愈加突出，同时也蕴含着巨大的文化与技术的创新潜力。互联网环境下强势的著作权保护制度已经造成对文化创新与技术发展的阻碍，互联网环境需要更包容、更广泛的作品使用方式以促进版权最终目标的实现。版权公共领域开放共享的精神与互联网相契合，构建版权权能中的公共领域限制权利人专有权的行使，有利于打破知识垄断，促进互联网环境下的文化与技术发展。

根据版权公共领域"限制说"，版权权能中的公共领域是指基于特定利益在一定范围内对权利人专有权行使的限制。版权本质上是一种法定之权而非自然权利；是一种财产权，其著作权的各项权能可以依法分离。① 意味着基于公共价值的考量，在特定情形限制权利人部分权能是版权制度的属性使然，目的是社会整体福利的最大化。从著作权人的角度，权能即确定著作权的法定内容；从公众的角度，即建立对上述著作权的限制制度，主要包括"合理使用""法定许可""强制许可""默示许可""开放许可""人格权限制""权利穷竭"等制度。其中，合理使用制度的限制程度最高，是一种不付酬不许可的使用方式；虽然，法定许可、强制许可与默示许可都是只付酬不许可，但法定许可和强制许可限制

---

① 李永明、钱炬雷：《我国网络环境下著作权许可模式研究》，《浙江大学学报（人文社会科学版）》，2008年第6期，第94页。

了权利人的定价权,由法定定价;默示许可未限制权利人的定价权,使用价格由权利人定,因此法定许可和强制许可的限制程度高于默示许可;开放许可是权利人主动地放弃权利的行为,因此限制程度由权利人自己决定。人格权限制制度只针对人格权的限制,权利穷竭理论只针对发行权或信息网络传播权的限制,非正式规则的限制制度只针对格式合同的限制,技术措施限制制度只针对权利人设置的技术措施的限制。

权利限制制度的制度功能与互联网公共领域的公共政策目标相一致,都蕴含着对公共利益的促进意义。其中,合理使用制度体现了促进人类版权的开放创新与知识共享的价值实现;法定许可体现了促进信息传播的制度功能;强制许可是为了公共利益或规制权利滥用;默示许可提高了使用效率、兼顾私人利益,达至社会总体效益之最大化目标;开放许可提供对权利人部分或全部著作权的限制架构,是权利人为了鼓励更多人将自己的权利让渡给社会公众;人格权限制与权利穷竭制度目的在于加速作品的流转;技术措施限制的实施以维护使用者信息自由与社会文化进步的利益;对电子合同等非正式规则的限制制度以保护使用者的合法利益。因此,这些限制制度应该划归进入公共领域体系,落入权能公共领域范围。目前我国已存在诸多版权权能限制机制,但未成体系,本书按照权能限制的种类和程度进行分类,根据制度功能将已有限制制度进行整合以期构建完整的权能公共领域制度体系。

第一节　互联网环境下的版权合理使用制度

一、互联网环境下版权合理使用的界定

合理使用是指,基于特定的使用目的,可以不必征得著作权人同意,也不必向其支付报酬的使用方式。合理使用是对权利人禁止权与获得报酬权的限制,目的是促进人类版权的开放创新与知识共享的价值实现。可将合理使用制度分为以下类型:生产性合理使用、技术性合理使用与公益性合理使用。

　　生产性合理使用，是将以新的创作为目的对他人作品进行变革性使用的行为纳入合理使用。在互联网环境下用户不仅是内容的消费者，还可以借助日益简单的复制剪辑技术、互联网传播工具参与他们消费的内容，例如将消费内容"重新混合"或以"同人创作"形式与他人的作品互动。苏萨教授提出，如果法律规定公众只能读取作品而不能参与到作品中，人们就可能会失去积极参与创造的积极性而沦为被动接收的惰性容器。利用现有作品"作为原材料，在创造新信息、新美学、新见解和理解中转化"是创作的常态，事实证明，互联网用户通过这种方式创作出很多优秀的作品。

　　技术性合理使用，是将以功能性转化为目的对他人作品进行变革性使用的行为纳入合理使用。互联网环境下的技术性使用有利于打破创造主体、创新领域、创新学科、知识个体之间的技术壁垒，从而形成高效的知识转移和知识网络，加速知识的传递与繁殖。① 例如互联网检索性使用缩略图是为了提高检索效率而非展示图片的美感，文本与数据挖掘使用是为了深度分析信息与数据之间的联系而非为了阅读书籍的表达，提供空间转换、时间转换、格式转换等技术是为了提供更便捷的服务而非为了窃取作品。

　　公益性合理使用，是将以知识共享为目的对他人作品进行使用的行为纳入合理使用。获取知识是创新的前提，而知识获取需通过合理使用等权能公共领域机制保障知识与信息的传播渠道。公益性合理使用是我国合理使用制度的主要类型。②

---

① 张晓林:《开放获取、开放知识、开放创新推动开放知识服务模式》,《现代图书情报技术》,2013 年第2 期,第5 页。

② 例如《中华人民共和国著作权法》第二十四条规定的合理使用情形:"为学校课堂教学或者科学研究,翻译、改编、汇编、播放或者少量复制已经发表的作品,供教学或者科研人员使用";"图书馆、档案馆、纪念馆、博物馆、美术馆、文化馆等为陈列或者保存版本的需要,复制本馆收藏的作品";"免费表演已经发表的作品,该表演未向公众收取费用,也未向表演者支付报酬";"对设置或者陈列在公共场所的艺术作品进行临摹、绘画、摄影、录像";"将中国公民、法人或者非法人组织已经发表的以国家通用语言文字创作的作品翻译成少数民族语言文字作品在国内出版发行";"以阅读障碍者能够感知的无障碍方式向其提供已经发表的作品"等。

二、新型使用方式与版权合理使用的结合

转化性理论衍生于美国合理使用四要素中的第一个要素,美国最高法院在1994 年的 Campbell v. Acuff Rose Music, Inc. 案中对"转化性"作了诠释:"1. 不同于原作品的使用方式或使用目的;2. 增加了新的美学价值、功能;3. 有益于社会。"在转化性使用规则的发展过程中,美国法院的判决也呈现了使用的内容转化和目的转化两类不同的情形。① 内容性转化是以新的创作目的对原作内容和表达的改变;目的性转化是指利用原作所实现的目的或功能的转变。随着技术水平的不断发展,合理使用制度的缺失将使新技术利用方式沦为版权侵权行为,不利于技术进步与文化创新。生产性使用是将原作品作为素材创建了完全不同的新作品,检索性使用、文本与数据挖掘使用、转换性使用创建了对原作品使用的新的用途,都应纳入合理使用制度以促进科学和实用艺术的进步与创新。

(一)生产性合理使用

重混创作作为公众创作的一种常见形式,是指公众通过计算机网络等技术手段对在先作品进行改变、借用、转换、转置、引用、暗指并融合进新的创作形式中。② 网络的普及与数字科技的发达确有助于混搭创作的产生以及取样、重组等混搭方式的多元发展,使混搭创作的制作、素材的取得及作品的流通均变得更为容易,亦形成一定程度的社会文化现象。通过重混创作形态诞生了很多优秀的艺术作品,不仅是国家层面的创新进步;对个人而言,碍于从权利人处取得许可的成本过高,如果法律规定公众只能读取作品而不能参与到作品中,人们

---

① 袁锋:《网络影评类短视频合理使用问题研究——以转换性使用为视角》,《中国出版》,2019 年第 3 期,第 42-43 页;华劼:《合理使用制度运用于人工智能创作的两难及出路》,《电子知识产权》,2019 年第 4 期,第 33-35 页。

② Elizabeth Adeney, "The Sampling and Remix Dilemma: What Is the Role of Moral Rights in the Encouragement and Regulation of Derivative Creativity?" Deakin Law Review, Vol. 17 No. 2 (2012), p. 336.

可能会失去参与创造的积极性而沦为被动接收的惰性容器。

　　美国司法实践中已存在重混合理使用的先例。在 Carious v. Prince 案中[1]，Prince 使用 31 张 Carious 创作的图片创建了网格拼贴画，法院主要依据四要素测试法[2]中的第一点与第四点，认为 Prince 采用了创造性和新的美学交际结果对原始艺术作品进行了充分的改造，使得新作品具有变革性；使用目的和性质越具变革性，重混作品替代原件的可能性就越小。经法院调查，Prince 作品的观众与 Carious 的观众截然不同，并没有证据表明 Prince 的作品触及 Carious 作品的主要或衍生市场，从而得出 Prince 的重混作品属于转换性的合理使用的结论。美国作为判例法国家，对使用行为的合理使用认定需要在个案中根据具体案情进行分析，但对生产性使用的态度呈越来越开放的趋势。"美国宪法规定版权法的目的是'促进科学进步和有用的艺术'，合理使用是实现该目的的必要条件。"[3]"过度广泛的保护会扼杀而不是推进法律的目标，必须保护作者、艺术家和我们其他人通过参考他人的作品表达他们或我们自己的能力。"

　　当然生产性合理使用具有一定的门槛：首先是使用的目的和性质。其一，重混后的新作品须具有变革性。对变革性的认定可通过观众识别的方法，如果重混者以错综复杂的方式安排片段使它们几乎无法被普通听众识别，则具有变革性。其二，使用者的目的应是善意的。重混者的使用应为非经济动机，他们不指望从创作中获利，创建重混作品的原因可能只是向某个喜欢的艺术家致敬。也正因为此，若重混创作需要取得权利人的许可证，对重混者来说是非常昂贵的，且经过繁琐的许可过程，版权所有者仍可能任意拒绝，这对于没有经济激励的重混创作是不合理的。其次，受版权保护作品的性质。真实的材料较之虚构的作品、已发表的作品较之未发表的，更可能构成合理使用。再次，使用的

---

① Carious v. Prince, 714 F. 3d 694(2nd Cir. 2013)

② 《美国版权法》规定合理使用四要素分别为：(1)使用的目的和性质，包括此类使用是商业性的还是用于非营利性教育目的；(2)受版权保护作品的性质；(3)与受版权保护作品整体有关的部分的数量和实质性；(4)使用对受版权保护作品的潜在市场或价值的影响。

③ Campbell v. Acuff Rose Music, Inc. , 510 US, 575, 114 S. Ct. 1164.

数量和实质。将大部分受版权保护的作品纳入重混作品中并不必然不构成合理使用,复制特别少量的原创作品但属于最重要的实质部分则可能不构成合理使用。最后,使用对受版权保护作品的影响。使用对原作品的现有市场或者潜在市场、名誉或者其他方面未造成实质的不利影响。一首歌的粉丝不太可能因为重混作品中可以听到几秒钟的声音而放弃购买这首歌,反而可能因为这几秒钟的旋律而购买原始歌曲,申言之,重混可能对受版权保护作品的市场产生积极影响。第四个要素蕴含着权衡与博弈,一方面,重混创作是从别人那里借来创作素材进行新作品的创造,多少对版权所有者有一定影响,但生产性使用对公众创造力的激励作用使对权利人的非实质损害显得不是首要的。在美国的判例论述中,上述四个要素中,第二和第三要素为影响因素,只会影响合理使用被认定的可能性;第一和第四要素最为关键,是为决定性因素,因此应重点考察重混作品是否具有变革性以及对原作品的损害。

在关于生产性合理使用的成文立法方面,《加拿大版权法》对非商业性用户生成内容做了例外规定,[①]该条款将生产性使用的主体限定为个人,使用目的为非商业性的,并在使用时须注明作品来源,使用必须是善意的,使用不能对作品产生不利影响。《加拿大版权法》的修订非常重视使用者的利益保护,对接触权的保障不仅是保护公众的学习机会,更重要的是要激发公众在使用过程中的创造欲望,因此对生产性使用进行合理使用例外规定是驱动创新的内在要求。

---

① 《加拿大版权法》第 29.21 条:"(1)个人在创作具有版权的新作品或者其他客体的过程中,使用已经出版或者以其他方式向公众提供的现有作品、其他客体或者其复制品的,以及该个人或者经其许可的家庭成员使用该新作品或者其他客体,或者该个人授权媒体传播该作品或者其他客体的,不构成对版权的侵害,只要(a)使用或者授权传播该新作品或者其他客体完全由于非商业目的;(b)合理情形中指明了现有作品或者其他客体的出处,即作者、表演者、录音制作者或者广播组织的名字;(c)个人有合理理由相信该现有作品、其他客体或者其复制品并未侵害版权;以及(d)使用或者授权传播该新作品或者其他客体并未在财务或者其他方面构成对现有作品、其他客体或者其复制品的利用或者潜在利用,也未对其现有市场或者潜在市场造成实质不利影响,包括该新作品或者其他客体并非现有作品或者其他客体的替代品。"参见易建雄:《加拿大版权法》,北京:知识产权出版社,2017 年版,第 46 页。

（二）检索性合理使用

检索技术是公众获取信息的必要手段,为公众创新的材料来源提供渠道,其通过增强互联网上的信息收集技术使公众受益,其对缩略图、网页快照的创建和显示旨在向搜索用户提供快速有效的结果。为提高检索效率,搜索引擎会利用缓存技术减轻传输通道的压力,其原理为将爬虫检索到的相关内容缓存到自己的服务器中,创建精确的副本文件并在系统内为用户提供副本作为替代,避免重复传输、缓解网络拥塞、降低带宽成本。检索过程中的缓存、提供副本等环节会涉及作品的复制、信息网络传播、展览等,因而引发作品权利人的质疑。由于检索信息海量,提供检索服务的公司无法通过市场机制一一取得授权,国外通过合理使用制度解决了检索技术发展过程中的使用问题。

美国司法实践对检索性合理使用做出了多起判例,以具有开创意义的 Kelly v. Arriba Soft Corp. 案为例。① 原告 Kelly 为受版权保护的图像的所有者,被告 Arriba Soft Corp. 提供搜索引擎服务,该搜索引擎将搜索结果显示为"缩略图"。巡回法官认为,运营商在其搜索引擎中使用所有者的图像作为"缩略图"是合理使用。通过四要素分析,首先,使用的目的和性质。Arriba Soft Corp. 之利用属高度转化性之使用,其虽属于商业化之使用,但并未直接利用 Kelly 的照片营利,或以 Kelly 的图片为号召以推广其搜寻引擎。Kelly 原本的图像系属艺术性的表现,但由于缩小图示已降低来自原始图像的分辨率,几乎不会有人利用该缩小图示从事其他之利用。缩小图示的目的是使使用者能够快速搜寻及链接到网页和图片,缩小图示不会取代原著作物之利用。第一项标准对 Arriba Soft Corp. 较有利。第二,作品的性质。虽然 Kelly 的照片具有高度艺术价值,受到较高程度的保护,但是其已公开在 Kelly 的网站上,此项要素仅稍微有利于 Kelly。第三,与整个著作权作品相比所使用之量与质。Arriba Soft Corp. 将 Kelly 的每一张照片整张予以复制,是为了能够达到索引的效果,如果只复制照片的

---

① Kelly v. Arriba Soft Corp. ,336 F. 3d 811(9th Cir. 2003).

部分,则无法达成其目的。因此,此因素并不有利或不利于被告。最后,使用对该著作权作品之潜在市场或价值所产生的影响。法院认为被告的缩小图示对原告的图像本身或价值均不会造成损害。使用者透过被告的搜索结果反而更容易进入原告的网站浏览、被告并未将其所制作的缩小图示予以授权或出售,且任何人都不可能透过缩小图示销售原始大图的图像,自不会对原告原始图像的收益造成负面影响,或侵害原告的潜在市场价值。上诉法院认为被告的缩小图示对于原告著作构成合理使用。值得注意的是,不管是缩略图抑或是网页快照,若对原作品或原网页造成实质替代,甚至通过添加广告等方式非法营利,则属于对原权利人的侵权行为。

关于检索性合理使用的成文法方面,日本 2019 年 1 月生效的《版权法》修正案进一步扩大豁免条款的适用范围,其在第 47 条第 5 项规定了版权作品用于计算机处理方面的著作权例外情形:"通过使用计算机进行信息处理创建新知识或信息而促进使用作品,仅适用于已发表的作品或启用传输的作品,在必要的范围内无论使用哪种方式均可以使用。但是,当该向公众提供或呈现的作品侵犯了版权,或者使用作品的种类、用途或模式会损害作者的利益的不当行为,则不在此列。包括以下几种行为:(1)使用计算机搜索的信息,有记录作品名称、作者等相关信息或其他特定的相关信息,并提供结果。(2)通过计算机进行信息分析并提供结果。除了上述 2 条,还有由政令规定的,为提高国民生活便利性,由电子计算机处理信息、创建新知识或信息,并将得出的结果在必要限度内面向公众提供或呈现,在认可的限度内可复制使用。但是,若该面向公众提供或呈现的作品的种类、用途或数量、模式等侵害了作者的利益,则不在此列。"①该豁免条款涵盖了互联网检索服务,且通过立法技术使该条款所涵盖的这种服务范围相当模糊,以便能够将那些还未出现的全新计算机处理服务包含

---

① 《日本著作权法》(平成三十年法律第三十号改正),2019 年 1 月 10 日。

在内。①《日本版权法修正案》明确了检索性使用的合理使用要件,即检索性使用的作品范围限于已发表的作品或启用传输的作品,在必要的范围②内使用,不得不正当地损害到版权持有人的利益。搜索引擎属于互联网公司的商业模式创新与技术创新,极具造福公众的公共利益属性,故应保护其检索运行中的使用行为。

(三)TDM 合理使用

随着新技术的飞速发展,文本与数据挖掘(text and data mining,以下简称"TDM")技术已被广泛运用于大数据分析、人工智能创作、图书馆及数据库服务中,TDM 可以分析大量信息,识别模式和趋势,并了解不同文本之间的联系。人类社会已经进入了第四次工业革命,计算机能够连接个人的数量、处理能力、存储能力和知识获取能力呈无限性趋势,信息处理具有不同于传统线性发展的速度、规模和深度。③ 以谷歌图书馆(Google books)为例,用途包括全文索引,列出搜索匹配的数量或位置,书目的信息提取、语言分析、自动翻译,其算法还可以对用户的搜索模式进行分析,创建用户数据库以配置文件,编写个人用户档案,便于用户获取、吸收更多的知识和跟踪、量化信息的演变。TDM 技术开辟了对数百万本书的语料库进行计算分析的可能性,关联和分类搜索工具可以提供独特的视角,语际分析有助于提炼核心意义,便于用户开创性地利用。④ 但是,TDM 技术的输入端需要录入和读取海量信息,而这些海量数据中的部分内容为著作权法保护的作品,由于数据的数量级很大,按照著作权法作品使用必先获得授权的原则,会加重技术开发和技术使用的经济成本,减慢科研进度和社会

---

① 中华人民共和国国家版权局:《日本〈版权法〉修正案 提出作品使用的豁免条款》,2019 年 3 月 18 日。

② 必要的范围参考使用作品的种类、用途、数量或模式等因素。

③ Klaus Schwab,The Fourth Industrial Revolution,Geneva:Currency,2016,pp.7-8. 转引自张金平:《人工智能作品合理使用困境及其解决》,《环球法律评论》,2019 年第 3 期,第 128 页。

④ Maurizio Borghi and Stavroula Karapapa,"Non-display uses of copyright works:Google Books and beyond," Queen Mary Journal of Intellectual Property,Vol. I No. 1. April 2011. pp.25-28.

进步,因此 TDM 技术发展相对较快的美国、英国和欧盟通过合理使用制度为创新者提供法律确定性、减轻创新成本。

关于 Authors Guild, Inc. v. Google 案,第二巡回法院最近认定了谷歌将数千万本图书复制到其谷歌图书服务中是具有转换性的,构成合理使用。2005 年,美国作家协会和美国出版商协会起诉谷歌版权侵权,经过数年的谈判,当事各方达成了拟议的解决方案,该解决方案将在全公司范围内解决索赔。拟议中的和解协议使谷歌可以比其根据本判决的预期更广泛地使用其对受版权保护的书籍的扫描,并规定谷歌将作为回报向版权所有者付款。2011 年 10 月 14 日,原告提起了第四次经修订的集体诉讼,地方法院于 2012 年 5 月 31 日对该类进行了认证。谷歌对该认证提出上诉,并就其合理使用辩护向地方法院提出了简易判决。2013 年 11 月 14 日,地方法院批准谷歌做出简易判决的动议,认为谷歌对受版权保护的图书的使用属于合理使用,在考虑了第 107 条的四个法定因素后,地方法院认为谷歌的使用具有变革性。地方法院 Chin 法官裁定谷歌图书馆构成合理使用。在他的分析中,根据版权法的目的,Chin 法官权衡了包括合理使用原则在内的四个因素以及"任何其他相关的考虑因素"。Chin 法官强调,谷歌图书馆将图书文本转换为数字媒体,可用作图书馆员、图书馆使用者的工具;谷歌图书馆将书籍文本转化为数据,可以开辟新的研究领域,包括文本与数据挖掘等。Chin 法官认为谷歌图书馆不是用于阅读书籍的工具,因此它不会取代原作品;相反,它"增加了价值,创建了新的信息、新的美学,新的见解和认识"。虽然谷歌是一个以营利为目的的实体,谷歌图书馆是商业性质,但"任何偶然的商业性可以被企业的教育福利所抵消"①。至于 TDM 使用对潜在市场或原作品价值的负面影响方面,原告辩称谷歌图书馆项目将成为其图书的"市场替代品",用户可以通过进行多次搜寻,并改变搜索词访问一整本书;Chin 法官

---

① 虽然谷歌确实看到了网站用户流量增加带来的商业利益,但谷歌图书项目并未将受版权保护的作品仅用于商业利益,事实是 Google Books 有几个重要的教育目的。法院还指出,谷歌并不寻求直接将受版权保护的作品商业化。此外,Google 对搜索结果中显示的文本数量进行了限制。

认为谷歌图书馆增加了原作品的名声,从而增加了图书销售和利润。总之,在合理使用要素的整体评估中,Chin 法官非常重视谷歌图书馆的公益性质,谷歌图书馆有助于保留绝版和旧书,并为它们提供新型的访问方式;TDM 技术有可能成为教师、学生、图书管理员和其他人"宝贵的研究工具"。[1] 原告上诉到第二巡回法院,上诉法院巡回法庭法官勒瓦尔裁定:"这种使用是转换性的,因为谷歌图书馆服务提供的对作品的使用是原作者没有预想到的,包括数据挖掘和数字搜索。"谷歌图书馆服务使称为"文本挖掘"和"数据挖掘"的新形式的研究成为可能。谷歌的"ngrams"研究工具利用谷歌图书馆计划的语料库向互联网用户提供有关单词和短语出现频率的统计信息、几个世纪以来的使用情况。该工具允许用户通过显示在不同时期和不同语言区域中参考和使用频率的增加和减少来识别特定主题在时间和空间上的波动。它还使研究人员可以扫描谷歌梳理的数千万本书,以检查"单词频率,句法模式和主题标记",并获得有关术语、语言用法和文学风格如何随时间变化的信息。最终第二巡回法院认定,无论如何,谷歌的使用是转换性的,构成合理使用。[2]

欧盟委员会于 2016 年 9 月发布《欧盟数字化单一市场之著作权指令提案》(简称《指令提案》)专门规定了文本与数据挖掘的合理使用。《指令提案》第 2 条将 TDM 定义为"自动分析数字化文本和数据以产生如模式、趋势和相关性信息的技术"。引言第(8)项介绍了 TDM 合理使用的立法背景:"TDM 技术使研究人员能够处理大量信息,以获得新知识并发现新趋势。文本和数据挖掘尤其有益于研究界,从而鼓励创新。然而,在联盟中,大学和研究机构等研究组织在内容的文本和数据挖掘程度方面面临着法律上的不确定性。在某些情况下,文本和数据挖掘可能涉及受版权、特殊数据库权利保护的行为,特别是作品或其他主题的复制、从数据库中提取内容。对没有适用的例外或限制,则需要权利

---

[1]　Authors Guild,Inc. v. Google Inc. ,954 F. Supp. 2d 282(S. D. N. Y. 2013).

[2]　Authors Guild v. Google,Inc. ,804 F. 3d 202,211(2d Cir. 2015).

持有人授权进行此类行为。因此建议各成员国规定 TDM 的合理使用条款。"具体条款为第 3 条:(1)成员国应对相关权利①规定文本和数据挖掘的保护例外,允许研究组织为了进行科学研究目的而对作品或其他材料进行文本和数据挖掘,包括复制和提取;(2)违反第(1)款规定的例外情况的任何合同条款均不可执行;(3)应允许权利人采取措施,确保托管作品或其他主题的网络和数据库的安全性和完整性,但这些措施不应超出实现该目标所必需的范围;(4)成员国应鼓励权利持有人和研究组织共同商定有关适用第(3)款所述措施的最佳做法。《指令提案》规定任何意图阻止或限制 TDM 使用的合同条款都不具有可执行力,充分肯定了 TDM 合理使用的法定效力。对于研究组织的性质,《指令提案》特别指出"允许用于商业科学研究目的,但应将例外的收益限定在某些受益人身上"。除欧盟外,英国 2014 年 6 月开始实施的《英国版权法》第 29A 款规定了文本与数据挖掘属于合理使用情形,但将使用性质限定为非商业目的,且须充分标明使用作品的信息。2019 年生效的《日本版权法修正案》第 47 条第 5 项也蕴含了 TDM 的例外规定,即"通过计算机进行信息分析并提供结果"情形下可在认可限度内复制使用他人作品,其适用条件与检索性合理使用相同,即使用已发表的作品或启用传输的作品,在必要的范围内使用,不得不正当地损害到版权持有人的利益。

(四)转换性合理使用

转换性使用主要是指在对作品时间转换、空间转换、格式转换过程中涉及的复制与修改行为,使用主体包括转换技术使用人与转换技术提供方。复制、转换技术的不断革新,给人类储存、使用作品带来极大的便利,从打字机、照相机、录音机、录像机到数字时代的扫描仪、转码技术等,随着技术的发展,国家在各阶段已经制定了新技术所必需的新规则。"赋予垄断权的主要目的,在于公

---

① 为行文方便,用相关权利指代原文"指令 2001/29 / EC 第 2 条,第 96/9 / EC 号指令第 5(a)和 7(1)条以及本指令第 11(1)条规定的权利"。

众能够从作者的劳动中获得一般利益。当技术变革使其字面术语含糊不清时，必须根据这一基本目的来解释版权法。"新技术带来作品介质方面的突破，使用者获取信息与知识更为便捷，个人使用在新技术环境下出现了使用手段的多元化与科技化趋势。时间、空间转换，格式转换等样态的个人使用行为，并不会因为使用手段的更新而改变个人使用目的的客观性，转换技术仅是一种能改变作品使用方式的产品或服务。人们希望灵活使用作品的想法越来越强烈，因此也为一些技术提供方创造了不少商机，促进了技术和经济的发展。

1984 年，美国最高法院面临着审查新技术的挑战，由索尼制造的视频磁带录像机 Betamax 能够录制从电视广播中捕获的电视节目，该活动被称为"时间转换"。在 Sony Corp. of Am. v. Universal City Studios, Inc. 案中，[①]最高法院法官 Stevens 认为，家庭录像机的制造商可以证明很多版权所有者许可他们的作品在电视上免费播放，并不会反对他们的广播时间由私人观众转移；且家庭录像机能够进行大量非侵权用途，因此制造商向公众出售此类设备并不构成对版权人的共同侵权。法庭从四要素分析了这种未经授权的活动：第一个是"使用的目的和特征，Betamax 的目的是保障公众从作者的劳动中获得一般利益；第二个因素"受版权保护作品的性质"与第三个因素"所用部分的数量和实质性"对原告有利，因为录制的某些作品非常具有创造性，且 Betamax 几乎记录了整个作品从而创造了一个完全替代受版权保护的原件，但法院选择了忽视这两个法定因素；第四个因素要求评估"使用对受版权保护作品的潜在市场或价值的影响"，法院一直在努力表明 Betamax 的使用并没有降低权利人在其现有市场中受版权保护的作品的价值，且认为录像机为权利人制作的作品创造了一个新的市场。[②]法院确立了"技术中立"原则：只要产品"能够进行大量非侵权用途"，产品制造

---

① Sony Corp. of Am. v. Universal City Studios, Inc. ,464 U. S. 417,104 S. Ct. 774,78 L. Ed. 2d 574(1984).

② 新技术作为工具对版权制度的价值具有增值作用，历史上视频行业对录像机的应用便是一个极好的例子。美国电影协会前会长杰克·瓦伦蒂就曾认为录像机(VCR)具备电影盗拍技术，将对好莱坞造成毁灭性打击，不过录像机非但没有凭借复制技术"谋杀"电影业，反而造就了盈利颇丰的家庭电影租赁业务。在新技术井喷的今天，我们也同样可以将新技术转化为财富。

商不对共同侵权负责;为了保护"他人自由参与实质上非商业领域的权利",必须对共同侵权作出狭隘的定义。随着技术的进步,除了时间转移的概念,将文件(例如音乐文件)从一个位置移动到另一个位置,被称为"空间转换"。在 Recording Indus. Ass'n of Am. v. Diamond Multimedia Sys. , Inc. 案中,①代表唱片公司和艺术家的行业协会起诉手持设备制造商生产的 Rio 能够接收、存储和重播存储在个人计算机硬盘上的数字音频文件,违反了《音频家庭录音法案》(以下简称《法案》),美国加利福尼亚州中区地区法院和上诉法院都否认了协会关于初步禁令的动议。上诉法院提到,"Rio 的运作完全符合该法案的主要目的——促进个人使用。《法案》的目的是确保消费者有权为其私人非商业用途使用受版权保护的音乐作品或数字录音;该法通过其家庭录音豁免来实现,保护消费者对数字和模拟音乐录音的所有非商业性复制,只是制作副本,以便呈现便携式或空间移位。"

英国将使用者的转换性使用纳入私人复制的合理使用,2014 年修订的《英国版权法》涉及 9 个版权例外制度的修订,政府为了营造一个促进版权产业不断壮大、平衡与可持续发展的社会环境,增加了一些版权例外情形,其中就包括个人复制的合理使用。在第 28A 条之后插入"私人使用的个人复制"例外:(1)个人对其永久合法取得的作品(计算机软件除外)制作副本,并不侵犯该作品的版权,但该作品须是为个人私人使用而制作的,且是为了既不直接也不间接的商业化的目的而作出的。(2)在本条中,"以永久方式合法取得"的副本包括:(a)已购买,以礼品方式取得的,或以购买或赠送的下载方式取得的副本;(b)不包括借用、租借、临时播放或流式传输的副本。(3)在本条中,"私人使用"包括:(a)作为备份副本;(b)为格式转换的目的;(c)为储存目的,包括通过互联网或类似方式进入的电子存储区域,只能由个人(以及负责存储区域的人员)访问。(4)如果个人将作品的复制副本转让给他人(私人和临时除外),则

---

① Recording Indus. Ass'n of Am. v. Diamond Multimedia Sys. , Inc. ,180 F. 3d 1072(9th Cir. 1999).

会侵犯作品的版权,除非转让是由版权所有者授权的。(5)如果合约条款旨在阻止或限制制作副本,而该副本凭借本条不会侵犯版权,则该合约条款不可执行。[1]可知,使用者的转换性合理使用需满足以下条件[2]:第一,行为人必须出于非商业目的;第二,对自己合法获得的作品进行复制;第三,为个人使用而进行的复制;第四,复制之后只能用于个人使用。[3] 当然,此处转换性使用的主体“个人”并不仅指自然人,也包括法人和非法人组织,“个人使用”主要是强调以自己使用为目的,不得对外传播,不向他人提供该复制品。当使用者的转换性使用行为被定性为合理使用、不构成侵权,那么转换性技术的提供方也自然免除了“帮助侵权”行为而承担的“间接责任”。当然,若转换行为对原作品造成实质替代,甚至通过添加广告等方式非法营利,则使用者构成对原权利人的直接侵权,技术提供方按照其实施行为认定是否承担间接侵权责任,在“责任公共领域”一章进行详细阐述。

三、我国互联网版权合理使用制度的反思

在我国的司法实践中,已经出现了上述新型使用形态的司法判例,我国司法审判中对上述新型使用情形的判决,主要依据使用过程是否落入现有权利范围,从而认定使用行为侵犯著作权或引用反不正当竞争法予以完全禁止,未从新型使用情形对我国内容与技术创新的意义层面上思考合理使用制度的适用。究其原因,是由于我国缺失相关合理使用形态的法律依据,加之我国合理使用制度立法脱离互联网环境、开放性不足,导致在司法实践中严重挤压内容创造与技术创新的空间。

我国立法规定的合理使用制度存在封闭性、陈旧性、保守性缺点,未能结合

---

[1] 《The Copyright and Rights in Performances(Personal Copies for Private Use)Regulations 2014》,2019 年 6 月 13 日。

[2] 2012 年修订的《加拿大版权法》第 29.23 条也规定了为错时收听或者收看而固定信号、录制节目,为错时收听或者收看而复制、备份复制品行为的合法性;《英国版权法》第 56 条也规定了电子形式作品复制品之移转的合理使用情形。

[3] 胡开忠、赵加兵:《英国版权例外制度的最新修订及启示》,《知识产权》,2014 年第 8 期,第 74 页。

互联网环境下出现的新情况、新特点与时俱进。2010 年修订的《著作权法》采用了对合理使用情形做一一列举的封闭式立法模式,2020 年修正的《著作权法》虽然借鉴《伯尔尼公约》"三步检验法",提炼了我国合理使用的判定要素,即合理使用为在某些特殊情况下使用,且不得影响原作品的正常使用,也不得不合理地损害原著作权人的合法权益,但笔者认为第二十四条第一款"在下列情况下使用作品"的适用前提①,以及兜底条款需有其他法律、行政法规的明文规定②,意味着我国合理使用制度仍然采用的是对合理使用情形一一列举的封闭式立法模式。2013 年修订的《信息网络传播权保护条例》第六条封闭式列举了 8 种互联网环境下的合理使用情形,即通过信息网络介绍性的适当引用,报道时事新闻、时事性文章,教学、研究的少量使用,执行公务使用,翻译成少数民族语言文字作品、改成盲文出版,集会讲话使用,不包含技术性合理使用情形;第七条规定图书馆等公共机构通过信息网络提供作品或以数字化形式复制作品的合理使用情形,但需持特定目的或针对特定对象。同年修订的《计算机软件保护条例》第十六条规定软件合法复制品的所有人基于特定目的复制、修改软件的合理使用情形;第十七条规定对软件的反向工程属于合理使用。总之,上述五种合理使用制度零星散见于我国不同位阶的立法中,但适用标准模糊、规定不成体系,不能给予司法实践明确的指引。具体述评如下:

第一,生产性合理使用制度部分缺失。在我国现有的合理使用列举中,有小部分生产性合理使用情形可以引用我国《著作权法》第二十四条第一款第(一)项和第(二)项③的规定成立合理使用,但更多的非以个人学习、研究、欣赏为目的的,非介绍性主题的生产性使用情形,难以在我国立法中找到合法依据。

---

① 《中华人民共和国著作权法》第二十四条第一款规定:"在下列情况下使用作品,可以不经著作权人许可,不向其支付报酬,但应当指明作者姓名或者名称、作品名称,并且不得影响该作品的正常使用,也不得不合理地损害著作权人的合法权益。"

② 《中华人民共和国著作权法》第二十四条第一款第(十三)项:"法律、行政法规规定的其他情形。"

③ 《中华人民共和国著作权法》第二十四条第一款第(一)项"为个人学习、研究或者欣赏,使用他人已经发表的作品",第(二)项"为介绍、评论某一作品或者说明某一问题,在作品中适当引用他人已经发表的作品"。

在金庸诉江南等著作权侵权及不正当竞争纠纷案中,法院在认定被告创作的同人小说与原告作品不构成实质性相似、不侵犯原告著作权情况下,改由反不正当竞争法一般条款予以禁止。[①] 等于说,由于生产性合理使用立法的缺失,导致即使作品不构成实质性相似,也将以不正当竞争制止,笔者认为,此司法实践极大地阻碍了使用行为的生产性功能的发挥。互联网环境下的创作自由体现为一种参与式文化。生产性合理使用制度为互联网环境下的自由创作提供制度保障。在生产性合理使用的庇佑下,互联网用户可以将消费内容进行"重新混合"或"同人创作",实现充分的创作自由,互联网版权合理使用与创作自由之结合能够衍生出繁荣的文化创新生态。

第二,检索性合理使用制度完全缺失。首先,检索性使用不属于《信息网络传播权保护条例》第二十一条规定的"临时复制",[②]因为网页快照、缩略图等是检索服务提供者的主动抓取复制,而非"自动存储";且为了用户浏览的稳定性,服务提供者往往选择不及时删除原网页快照。其次,检索性使用也不能适用《信息网络传播权保护条例》第二十三条规定的"避风港"抗辩规则,因为该规则规定的网络服务提供者免责只是针对不具有"意志性"的间接侵权行为。再次,虽然在我国司法解释中提出了关于检索性使用的侵权认定标准[③]、责任认定

---

① 参见:广东省广州市天河区人民法院(2016)粤 0106 民初 12068 号民事判决书。

② 我国《信息网络传播权保护条例》第二十一条规定:"网络服务提供者为提高网络传输效率,自动存储从其他网络服务提供者获得的作品、表演、录音录像制品,根据技术安排自动向服务对象提供,并具备下列条件的,不承担赔偿责任:(一)未改变自动存储的作品、表演、录音录像制品;(二)不影响提供作品、表演、录音录像制品的原网络服务提供者掌握服务对象获取该作品、表演、录音录像制品的情况;(三)在原网络服务提供者修改、删除或者屏蔽该作品、表演、录音录像制品时,根据技术安排自动予以修改、删除或者屏蔽。"

③ 《最高人民法院关于审理侵害信息网络传播权民事纠纷案件适用法律若干问题的规定》第五条规定:"网络服务提供者以提供网页快照、缩略图等方式实质替代其他网络服务提供者向公众提供相关作品的,人民法院应当认定其构成提供行为。前款规定的提供行为不影响相关作品的正常使用,且未不合理损害权利人对该作品的合法权益,网络服务提供者主张其未侵害信息网络传播权的,人民法院应予支持。"

原则①,但所谓的"实质替代标准""利益平衡原则"较为片面,并未系统规定检索性合理使用的认定要件。在浙江泛亚电子商务有限公司(简称泛亚公司)诉北京百度网讯科技有限公司、百度在线网络技术(北京)有限公司(统称为百度公司)侵犯著作权纠纷案中,百度公司作为搜索引擎服务商提供歌曲歌词的"快照"因涉及对歌词的"复制"和"上载",法院认为其侵犯了原告涉案 26 首歌词的信息网络传播权。② 等于说,由于检索性合理使用制度的缺失,导致搜索引擎的技术性使用构成侵权,这与互联网开放共享的本质相矛盾。开放共享不仅是互联网的一种网络架构,更是一种先进的思想。互联网检索打破了传统的作品集团式发行渠道的限制,创新所需要的知识、技能、经验、数据、信息等通过搜索引擎在不同阶层之间自由流动与传播扩散。若不允许网页快照、缩略图的使用,将影响搜索引擎的传播效率,进而影响为公众提供信息的功能。而且,若原网站不希望搜索引擎抓取网页信息,大可以通过 Robots 协议③设限,而非将以提高检索效率为目的的网页快照、缩略图诉之侵权。网页快照、缩略图等检索性使用的功能在于实现分散化传输,从而为信息传输提供经济最优的资源渠道。因此,互联网开放共享的精神和合理使用相契合有助于打破权利人对知识的垄断,将检索性使用纳入合理使用制度是为了我国知识资源的快速流动,为大众创新提供创新的信息渠道。

第三,TDM 合理使用制度完全缺失。首先,TDM 技术的提供方一般为具有商业目的的公司或机构,不符合以学习、研究或者欣赏为目的的个人合理使用情形;其次,TDM 使用需复制海量信息,不符合教学、研究合理使用的少量使用要件;再次,我国立法要求合理使用须"指明作者姓名、作品名称",而 TDM 使用

---

① 《最高人民法院关于审理侵害信息网络传播权民事纠纷案件适用法律若干问题的规定》第一条规定:"人民法院审理侵害信息网络传播权民事纠纷案件,在依法行使裁量权时,应当兼顾权利人、网络服务提供者和社会公众的利益。"

② 参见:北京市高级人民法院(2007)高民初字第 1201 号民事判决书。

③ 鉴于网络安全与隐私的考虑,每个网站都会设置自己的 Robots 协议来明示搜索引擎,哪些内容是愿意和允许被搜索引擎收录的、哪些则不允许,而搜索引擎则会按 Robots 协议给予的权限来进行抓取。

涉及海量信息,目前阶段难以注明所有来源。① 在王莘与北京谷翔信息技术有限公司等作品信息网络传播纠纷上诉案中,法院将谷歌提供的搜索服务强行割裂为复制行为与信息网络传播行为,认为其中的复制行为因全文扫描而构成侵权,而在复制基础上进行的信息网络传播行为因是以片段形式零星展示而不构成侵权。② 我国的司法实践相当于否定了 TDM 使用的合法性。TDM 作为一种复杂的自动化处理技术,包括多个阶段的计算机技术,初始阶段如对文本数据的复制、提取,后续阶段如对复制结果的处理、分析等,最终目的是发现规律或者趋势。③ 若不承认第一阶段复制的合理使用,则后续阶段可能无法进行。且因为海量复制无法采取逐一取得许可的授权方式,在对文本数据进行复制提取时,计算机无法识别挖掘对象的权利状态,使得 TDM 使用也难以通过不许可只付酬的许可机制取得授权。从国外对于 TDM 使用的立法规定和司法实践可得出,将 TDM 使用纳入合理使用制度最有利于 TDM 技术的发展。合理使用的宗旨在于可以随时免费汲取创造所需的资源,TDM 技术与合理使用制度相结合为文本与数据挖掘奠定了信息资源基础,从而激励技术创新行为。

第四,转换性合理使用制度部分缺失。首先,与转换性合理使用制度相关的个人合理使用情形,其适用主体易被理解为仅包括自然人,不包括法人或非法人组织等主体,④从而将很多公司机构的转换性使用行为排除在外。其次,转换性使用行为不能依据著作权首次销售原则⑤免责。因为我国司法实践普遍认为首次销售原则并不及于复制权、修改权等其他专有权,而使用者对作品的转

---

① 罗娇、张晓林:《支持文本与数据挖掘的著作权法律政策建议》,《中国图书馆学报》,2018 年第 5 期,第 25 页。

② 参见:北京市高级人民法院(2013)高民终字第 1221 号民事判决书。

③ 唐思慧:《大数据环境下文本和数据挖掘的版权例外研究——以欧盟〈DSM 版权指令〉提案为视角》,《知识产权》,2017 年第 10 期,第 109-110 页。

④ 李杨:《著作权法个人使用问题研究——以数字环境为中心》,北京:社会科学文献出版社,2014 年版,第 53 页。

⑤ 首次销售原则,是指作品一经销售后,原件或复制件所有人对该作品实施的进一步销售、赠予或其他方式的流转行为,无须经过版权人同意。参见梁志文:《变革中的版权制度研究》,北京:法律出版社,2018 年版,第 250 页。

换性使用不属于发行权的范畴。再次,《送审稿》第四十三条第一款第一项将个人合理使用情形删去"欣赏"目的的使用,将使用的方式限定为"复制",将合理使用的对象缩小为"作品的片段",这意味着常常以欣赏为目的、以整体复制为手段、通过创建副本进行储存的转换性使用行为在未来可能被彻底排除于合理使用范围之外。① 在盛大文学有限公司诉百度公司一案中,百度公司提供 WAP服务,将构成网页信息的超文本标记语言转换为手机终端的无线标记语言,产生了所谓的格式转换。法院认为,百度公司对第三方网页内容进行了编辑、修改、删减和重新编排,对原网页造成了实质性替代,判定百度为直接侵权。② 在我国,由于未明确私人转换性使用的合理使用性质,导致提供转换技术的产品制造商也牵连"侵权",这不但造成个人信息渠道的阻塞,而且会阻断转换性技术的前途。任何技术性使用是否合法都基于对使用目的的判断,在私人使用目的支配下的时间转换、空间转换、格式转换行为只是为了帮助使用人更好地使用已合法取得的信息,即公司机构的转换性行为只要符合这一目的也当然属于私人使用。获取知识是人类创新的前提,而知识获取不仅仅需要个人的自主意识,还需要获取技术的支持、环境的培育以及保障机制的建立。如上述判例中由于手机端与网页端的代码格式不统一,便需要技术公司提供转码技术才能在手机上读取到网页信息。因此,转换性使用与合理使用相结合有益于个人打破技术壁垒,更好地获取创新所需的信息资源。

四、互联网环境下版权合理使用制度的变革

合理使用的每一种情形都是利益博弈的结果,将一种行为纳入合理使用的实质是因为使用的社会价值大于私人利益,并且不经同意不付酬的高效率使用

---

① 曾琳:《著作权法第三次修正下的"限制与例外"制度应用研究》,北京:中国政法大学出版社,2016 年版,第 55-60 页。

② 参见:上海市卢湾区法院(2010)卢民三(知)初字第 61 号民事判决书。

能够通过较少成本获得最大效益。① 随着互联网时代的到来,忽视文化创新与技术发展需求而进行权利垄断的行为是不可取的。同时,文化与技术创新并不当然以"牺牲"著作权来获得,因为如果没有著作权的保护,合理使用将失去使用基础,创新将无以为继,因为任何的后续创新都建立在前人的辛勤劳动之上。因此,利益博弈是为了追求利益平衡,合理使用制度也必须建立在各方利益平衡的基础之上。在合理使用制度的优化过程中,应遵循与发展阶段相平衡原则。根据本国产业发展水平,在不同的历史时期制定与之匹配的版权制度。在我国创新驱动背景下应根据互联网环境下文化与科技创新之需求制定与之相适应的合理使用制度,将知识产权保护水平设定在一个合理、适度的界限上。同时,在进行具体制度设计时,应遵循权利义务分配相平衡的原则。合理使用制度的创建与变更使著作权人让渡了一些权利,但必须以著作权人的利益保障为前提;使用者因此获得了一些权利,但必须严格遵守相应的适用条件。具体制度设计如下:

(一)模式选择

国际条约与各国立法中的合理使用制度大体上分为三种模式:(1)唯要素主义的完全开放式立法模式;(2)以英国、日本等为代表的传统欧陆作者权法国家对合理使用情形列举的封闭式立法模式;(3)以美国为首的集大成者,既制定了合理使用的一般条款,又具体规定了图书馆与档案馆的复制、非营利性机构对录音制品的转移等其他合理使用情形。② 完全开放式最为灵活,可为版权的保护与限制动态地划定边界,为新技术的发展扫清障碍;但由于其对判定要件的概括较为简略,与之所具有的适用目的的广泛性与判断的灵活性优点如影随形的是其难以逾越的因各案判决结果不一致所导致的不确定性与不可预见性等缺陷,不适合运用于法官自由裁量权少有发挥空间的传统成文法国家。封闭

---

① 于玉、纪晓昕:《我国著作权合理使用判断标准的反思与重构》,《法学论坛》,2007 年第 3 期,第 94 页。
② 吴汉东:《著作权合理使用制度研究》,北京:中国政法大学出版社,2005 年版,第 280 页。

式具有明确、稳定的特点,能较好地发挥对行为预判与司法裁判的指导意义;但由于其对适用要件的规定严苛,难以适应新形势发展的需要,只能通过频繁修订著作权法、拓宽合理使用情形来促进版权产业的发展。相比之下,"具体列举+一般条款"的复合式规范结构应为我国著作权法第四次修订时合理使用制度的改革方向,具体列举的特别条款优先适用于要素判断的一般条款。但正如一些学者所提出的,在具体列举中还可进一步细化,如在列举具体类型时采取领域分割下的"总则+分则"式规范结构。① 在具体情形的规定中,以使用目的为导向划分合理使用类型,总则是将某一类型须适用的通用要件提炼出来,分则为具体情形中各种新技术条件下的例示。相比过于宽泛的总括式一款条款与过于狭隘的具体情形列举条款,总则相当于合理使用规范的"中间层次",使具体条款适用更加准确又保持适度开放,即具体例示中未规定的情形也可能因符合总则而成立合理使用。

(二)制度配置

一般条款,是指对合理使用判断元素的概括规定,各国立法的主要参考对象为《伯尔尼公约》合理使用"三步检测法"与美国合理使用"四要素法"。《美国著作权法》第 107 条规定判断合理使用应考虑的因素包括:"(1)使用的目的与特性;(2)版权作品的性质;(3)所使用部分的质与量与作品整体的关系;(4)使用对作品潜在市场或价值的影响。"第 107 条虽未明示这四项基准的相对比重为何,但合理使用四基准中何者最为重要在法院判决中却有所呈现——第一基准②与第四基准③对判定的影响最大。表现在特定案件中,即使二、三因素并不有利或不利于被告,但只要符合一、四因素,判决结果仍将使用行为认定为合理使用。《伯尔尼公约》第九条第二款为衡量任何限制版权持有人的复制权

---

① 谢晴川、何天翔:《论著作权合理使用制度的开放化路径——以"中间层次"一般条款的引入为中心》,《知识产权》,2019 年第 5 期,第 65 页。

② Sony Corp. of Am. v. Universal City Studios, Inc., 464 U. S. 417, 104 S. Ct. 774, 78 L. Ed. 2d 574(1984).

③ Harper & Row, Publishers, Inc. v. Nation Enterprises, 471 U. S. 539 at 566(1985).

的合法性设定了十分重要的公式。第九条第二款规定："本联盟成员国法律有权允许在某些特殊情况下复制上述作品,只要这种复制不致损害作品的正常使用也不致无故危害作者的合法利益。"这一条成为现在人们所熟知的三步法的模板,其中"特定情形"体现为应通过立法将具体例示固定下来,"不致损害作品的正常使用"实质上属于"不致无故危害作者的合法利益"的一种情形。综合看来,使用目的与使用后果是最为关键的认定要素。因此,在我国《著作权法》中,一般条款的解释与适用,将形式上该当,但使用目的正当、实质上并未对著作权人利益造成不当影响的利用行为排除于权利行使对象外。我国著作权法有必要将概括规定定位为一种补充规范,只有在个别权利限制条文未规范之情境,方透过一般条款的解释与适用,将未来出现的使用情形排除于权利行使对象外。

我国目前的具体列举条款在结构设计上仍显粗糙,我国《著作权法》第二十四条第一款①指出,具体情形的统一适用规则为注明出处,而 TDM 合理使用,附带性合理使用涉及的作品海量,难以满足此条件。这种一刀切的方式,很难做到所有具体情形须遵守的通用规则的提炼,如一些情形要求使用目的为非商业性的,而一些情形不做此要求。我国应借鉴英国在列举具体类型时采取的领域分割下的"总则+分则"式规范结构。以《英国版权法》为例,涉及版权作品的允许实施的行为专设"总则"一章,对合理使用具体情形中常常涉及的临时复制等行为的合理使用标准进行了界定,例如临时复制行为是暂时或附随性的、是技术手段中必不可少的实质性部分且该行为不具有独立的经济意义②;总则后再列举计算机程序、数据库、电子形式的作品等具体例示。

---

① 《中华人民共和国著作权法》第二十四条第一款规定:"在下列情况下使用作品,可以不经著作权人许可,不向其支付报酬,但应当指明作者姓名或者名称、作品名称,并且不得影响该作品的正常使用,也不得不合理地损害著作权人的合法权益。"

② 还包括研究和个人学习行为要以非商业性目的,除非无操作可能性否则应注明出处;批评、评价与新闻报道行为除非无操作可能性否则应注明出处,且仅针对已发表作品;附随性使用行为的对象限于艺术作品、录音制品、电影或广播、应为无意的偶然行为,包含附随性使用制作的作品的后续发行、播放、放映或向公众传播均不构成侵权。参见:《英国版权法》第 28-31 条。

（三）具体例示

在"具体列举+一般条款"的复合式规范结构下，笔者认为，我国的新型合理使用制度可作如下法条设计：

第××条【合理使用】在下列情况下使用作品，可以不经著作权人许可，不向其支付报酬：

（一）以新的创作目的对他人作品进行变革性使用的行为，须以非商业性目的，注明作品来源；

（二）以合法目的通过检索技术对信息材料进行复制与传播的行为，须在技术必要的范围内，使用已发表的作品；

（三）以合法目的通过信息处理技术对信息材料进行解析与再创造的行为，须在技术必要的范围内，使用已发表的作品；

（四）以私人使用为目的对作品进行空间转换、时间转换、格式转换的复制与修改行为，须以非商业性目的，使用有合法来源的作品，使用人对作品进行转换后只能在私域范围内使用。

其他情形须按照使用目的、使用后果等因素进行严格判定。

第二节　互联网环境下的版权法定许可制度

一、互联网环境下版权法定许可的界定

法定许可是指根据法律的直接规定，可不经著作权人的许可，但应向著作权人支付报酬的使用情形。法定许可是对权利人禁止权的限制，代之以获得报酬补偿，目的是促进信息自由的文化交流；不许可但付酬的使用方式，也在专有权人私人权利保护和社会公众公共利益维护之间作了利益分配和平衡。法定许可制度起源于美国为了防止机械表演的自动钢琴被掌握传统音乐作品的权利人垄断，因此自动钢琴生产者转动记载音乐的纸卷成为录音制品制作者获得

法定许可使用权的导火索。我国在引进法定许可制度时,结合我国的特殊国情,为肩负国家宣传职能的报刊、广播电台、电视台确立了对某些作品类型的法定使用权。法定许可的制度意义,有学者认为法定许可被纳入著作权法本质上是为了协调传统产业与新兴产业主体之间的利益分配。[①] 但法定许可制度客观上起到打破垄断、促进传播的公共利益效果,例如录音制品的法定许可客观上使对音乐作品的表演多样化了,使公众可以欣赏到不同风格的音乐表演。[②] 互联网环境下,法定许可制度与公共领域的契合也主要体现在这两个方面:打破垄断与促进传播。

法定许可制度通过法律直接赋予使用者特定使用权的方式极具反垄断意义。由于美国自动钢琴乃至录音制品行业都未出现立法者所担心的音乐产业垄断问题,因此有学者认为著作权法定许可在设计之初所设想的反垄断功能已无适用意义,法定许可的理论基础从反垄断经济政策转向交易成本理论演变。[③]笔者不以为然。除了我国为著作权人保留了声明不得转载、摘编[④],著作权人声明不许录音制作者使用[⑤]的例外,大部分国家不允许著作权人事先以声明来排除该制度的适用。我国的"法定许可"与"默示许可"制度相混淆,但法定许可实质上并不是由著作权人自主决定的"一揽子许可",而是根据公共利益确定的特定主体享有的特定权益。法定许可适用范围狭窄且有严格的适用程序,法定许可在定价效率上有天然缺陷,[⑥]而且通过集体管理组织转付流程繁冗,这使得法定许可在实际运行中并不能节省谈判时间、提高许可效率,再次印证了法定许可与默示许可的制度意义不同,并不是基于交易成本理论,其特定的适用范

---

① 熊琦:《著作权法定许可制度溯源与移植反思》,《法学》,2015 年第 5 期,第 74 页。

② 王迁:《著作权法限制音乐专有许可的正当性》,《法学研究》,2019 年第 2 期,第 104 页。

③ 刘芳、宋欣、卢ее强:《从数字版权补偿金制度到法定许可制度的思考》,《情报理论与实践》,2011 年第 5 期,第 38 页。

④ 《中华人民共和国著作权法》第三十五条第二款规定:"作品刊登后,除著作权人声明不得转载、摘编的外,其他报刊可以转载或者作为文摘、资料刊登,但应当按照规定向著作权人支付报酬。"

⑤ 《中华人民共和国著作权法》第四十二条第二款规定:"录音制作者使用他人已经合法录制为录音制品的音乐作品制作录音制品,可以不经著作权人许可,但应当按照规定支付报酬;著作权人声明不许使用的不得使用。"

⑥ 美国国会自 2004 年开始曾连续 6 年开展音乐著作权许可改革听证。

围是为了让特定的使用情形免于传统授权方式下权利人不授权许可的风险。版权是法律赋予权利人的合法"垄断","打破垄断"就是打破权利人对作品的排他性权利,限制其禁止权的行使。

法定许可一般只适用于(部分)邻接权主体,法定许可对传播主体的特殊许可,主要是为了保障公众信息的获取。发源于美国的音乐作品法定许可制度,其诞生固然有其特殊的历史背景,但仍需看到这一制度的适应性。虽然美国国会历次审议中都有相关主体提出涉及废除法定许可的提案,但正如主张保留法定许可制度的学者所言,"法定许可条款是立法对新技术的呼应,能够促进音乐作品的传播与音乐产业的发展。"[1]这也说明促进传播是法定许可制度创立的初衷。特别是一些"准公共产品"属性的作品,如新闻报道是公民实现知情权的主要渠道,在互联网环境下应通过法定许可制度促进新闻的传播以保障公民知悉和获取信息的基本权利。

二、新闻聚合与版权法定许可的共性

新闻聚合是指,网络媒体通过网络转载和网络链接的方式,将用户感兴趣的新闻信息集合呈现给用户。[2] 新闻聚合以技术手段获取、整合由传统媒体采编的新闻信息,并集中向受众提供,为用户消除了"跨媒体""跨平台"获取新闻信息的障碍,但由于其复制的材料可能处于受著作权保护的状态,新闻聚合也常被传统采编媒体指责为"侵犯新闻版权"[3]。那么新闻聚合是否侵犯著作权?新闻聚合能否通过权能公共领域制度实现共赢? 我国现行《著作权法》中的转

---

[1] Marcy Rauer Wagman, Rachel Ellen Kopp. "The Digital Revolution is Being Downloaded: Why & How the Copyright Act Must Change to Accommodate an Ever-evolving Music Industry," Villanova Sports & Entertainment Law Journal, Vol. 13, Issue 2(2006), p. 285. 转引自罗静:"美国版权法中法定许可制度的审视——兼论我国《著作权法》相关条款的修订",《湖南大学学报(社会科学版)》,2013 年第 11 期,第 156 页。

[2] 蔡元臻:《新媒体时代著作权法定许可制度的完善——以"今日头条"事件为切入点》,《法律科学(西北政法大学学报)》,2015 年第 4 期,第 43 页。

[3] 彭桂兵:《取道竞争法:我国新闻聚合平台的规制路径——欧盟〈数字版权指令〉争议条款的启示》,《新闻与传播研究》,2019 年第 4 期,第 62 页。

载法定许可条款是针对传统媒体传播模式设计的,未能结合互联网环境下出现的新情况、新特点与时俱进,传播效率与许可效率的平衡是法定许可立法宗旨的关键所在。

（一）新闻聚合对信息传播的特殊意义

"先许可后使用"原则赋予新闻采编机构财产优先权,激励采编机构生产出更多的新闻作品,然而"无传播则无财产权"[1],新闻作品版权财产利益的保障和新闻作品的广泛传播是互为依托的。而且,从公民的知情权视域也能得出在保障新闻版权财产利益的同时,应最大程度促进新闻信息传播的结论。公民具有知情权,有权知悉新近发生的事实,国家也应尽力保障公民知情权的实现。不同于其他作品丰富人们精神生活的功能,新闻对于保障公民的知情权具有不可替代的特殊意义,包含新闻事实的记录性新闻、调查性新闻、解释性新闻、评论性新闻,甚至新闻专业论文等所有作品类型都是信息的重要载体,[2]而信息是公民知情权和表达权的核心和基础,因此对新闻的获取是公民不可或缺的,版权垄断不应损害公民的基本权利,新闻传播在传统媒体中受到版权转载法定许可制度的保障。

以大数据、算法推荐、移动互联网为主导的"聚合"时代,新闻传播呈现出一些新的特征。首先,聚合新闻传播即刻化、全面化。"今日头条"等聚合媒体利用数据挖掘和网络爬虫等技术自动抓取网络上已发布的新闻信息,再通过大数据、智能推荐等技术即刻分类、推送给用户。新闻聚合依托于数字技术、网络技术以及移动通信技术,对新闻的传播速度与传播范围较传统媒体大幅提高,对于公众来说,聚合新闻"一站式"平台有助于快捷、全面地获取新闻信息。[3] 其次,针对用户需求传播精准化、个性化。新闻聚合媒体通过收集、分析用户的认知、兴趣等信息,根据用户偏好推荐其最需要的新闻。正因为上述优势,新闻聚

---

① 徐瑄:《知识产权的对价理论》,北京:法律出版社,2013 年版,第 157 页。

② 秦俭:《新闻作品的版权认定——以判定原则与类型化标准为视角》,《广播电视学刊》,2017 年第 9 期,第 47 页。

③ 孙昊亮:《媒体融合下新闻作品的著作权保护》,《法学评论》,2018 年第 5 期,第 80 页。

合平台网页、新闻聚合移动端软件盛行,且具有巨大的用户黏性,业已成为我国公众不可或缺的获取新闻信息的工具媒介。[①]

(二)新闻聚合在国内外的现状述评

在我国,以"今日头条"为代表的新闻聚合类搜索平台遭到搜狐、腾讯、南方日报、新京报等内容方的集体维权,类似今日头条的新闻聚合搜索平台主要涉及以下几个方面的著作权侵权问题:首先是转载、链接行为的侵权风险。新闻聚合模式分为内容转载和链接聚合,前者是将其他网站的内容搬运到聚合平台的"内容聚合",如 Google reader(谷歌阅读器)、鲜果等;后者是利用搜索引擎抓取新闻信息源,将新闻标题作为链接分类展示,点击后网页会跳转至信息源网站的"链接聚合",如 Google news(谷歌新闻)、今日头条等。[②] 内容聚合的侵权风险在于内容转载未获得授权,由于 2006 年 7 月国务院颁布《信息网络传播权保护条例》取消了 2000 年 11 月最高人民法院在《关于审理涉及计算机网络著作权纠纷案件适用法律若干问题的解释》中确立的网络转载法定许可,而改为明示许可制,因此未获得明示授权的新闻作品转载属于侵权。[③] 链接聚合又分为深层链接和浅层链接:浅层链接即用户点击链接之后,自动跳转至原被链网站,新闻原文和图片在被链网站上展示;深层链接,即用户点击链接之后,不会发生跳转,仍停留在设链网站上浏览,只有用户再次点击页面上的原文链接,才会跳转至被链新闻网页。根据《信息网络传播权保护条例》第二十三条,[④]浅层链接链接的若是版权方网站,则不属于侵权;深层链接由于对原网页造成了实质替代,有可能使其广告浏览量减少,侵害权利人利益构成侵权。[⑤] 其次,转码

---

① 以"今日头条"为例,2012 年 8 月由北京字节跳动科技有限公司设计并推广的"今日头条"软件正式上线;截至 2014 年 6 月,已累计拥有超过 1 亿 2000 万名用户,其中日活跃用户超过 1300 万。参见柯实:《今日头条:一个内容 APP 何以估值 5 亿美元?》,2014 年 6 月 3 日,新浪专栏。

② 张钦坤、孟洁:《搜索类新闻聚合 APP 的侵权认定分析》,《知识产权》,2014 年第 7 期,第 29-30 页。

③ 参见:北京市海淀区人民法院(2017)京 0108 民初 23747 号民事判决书。

④ 我国《信息网络传播权保护条例》第二十三条规定:"网络服务提供者为服务对象提供搜索或者链接服务的,在接到权利人的通知书后,根据本条例规定断开与侵权的作品、表演、录音录像制品的链接的,不承担赔偿责任;但是,明知或者应知所链接的作品、表演、录音录像制品侵权的,应当承担共同侵权责任。"

⑤ 参见:北京市海淀区人民法院(2017)京 0108 民初 22558 号民事判决书。

的侵权风险。上文已提到我国无转换性合理使用制度,手机端新闻聚合软件将网页版新闻作品经过适配转码处理,或是对手机端新闻进行转码处理后放置于电脑端网页,这种情况下的转码并非为了提高网络传输效率,也并非技术自动安排,可能被法院认定为对原作品的编辑、修改、删减和重新编排从而构成侵权。① 另外,一些新闻聚合网站新闻列表的展示形式包含"标题+摘要"便于用户更直观地了解文章内容再决定是否点击,聚合平台经常人为修改标题,在原文没有摘要时额外提炼摘要,此种行为可能涉及对原作品保护作品完整权、修改权、改编权的侵犯。虽然单纯事实消息的聚合转载可以适用合理使用,但单纯事实消息在所有新闻报道中所占的比重极低,转载的大都是受著作权保护的新闻作品。由于我国对新闻聚合规定的法律缺失,导致新闻聚合在我国面临极大的侵权风险,今日头条频频败诉不仅关乎新技术的存亡,还决定了公众利用新媒体工具获取信息的基本利益能否得到保障。目前,著作权人为防止侵权多使用反盗链技术、反爬虫技术、密码技术等②技术措施,阻止被聚合使用。笔者认为,基于聚合对象——新闻的公益性质,为避免权利人不授权导致公众无法知悉信息,应适用法定许可制度以更好地平衡著作权保护与公众的利益。

聚合分发平台与传统新闻出版者之间的纠纷并非我国特有的情况,美国谷歌公司在欧洲占据近九成的新闻市场。自2010年起,法国对谷歌公司征收"谷歌税"以补贴本国的新闻产业,由此拉开了欧洲地区新闻聚合平台与传统新闻出版者之间博弈的序幕。2013年8月1日,《德国著作权法(第八修正案)》第二章"邻接权"中增设第7节"对报刊出版者的保护",据87f条③规定,报刊出版

---

① 参见:上海市卢湾区法院(2010)卢民三(知)初字第61号民事判决书。

② 崔国斌:《著作权法:原理与案例》,北京:北京大学出版社,2014年版,第871页。

③ 第87f条 报刊出版者

　　(1)报刊产品的生产者(报刊出版者)享有将报刊产品或者其部分以商业目的进行网络传播的专有权,除非所涉及的是个别词语或者最小的文本片段。若报刊产品在企业生产,则企业所有人被视为生产者。

　　(2)报刊产品是在任何载体上以某一名称定期出版的汇编物的框架内对于新闻稿件的编辑技术上的确定,其整体而言主要被视为出版社类型且并非主要用于自我宣传。新闻稿件主要是用于信息介绍、舆论形成或者娱乐的文章和图片。

者享有将报刊产品或者其部分以商业目的进行网络传播的专有权,且根据《德国著作权与邻接权法》的规定,报刊转载法定许可补偿金不能放弃、不能转让,且只能由著作权集体管理组织进行收转。2014 年 11 月,西班牙颁布《知识产权法修正案》规定了网络转载的"补偿金制"①。2016 年 9 月,欧盟颁布了《数字化单一市场版权指令》(以下简称《数字版权指令》)的首部草案,其中第 11 条规定了"链接税"条款,第 13 条规定了"过滤器"条款。② 此草案引发了欧洲各界对于新闻聚合行为的广泛争议,经过多次修订,于 2019 年 3 月 26 日,《数字版权指令》③最新版草案获得通过,最终通过的法案基本达成了各方利益平衡。在这版草案中,原第 11 条"链接税"条款(现为第 15 条④)明确豁免了所有链接行为,并确保新闻出版商因信息社会服务提供者使用其新闻出版物而获得的收入,作者等权利人应从中获得适当的份额;原第 13 条"过滤器"条款(现为第 17

---

① 西班牙《知识产权法修正案》第 32.2 条规定:"网络服务提供者转载复制作品内容可不经授权,但应当给予权利人(主要是新闻出版者)相应的经济补偿,并且该项权利不得被放弃,补偿金由知识产权管理组织收取。"

② "链接税"条款赋予了新闻出版者一项新型邻接权,即当其新闻出版物被数字化使用时,使用者(主要是网络平台)需要经过其许可,并向其支付一定的报酬;"过滤器"条款要求网络服务提供者保障权利人的作品在其平台上不被商业性使用或被随意获取。参见彭桂兵:《取道竞争法:我国新闻聚合平台的规制路径——欧盟〈数字版权指令〉争议条款的启示》,《新闻与传播研究》,2019 年第 4 期,第 63 页。

③ 曹建峰、史岱汶:《欧盟〈单一数字市场版权指令〉中译本》,2019 年 4 月 11 日,搜狐网。

④ 《数字版权指令》最新版草案,第 15 条,新闻出版物的在线使用保护。1. 成员国应当规定,在一个成员国成立的新闻出版物的出版者,对于信息社会服务提供者在线使用其新闻出版物,享有 2001/29/EC 指令第 2 条和第 3 条第 2 款规定的权利。本款规定的权利不适用于个人使用者对于新闻出版物的私人或非商业使用。本款提供的保护不适用于超链接行为。本款规定的权利不适用于对新闻出版物的个别字词或非常简短摘录的使用。2. 第一款所述权利不得改变且不得以任何方式影响作者或其他权利人按照欧洲法律对包含在新闻出版物中的作品或其他受保护内容所享有的权利。第一款所述权利不能被用来对抗作者和其他权利人,尤其是不能剥夺他们独立开发利用新闻出版物中包含的作品和其他受保护内容的权利。当一个作品或其他受保护内容基于非独家许可,被纳入新闻出版物时,第一款所述权利不得被用来禁止其他获得授权的使用者使用该作品或其他受保护内容。第一款所述权利不得被用来禁止已过保护期限的作品或其他受保护内容的使用。3. 对于本条第一款所述权利,2001/29/EC 指令第 5 至 8 条以及 2012/28/EU 指令以及欧洲议会和理事会 2017/1564(欧盟)指令应参照适用。4. 第一款所述权利的保护期限为新闻出版物出版后 2 年。该期限从新闻出版物出版后次年 1 月 1 日起算。第一款不适用于本指令生效之前首次出版的新闻出版物。5. 成员国应确保对于新闻出版商因信息社会服务提供者使用其新闻出版物而获得的收入,新闻出版物中包含的作品的作者可以从中获得适当的份额。

条）也减轻了原草案中网络服务提供者的审查责任。美国学界从 19 世纪末便开始讨论新闻聚合的合法性,从"合理使用之辩"逐渐演变为默示许可和著作权集体管理组织导向下的"海量许可"。[①] 总的来说,国外已经意识到新闻聚合作为信息分发不可逆的大趋势,因此倾向于高效的许可付酬使用模式。上述国家中,西班牙新闻聚合使用规定类似于"法定许可"制度。其他国家和欧盟类似于默示许可,但无论是法定许可还是默示许可,都是对著作权能的限制制度,二者的区别在于法定许可情形由法律强制决定、默示许可情形保留权利人退出的权利。国外限制权能的授权模式,以及结合著作权集体管理组织转付机制对于我国有着积极的借鉴意义。

(三)我国新闻聚合的法定许可路径

新闻聚合在我国法定许可的法律中缺位,导致新闻聚合在我国面临很大的侵权风险,不利于聚合平台的科技创新与民众的信息获取。通过上文述评,新闻聚合应适用法定的权能限制授权模式,通过比较合理使用制度、法定许可制度、强制许可制度、默示许可制度的制度特性,得出应选择著作权法定许可制度作为新闻聚合使用制度的结论。首先,新闻聚合与新闻生产的二元分离决定了不应采用不付酬的合理使用方式。目前大部分新闻还是由传统媒体采集生产,合理使用的免费使用特征无法激励媒体机构生产更多的优质的新闻作品。其次,新闻的时效性决定了不应采用许可流程繁冗的强制许可方式。强制许可制度向行政机关提出申请、核查审批的前置性流程,与新闻转载要求快速、高效的需求不匹配。最后,我国对新闻的聚合使用应采用法定许可方式。我国适用报刊转载法定许可已有 20 余年,已积累较为丰富的法定许可转载、摘编经验,法定许可范围从纸质传媒延伸到网络媒体也较为容易,在已有制度基础上扩张适用范围可以节约立法成本。实际上,网络转载、摘编法定许可制度已在我国

---

① Keiyana Fordham, "Can Newspapers Be Saved? How Copyright Law Can Save Newspapers from the Challenges of New Media," Fordham Intellectual Property, Media & Entertainment Law Journal, Vol. 20, Issue 3, Spring 2010, p. 939.

2000 年最高人民法院颁布的《关于审理涉及计算机网络著作权纠纷案件适用法律若干问题的解释》中被规定过,但后又被 2006 年国务院颁布的《信息网络传播权保护条例》取消。究其原因,是因为此前条款并未限制网络转载、摘编的对象范围,意味着网络可转载、摘编一切作品,造成网络存在完全替代传统媒体、侵蚀传统媒体经济来源的风险,传统媒体当然全力抵制。但是,笔者想建立的仅是对新闻的网络转载摘编法定许可制度,且辅之以付酬机制弥补权利人的经济损失,①将网络聚合法定许可对象限定为新闻作品是基于新闻区别于其他作品的公共产品属性与兼顾权利人经济收益的结果。

三、我国互联网环境下法定许可制度的完善

互联网环境下的法定许可制度除了应根据公共政策目标与技术发展需要,增加新闻聚合使用的法定许可情形外,还应完善法定许可诟病已久的配套制度。法定许可制度本身作为一种衡平的许可制度在网络空间依然具有扎实的适用基础,只是配套机制孱弱导致制度未能得到切实执行,就此而言,我们不应否定法定许可在新闻聚合问题上的适用,而是应该完善配套制度,优化执行环境与执行条件。② 著作权集体管理制度是随着著作权权项的增多和作品传播方式的多样化,为节省权利人与使用者的沟通成本而产生的。著作权人自己难以有效行使的权限皆可以授权著作权集体管理组织管理,使用者也可以通过集体管理组织获得批量授权并集中付费,提高使用效率。在 2020 年修正的《著作权法》中增加了集体管理组织收费与转付的程序性条款,目的就在于使法定许可具有可执行性的同时,全面保障著作权人的收益。③ 互联网环境下伴随传播效率的提高,法定许可的批量使用必须借助著作权集体管理组织的流转机制实现

---

① 因为法定许可的付酬价格为法定,在一定程度上限制了权利人自由许可的最高限价。

② 蔡元臻:《新媒体时代著作权法定许可制度的完善——以"今日头条"事件为切入点》,《法律科学(西北政法大学学报)》,2015 年第 4 期,第 50 页。

③ 参见:《中华人民共和国著作权法》第八条。

许可效率与传播效率的同步提高,因此笔者对我国目前法定许可制度完善的建议如下。

　　首先,完善付酬标准的制定流程。我国法定许可使用者向权利人付酬的标准是在相关法规规定的基础上与权利人进行协商。① 我国法规给出的基础付酬标准包括:1993 年国务院著作权行政管理部门发布的《报刊转载、摘编法定许可付酬标准暂行规定》,1993 年国务院著作权行政管理部门制定的《录音法定许可付酬标准暂行规定》,2009 年国务院制定的《广播电台电视台播放录音制品支付报酬暂行办法》以及 2013 年国务院著作权行政管理部门公布的《教科书法定许可使用作品支付报酬办法》。这些规定久未修订、标准偏低、与市场脱节,法定许可已经造成权利人无法独占许可的经济损失,若再按照远低于市场价格的标准批量使用,会加重对权利人经济利益的损害,因此我国应重视付酬标准的协商程序,而非优先使用法定付酬标准。关于使用费的规则制订,德国于 2007 年修订的《著作权及邻接权管理法》第 13 条②规定:(1)德国使用费的标准首先由权利人与集体管理组织签订的协议决定,即权利人自主决定;(2)此标准还应当参考使用者得到的权利范围以及因使用获得利润作为制定依据。另外,当著作权集体管理组织与作品使用人之间就收费标准和许可条件发生纠纷,或涉及权利人与集体管理组织作品总合同的签订或变更时,任何一方当事人都可请求仲裁机构裁决。③ 仲裁机构由著作权集体管理组织的监督机关——德国专利局组建。仲裁为使用费的事后调整机制,当因为时代发展或之前协议规定的使用费不符合实际需求时,任何当事人都可申请仲裁调整,使得使用费标准可以一直保持科学合理。我国互联网法定许可制度的付酬标准可以借鉴德国的

---

① 参见:我国《广播电台电视台播放录音制品支付报酬暂行办法》第四条。

② 德国《著作权及邻接权管理法》第 13 条:"集体管理组织应当根据管理的权利与要求提供报酬标准。已经签订共同协议的,协议中的报酬条款视为报酬标准","通常,通过使用获得的币值利益应当是计算报酬标准的依据。通过使用获得的利益,连同合理的经济支出,得出充分依据的,也可作为计算报酬标准的其他根据。在制定报酬标准时应当适当考虑著作在使用过程的总范围中的使用比重。"

③ 参见:《德国著作权及邻接权管理法》第 14 条。

做法,即与权利人协商优先,结合实际使用的范围与利润制定,并为权利人保留事后申诉的仲裁程序,充分保障权利人的经济权益,这也是互联网法定许可制度得以运行的根基。

其次,优化著作权集体管理组织的收取、转付机制。著作权集体管理是不可或缺的代表著作权人的管理模式,无论是从主体资格上,还是从专业能力上分析,著作权集体管理组织作为互联网环境下法定许可批量使用费的收转单位是最为适宜的。[1] 但在现实中,我国集体管理组织的运行效果不佳,有学者将我国集体管理组织的运行问题总结为六个方面:管理成本过高、许可费收取效率过低、分配周期过长、准确性缺失、透明性缺失、权利人参与性的缺失。[2] 一些学者将这一现象归咎于我国著作权集体管理组织模式的垄断性,并认为应依据市场结构采用竞争性模式引入民间集体管理组织。[3] 笔者认为,在目前法规[4]与司法[5]的双重认可下,动摇我国法定著作权集体管理组织的"官方"地位不是解决其运行问题最快捷、最有效的方法。我国著作权集体管理组织目前在收取、转付流程中存在的问题其实可通过技术手段予以优化,智能系统的建立能够提高收取与分配的效率、准确性与透明性。以中国音乐著作权协会为例,由于其并未建立起有效的作品查询系统,未统计使用方具体使用的歌曲目录,导致权利人无法查询到自己的作品被使用的具体情况,造成著作权集体管理组织的分

---

① 刘平:《我国建立著作权延伸集体管理制度的必要性分析》,《知识产权》,2016 年第 1 期。
② 张文韬:《论著作权集体管理组织内部治理的基本原则》,《科技与出版》,2017 年第 9 期,第 61-62 页。
③ 林秀芹、黄钱欣:《我国著作权集体管理组织的模式选择》,《知识产权》,2016 年第 9 期;杜伟:《我国著作权集体管理组织代表性审视》,《知识产权》,2018 年第 12 期;崔国斌:《著作权集体管理组织的反垄断控制》,《清华法学》,2005 年第 1 期。
④ 我国《著作权集体管理条例》第六条"除依照本条例规定设立的著作权集体管理组织外,任何组织和个人不得从事著作权集体管理活动";第 7 条第(二)项"不与已经依法登记的著作权集体管理组织的业务范围交叉、重合"。
⑤ 在深圳市声影网络科技有限公司诉卡拉 OK 经营者侵权系列案件中,法院认定代理公司为非法著作权集体管理,驳回起诉。参见:江苏省高级人民法院(2016)苏民申 420 号民事裁定书;上海知识产权法院(2016)沪 73 民终 144 号民事裁定书;李静之:《音乐维权路漫漫,非法著作权集体管理究竟如何界定?》,2019 年 7 月 1 日,搜狐网。

配结果也缺乏数据支撑。为确保使用费的合理分配,著作权集体管理组织应当掌握版权作品的授权情况及使用情况。授权情况包括权利人给予集体管理组织的权限及相应价格,使用情况包括使用者使用的次数、使用的内容及相应的价格等情况,再按照结算周期核算。如此庞杂的数据如不借助自动化流程,很容易出现支付程序、支付方式、不支付时赔偿标准等事项不明确的问题。而且,互联网不仅作品海量,而且对海量作品的使用海量。因此,我国互联网法定许可的集体管理机制也可通过数字化技术的推进,帮助集体管理组织适应互联网发展。在 2020 年修正的《著作权法》中已将集体管理组织"建立权利信息查询系统,供权利人和使用者查询"列入法案。

综上,法定许可是基于打破垄断、促进传播的公共政策目标不得已对权利人做出的权能限制制度,适用范围狭窄且在对禁止权限制的同时应充分保障权利人获得报酬权的实现。我国 2013 年颁布的《信息网络传播权保护条例》只将以教育目的通过信息网络制作课件并向学生提供的行为设定为法定许可。[①] 随着网络新闻聚合平台的发展,公众对新闻网络转载具有现实需求,基于公益与私益的平衡应增设新闻作品网络聚合的法定许可,笔者建议可将法律条款设计为:

第××条【法定许可】已在报刊上刊登或者网络上传播的新闻作品,其他网站可以予以转载、摘编,但应当按照规定向著作权人支付报酬。

第三节　互联网环境下的版权强制许可制度

一、互联网环境下版权强制许可的界定

强制许可是指,基于特定情形,使用人向版权主管机关提出申请,经审核后

---

① 参见:我国《信息网络传播权保护条例》第八条。

获得作品的使用权并给予权利人补偿的使用行为。[①] 强制许可是对权利人禁止权的限制,代之以获得报酬权补偿,目的是防止公共利益、规制权利滥用,其适用范围较窄。特别值得注意的是,强制许可与法定许可都属于不经许可只付酬的权能限制制度,但在适用上它们具有明显的区别:(1)从权源来看,法定许可是法律直接授予的,而强制许可是由行政机关授予的;(2)从程序来看,法定许可使用者凡符合法定条件即可使用,而强制许可使用者须履行申请审批程序。1909 年《美国版权法》首次以成文法的形式规定了针对录音制品的强制许可以防止唱片公司对音乐作品进行机械录制的垄断,[②]但此后经过系列修正引入了法定许可的概念。在美国版权立法中,版权强制许可(compulsory license)与法定许可(statutory license)经常互相替换,根据强制许可与法定许可在权源与程序上的区别,美国版权法中所规定的版权强制许可制度实质上更接近于法定许可的概念,因为其版权强制许可不需要当事人向特定机关提出申请并经审查。[③]部分学者认为强制许可存在的正当性在于能够实现交易效率与公平的统一,对此笔者并不赞同,因为事实上版权强制许可制度的运行效率并不一定比建立在自愿基础上的授权许可制度高,强制许可需要经历一套烦琐的程序,包括通知、备案、交存、申请及审查等;而且强制许可的费率倾向于法律确定,并不一定能够实现补偿的公平。强制许可的制度意义体现为与公共领域的契合,其制度目标是公共利益的实现与对权利滥用的规制。

国际公约对强制许可制度的规定体现了强制许可制度的公益性。为了改善发展中国家知识与信息匮乏的处境,《伯尔尼公约》附件以及《世界版权公约》第五条给予发展中国家成员对部分外国作品的版权强制许可证。[④] 有学者

---

① 李永超:《从行政征用观点论数字版权的强制许可及其引入》,《中国出版》,2013 年 1 月下,第 43 页。

② Ralph Oman, "The Compulsory License Redux: Will It Survive in a Changing Marketplace," Cardozo Arts & Entertainment Law Journal, Vol. 5, Issue 1, 1986, p. 37.

③ 杨红军:《版权强制许可制度论》,《知识产权》,2008 年第 4 期,第 31 页。

④ 《伯尔尼公约》附件以及《世界版权公约》第五条规定,两公约的发展中国家成员可以向世界知识产权组织和联合国教科文组织递交希望享受优惠待遇的申请,在此基础上,发展中国家的任何人都可以向主管当局申请颁发对部分外国作品非专有的、不可转让的版权强制许可证。

提出版权强制许可的公益性是指,许可的公共利益明显比被限制权利人的利益更大。① 国际条约设置对发展中国家使用作品的"优惠条款",是基于总体效益的考虑:在一定限度内限制作品权利的排他权,但增加了发展中国家民众对优秀作品的接触机会,提升发展中国家的经济文化水平,实现了比私益更高的价值目标。遵循公益与私益平衡的原则,强制许可的实施需同时满足一定条件。②

　　当权利人滥用著作权的专有权、恶意行使禁止权,构成反竞争行为时,使用者可以通过司法程序对个案要求强制许可。专利权人行使专利权的行为被依法认定为垄断行为时,为消除或者减少该行为对竞争产生的不利影响,专利行政部门可以根据使用者的申请,给予专利的强制许可。③ TRIPS 协议第 31 条第(k)项已确认了通过司法程序授予的版权强制许可。④ 强制许可规制权利滥用的案例最早追溯到 1984 年在独立电视出版公司诉"暂不计时"公司案中,英国垄断与合并委员会根据 1980 年竞争法认为广播公司和独立电视出版公司不应拒绝他人使用其每周电视节目预告表,这两家公司禁止他人转载的做法是反竞争的,违背了产品自由流通的市场目标和基本宗旨。⑤ 又如著名的 RTE,BBC and ITP v. Commission 案,⑥这是第一个欧洲法院适用《欧盟竞争法》第 82 条判

---

① Lawrence Berger, "The Public Use Requirement In Eminent Domain," Oregon Law Review, Vol. 57, Issue 2, 1978, pp. 203-246.

② 国际条约规定的版权强制许可对象限于在国外已经发表的印刷出版物、仅为系统教学用的视听作品;使用情形限于在某段时间内不能在本国范围内提供、不能与版权人取得联系或不能达成授权协议;使用范围限于本国范围;使用目的限于教学、研究等;使用权限于翻译权和复制权;使用者需要向版权人支付合理的报酬。参见:《伯尔尼公约》附件第三、四条,《世界版权公约》第五条之三、四。

③ 参见:《中华人民共和国专利法》第四十八条第二项。

④ TRIPS 协议第 31 条(k)项规定,如果有关(版权强制许可)使用是经司法或者行政程序业已确定为反竞争行为的救济方才允许的(版权强制许可)使用,则成员无义务适用(b)项(版权强制许可授予的条件)及(f)项(关于版权强制许可使用范围)所确定的条件。参见郑成思:《WTO 知识产权协议逐条讲解》,北京:中国方正出版社,2001 年版,第 206-207 页。

⑤ [英]爱登·罗伯特:《欧共体法如何实行版权强制许可》,《环球法律评论》,虞永强译,鲁古校,1992 年第 5 期,第 46 页。

⑥ 参见:RTE, ITP. BBC v. Commission[1995]ECR 808. 转引自曾琳:《著作权法第三次修正下的"限制与例外"制度应用研究》,北京:中国政法大学出版社,2016 年版,第 234 页。

定知识产权拒绝许可是滥用支配地位的案件,明确了在构成垄断或影响公平竞争的情况下,可以对知识产权要求强制许可。当著作权人拒绝许可对市场竞争造成实质性损害时,使用者可以通过反垄断法获得强制许可的救济。反竞争行为损害了公平交易、市场秩序等公共利益,强制许可规制权利滥用的制度功能是使用者重要的救济措施。但这种具体案例强制许可须在司法程序中授予,相比履行申请、审批等法定程序获得缺少可预测性,因此是作为反垄断制度的附属而存在,不是版权强制许可制度的主要形态。

二、互联网环境下孤儿作品与版权强制许可的结合

孤儿作品是指没有署名,且通过搜索途径也无从核查其作者身份的作品。我国现行《著作权法实施条例》第十三条①规定了孤儿作品的传统载体形式的利用途径。互联网环境下,孤儿作品已不存在作品原件的有形载体,作品原件与复制件的界限模糊,难以适用传统的利用路径,且互联网环境下对孤儿作品的利用需求不断扩大,基于公共利益的使用是通过强制许可制度使用孤儿作品的宗旨所在。互联网上存在为数不少的权属不明的作品,因为作品在互联网传播过程中,信息容易丢失或者替换,导致原版权人信息遗失,而且版权人在网络发表作品多采用虚拟身份,使用者即使找到作品出处,也难以确定版权人的真实身份。② 这些作品从"出生"到"死亡"都无人认领,权属不明的作品作为版权的"灰色地带",应纳入公共领域的范畴。因为无论是产业界还是图书馆等公共机构,都对孤儿作品存有巨大的使用需求,一些孤儿作品具有较高的文化和商业价值,因此产业界与公共机构纷纷呼吁为孤儿作品的利用设置许可制度,以盘活权属不明的作品。

---

① 《中华人民共和国著作权法实施条例》第十三条规定:"作者身份不明的作品,由作品原件的所有人行使除署名权以外的著作权。作者身份确定后,由作者或者其继承人行使著作权。"
② 金泳锋、彭婧:《孤儿作品保护——大陆与香港之比较研究》,《电子知识产权》,2010 年第 3 期,第 69-72 页。

（一）孤儿作品在国内外的使用述评

我国 2014 年《送审稿》第五十一条①对孤儿作品的数字化使用适用强制许可程序进行了有益的探索,此规定的使用程序完全符合强制许可的使用程序。而且此规定将强制许可的使用权限扩展到"数字化形式",即由传统的翻译权和复制权强制许可,增加了对信息网络传播权的使用。但局限在于,此《送审稿》并未生效,因此关于孤儿作品的强制许可条款不产生法律效力。

国外关于孤儿作品强制许可的规定。《日本著作权法》第 67 条规定,已经发表的作品或者经过一定期间提供或者提示给公众的事实明显的作品,由于著作权人不明或者其他类似原因,根据政令规定付出相当的努力仍然无法和著作权人取得联系的情况下,经过文化厅长官裁定并为著作权人寄存了文化厅长官规定的相当于通常使用费的补偿金时,可以采用裁定的方法加以使用。获得前款规定裁定的人,必须向文化厅长官提交记载作品使用方法和其他政令规定事项的申请书、著作权人无法取得联系的说明资料以及政令规定的其他资料。《日本著作权法》还在第 70 至 74 条就裁决的程序、标准以及补偿金的数额、异议、寄存等事项做出了详细规定,以保证裁决的公平和透明。《加拿大版权法》第 77 条对孤儿作品也采用了"强制许可+提存"的模式。

允许版权委员会代表身份不明的作者对作品使用人授予使用许可,前提是如果使用人已经采用了合理的方式寻找权利人但是未果,权利人可以向版权委员会提出使用申请,并且将使用费提存到一个特定的基金中。如果使用人取得授权后权利人又出现了,在该许可期限届满 5 年内,权利人可以通过两种途径获得救济,一是从基金中提领相应的使用费,二是在拖欠许可费的情况下,权利

---

① 2014 年《中华人民共和国著作权法(修订草案送审稿)》第五十一条规定:"著作权保护期未届满的已发表作品,使用者尽力查找其权利人无果,符合下列条件之一的,可以在向国务院著作权行政管理部门指定的机构申请并提存使用费后以数字化形式使用:(一)著作权人身份不明的;(二)著作权人身份确定但无法联系的。前款具体实施办法,由国务院著作权行政管理部门另行规定。"

人可向有管辖权的法院提起诉讼追收该许可费。① 以上国家对孤儿作品的使用都采用了强制许可的模式，并对强制许可的流程进行了详尽的规定；而且并未明确限定孤儿作品强制许可的权利类型，意味着所有权限都可使用。国外立法为我国孤儿作品强制许可制度的实施提供了很好的制度经验。

（二）孤儿作品与版权强制许可的结合

孤儿作品为什么要利用强制许可制度获得使用，而非其他权能限制制度，原因如下。

首先，强制许可的审批流程可预防权利人的"事后维权"。孤儿作品不同于无主作品，无主作品的著作权人身份既是确定的也是可查找的，只是著作权人及其法定继承人均已死亡又无其他人受遗赠，即权利人不可能出现了；而孤儿作品的权利人无法确定，或即使确定但无法找到权利人，即权利人一时找不到但有可能再次出现。孤儿作品的权利人为了不正当目的可能隐匿自己的权利人身份，故意让使用者找不到权利人。尤其在互联网环境下，存在大量权利归属信息不明的作品，使用或再创造使用很可能会受到权利人的事后"维权"，被诉之高昂的使用费。权利人故意隐匿身份，目的是通过不正常手段取得与作品价值不匹配的巨额收益。此种不正当行为若频频发生，会造成公众不敢使用孤儿作品的"寒蝉效应"，不利于互联网时代的开放与大众创新。因此为了避免权利人遭受"事后维权"风险，这种破坏文化生态的不正当行为可通过强制许可程序予以遏制。法定的强制许可程序是保护善良使用者的必要途径，在使用者勤勉查找、申请审批、交纳使用费之后可免于侵权风险。

其次，孤儿作品的使用无法通过与权利人协商取得授权。孤儿作品的权利人下落不明，甚至无法通过使用者的"勤勉查找"而找到，意味着要使用孤儿作品只能采用权能限制制度，即未经权利人授权也能使用的方式。而在权能限制

---

① 曾琳：《著作权法第三次修正下的"限制与例外"制度应用研究》，北京：中国政法大学出版社，2016 年版，第 259 页。

制度中,强制许可制度是最为合适的。因为合理使用不付酬,不满足孤儿作品作者获得报酬的正当请求;法定许可的付酬标准等事宜是由使用者与权利人协商,而孤儿作品的权利人缺失,且法定许可的使用主体限于(部分)邻接权主体,不满足社会对孤儿作品广泛的使用需求;默示许可是权利人基于许可效率选择的一种授权模式,开放许可是权利人放弃权利的自主选择,孤儿作品的权利人缺失使上述授权模式都不可行。综上,孤儿作品的利用只能通过强制许可的方式进行,而且孤儿作品的权利人有可能再次出现,强制许可的报酬也能给予其合理的补偿,兼顾了公益与私益的平衡。

三、互联网环境下版权强制许可制度的建构

我国目前的版权强制许可制度主要包括三个路径:一是根据我国已参加的国际公约,向相关国际组织申请强制使用外国作品。但这一路径在实施上存在难以操作的问题:首先,《伯尔尼公约》和《世界版权公约》中对发展中成员国所提供的版权强制许可优惠措施在我国国内的立法中并未得到体现,民众向主管当局申请使用的操作流程不明。其次,即使发展中国家依照条约在国内立法中确立了相应的版权强制许可制度,但在发达国家施压下实施效果不佳。两个公约对版权强制许可的实施具有严格的要求,发展中国家通过版权强制许可方式来利用发达国家的作品并非易事。例如埃及依照国际条约对国外作品的强制许可在其国内《知识产权法典》中规定了有关翻译权和复制权的版权强制许可,①但受到国际知识产权联盟指责,被认为有关国外作品的版权强制许可制度安排是与国际法背道而驰的。另外,印度尼西亚在国际压力下已废除了相关翻

---

① 《埃及知识产权保护法(著作权部分)》第170条:基于下一款所规定的目的,任何个人得请求主管部门授予其个人许可,未经作者许可而复制、翻译任何根据本法规定所保护的作品。授予该种许可应当向作者或者其继承人支付合理费用。该许可不得与作品的正常使用相冲突,并且不得不合理地损害作者或者著作权人的合法利益。授予该种许可,应当根据包括许可的特定时间和地域范围的合理决定;而且,许可的目的是满足各级各类教育的需要。本法相关行政法规应当规定授予许可的条件以及合理费用的种类,其不应超过每一作品1000埃及镑。

译权和复制权版权强制许可制度,菲律宾也已废除了与公约要求不符的版权强制许可制度。严格的使用条件以及发达国家的不断施压实际上已在不同程度上架空了《伯尔尼公约》以及《世界版权公约》中所谓的"优惠待遇"。① 再次,国际公约规定的强制许可权限仅为翻译权和复制权,不包括信息网络传播权,难以满足互联网环境下对作品的使用需求。

第二种路径是作为反垄断的救济措施。当权利人滥用权利、无正当理由拒绝许可他人使用其作品时,使用者可通过司法程序获得版权强制许可的司法救济。著作权人的专有权在网络环境下进一步扩张,我国《著作权法》规定了权利人设置技术措施的权利。② 而技术措施的滥用会妨碍社会公众对知识产品的接触及利用,从而阻碍社会经济文化的发展,版权强制许可制度可防止权利人滥用包括技术措施在内的权利。从强制许可制度产生的背景和历史来看,强制许可可以起到限制版权人非法垄断的作用;随着互联网技术的发展、技术措施的盛行,版权强制许可制度依然是防止权利人滥用技术措施、保障公众基本接触权的重要手段。

第三种路径也就是我国《著作权法》法定的版权强制许可制度。通过法律规定强制许可制度的方式是最明确、最具有执行力的。知识产权的法定强制许可制度最早发端于专利强制许可。强制许可(Compulsory License)首次出现在《保护工业产权巴黎公约》1900 年布鲁塞尔文本的第 5 条 A 款,③该款主要是规

---

① 杨红军:《版权强制许可制度论》,《知识产权》,2008 年第 4 期,第 32-33 页。
② 参见:我国《信息网络传播权保护条例》第四条,《中华人民共和国著作权法》第四十九条、第五十三条第六款。
③ 《保护工业产权巴黎公约》(1900 年)第五条 A.(1)专利权人将在本联盟任何国家内制造的物品输入到对该物品授予专利的国家的,不应导致该项专利的取消。(2)本联盟各国都有权采取立法措施规定授予强制许可,以防止由于行使专利所赋予的专有权而可能产生的滥用,例如:不实施。(3)除强制许可的授予不足以防止上述滥用外,不应规定专利的取消。自授予第一个强制许可之日起两年届满前不得提起取消或撤销专利的诉讼。(4)自提出专利申请之日起 4 年届满以前,或自授予专利之日起 3 年届满以前,以后满期的期间为准,不得以不实施或不充分实施为理由申请强制许可;如果专利权人的不作为有正当理由,应拒绝强制许可。这种强制许可不是独占性的,而且除与利用该许可的部分企业或商誉一起转让外,不得转让,包括授予分许可证的形式在内。(5)上述各项规定准用于实用新型。

制专利权人无正当理由拒绝许可他人使用其专利权的权利滥用行为,采取的措施就是由使用人向专利管理机关申请使用许可。因此,"Compulsory License"在专利法中特指上述需要行政确认的非自愿许可行为。① 我国也在《中华人民共和国专利法》(简称《专利法》)第六章和《专利实施强制许可办法》中详细规定了专利强制许可实施的情形和程序。我国目前无法定的版权强制许可制度,《送审稿》虽未生效,但作了有益的尝试,基于互联网环境下对孤儿作品的数字化使用需求设置了孤儿作品的版权强制许可制度。这一做法值得肯定,还应参照我国专利强制许可的实施流程完善版权强制许可制度配套的使用程序,包括申请流程、使用费的确定、争议的处理等。

首先,版权强制许可的申请流程可参照专利强制许可的申请流程,具体包括申请、审查决定、颁发三个环节。我国《专利实施强制许可办法》第九条至第十四条规定,申请人请求给予专利强制许可应向国家知识产权局递交强制许可申请书及申请书应载明的事项。第三章和第五章分别规定了强制许可请求的审查和决定、终止强制许可请求的审查和决定的程序和事由。第四十条②通过公告的方式提升了强制许可决定的公示力。审查和决定流程中,请求人或者专利权人要求听证的,由国家知识产权局组织听证,③以切实、客观地了解事实情况、使用需求、使用目的等。其次,关于版权强制许可使用费的确定。《专利法》第五十七条规定强制许可使用费数额由双方协商;双方不能达成协议的,由行政部门裁决。由于孤儿作品的权利人下落不明,因此无法践行双方协商的程序,只能由行政部门决定。有学者提出,我国行政部门应以个案方式,根据申请人获得许可后能否产生利润回报的情况决定合理的补偿数额,而不采用统一确定的方式。④ 笔者认为,可统一按照作品类型给出付费的基本标准,再结合个案

① 　王清:《著作权限制制度比较研究》,北京:人民出版社,2007 年版,第 261 页。
② 　我国《专利实施强制许可办法》第四十条规定:"已经生效的给予强制许可的决定和终止强制许可的决定,以及强制许可自动终止的,应当在专利登记簿上登记并在专利公报上公告。"
③ 　参见:我国《专利实施强制许可办法》第十八条。
④ 　李永超:《从行政征用观点论数字版权的强制许可及其引入》,《中国出版》,2013 年 1 月下,第 45 页。

中作品的商业价值最终确定付费金额。由于强制许可使用具有公益性质,因此使用费除了应保障作品的商业价值,还应考虑在公众能够负担的范围等因素。再次,关于版权强制许可争议的处理。我国《专利法》规定的"行政部门裁决+司法部门起诉"的双重保障①能够对使用费的确定、使用决定的作出过程中出现的争议进行公正、有效的处理。最后,关于孤儿作品强制许可"勤勉查找"的义务。《送审稿》对孤儿作品的强制许可使用者还设置了"勤勉查找"②的义务,笔者认为"勤勉"的判定应包括:以主观善意、诚实信用为主观要件;以履行了规定查找的具体方式与途径为行为要件,包括但不限于使用者向相关版权管理部门(如版权登记中心)、相关著作权集体管理组织申请查询,向主要的传统媒体、互联网门户网站、数据库等途径刊登查询等。③

综上,由于版权强制许可类似于行政征用,带有强烈的国家公权力色彩,因此在适用时是基于特定情形且许可程序复杂,只有在法律明确规定的情况下适用,否则容易造成对权利人的损害。互联网环境下,迫于社会对孤儿作品的使用需求,通过对使用模式的筛选,对设置孤儿作品强制许可是合理的选择,应将其纳入《著作权法》为使用者提供明确的使用依据与流程指引。可将法律条款设计为:

第××条【强制许可】著作权保护期未届满的已发表作品,使用者尽力查找其权利人无果,符合下列条件之一的,可以在向国家著作权主管部门④指定的机构申请并提存使用费后以数字化形式使用:

---

① 《中华人民共和国专利法》第五十八条规定:"权利人对国务院行政部门关于实施强制许可的决定不服的,权利人和取得实施强制许可的单位或者个人对国务院专利行政部门关于实施强制许可的使用费的裁决不服的,可以自收到通知之日起三个月内向人民法院起诉。"
② 参见:《中华人民共和国著作权法(修订草案送审稿)》第五十一条规定"使用者尽力查找其权利人无果"。
③ 赵锐:《论孤儿作品的版权利用——兼论〈著作权法〉(修改草案)第25条》,《知识产权》,2012年第6期,第61页。
④ 《中华人民共和国著作权法》第三十条将"国务院著作权行政管理部门"改为"国家著作权主管部门"。此处沿用新的表述。

（一）著作权人身份不明的；

（二）著作权人身份确定但无法联系的。

前款具体实施办法，由国家著作权主管部门另行规定。

第四节　互联网环境下的版权默示许可制度

一、互联网环境下版权默示许可的界定

默示许可是指基于特定情形，将权利人未申明拒绝推定为许可，并支付报酬的使用方式。默示许可是对权利人专有权的限制，权利人的权利从"选择进入"变为"选择退出"，从"主动授权"变为"被动拒绝"。从德国立法发展可窥探合理使用、法定许可、默示许可之间的关系变化，即权利人选择收益权化的趋势，"权利人从早年单方容忍用益权受限，立法广泛地走向收益权化的平衡，其中为求提高收益之收取效率，从统一由著作权利用团体中介确保，进化到以复制设备或储存媒介为焦点的'版税'转嫁机制导向。"[①]即授权许可机制转为确保收益权之法制设计。

著作权默示许可理论来源于传统民法与合同法的默示行为规则，[②]在互联网环境下，为了有效地调和互联网的共享性与著作权的专有性之间的矛盾，默示许可被引入著作权制度并发展为两类：事实中形成的默示许可与通过法定确

---

① 黄铭杰主编，王怡苹等著：《著作权合理使用规范之现在与未来》，台北：元照出版有限公司，2011 年版，第 28 页。

② 《中华人民共和国民法通则》第五十六条规定："民事法律行为可以采取书面形式、口头形式或者其他形式。法律规定是特定形式的，应当依照法律规定。""其他形式"应当包括默示许可。最高人民法院《关于贯彻执行〈中华人民共和国民法通则〉若干问题的意见（试行）》第六十六条规定："一方当事人向对方当事人提出民事权利的要求，对方未用语言或者文字明确表示意见，但其行为表明已接受的，可以认定为默示。不作为的默示只有在法律有规定或者当事人双方有约定的情况下，才可以视为意思表示。"《中华人民共和国民法通则》于 2021 年 1 月 1 日起废止，同时《中华人民共和国民法典》施行。

立的默示许可。① 事实中形成的默示许可是指作品在传播过程中自发产生的一种解决之道,体现为行业惯例、技术模式等。② 例如搜索引擎领域的机器人排除协议即是事实中形成的默示许可规则。谷歌搜索引擎使用自动程序在互联网上爬取、查找网页,并将网页编入搜索索引。在此过程中,谷歌会缓存、复制网页的副本。在 Field v. Google 案中,法官认为网站所有者可以使用元标记来排除搜索引擎的搜索是互联网业内众所周知的行业标准,原告 Field 也承认知晓这一设置,但其仍未在网站上置入非存档元标记,这表示其允许谷歌缓存、复制其网站页面,这种明知作品将被使用却仍然保持沉默的行为构成谷歌取得默示许可使用的正当性基础。③ 而法定确立的默示许可,是指基于公共利益政策的考量,通过法律固定下来的制度安排。例如我国《信息网络传播权保护条例》第九条④规定的通过网络向农村地区公众提供作品的默示许可制度,此处的公共利益为农村居民对脱贫知识和基本文化知识的获取利益。默示许可制度与公共领域的契合体现在其对公共利益的追求,除了法定确立的默示许可情形应首要考量依据为社会公益外,事实中形成的默示许可也受到了社会公益的驱动,默示许可制度限制了权利人的"主动权",进而影响了权利人独占许可、议价能力等利益,目的是提高授权效率、降低授权成本,让社会公众在网络传播环境下能够更便捷地获得作品。⑤ 事实中形成的默示许可情形推定双方当事人存在合

① 马德帅、刘强:《网络著作权默示许可研究》,《中国出版》,2015 年 9 月上,第 30 页。

② 张今、陈倩婷:《论著作权默示许可使用的立法实践》,《法学杂志》,2012 年第 2 期,第 76 页。

③ 参见:Blake A. Field v. Google, Inc., 412 F. Supp. 2d 1106(D. Nev. 2006).

④ 《信息网络传播权保护条例》第九条规定:"为扶助贫困,通过信息网络向农村地区的公众免费提供中国公民、法人或者其他组织已经发表的种植养殖、防病治病、防灾减灾等与扶助贫困有关的作品和适应基本文化需求的作品,网络服务提供者应当在提供前公告拟提供的作品及其作者、拟支付报酬的标准。自公告之日起 30 日内,著作权人不同意提供的,网络服务提供者不得提供其作品;自公告之日起满 30 日,著作权人没有异议的,网络服务提供者可以提供其作品,并按照公告的标准向著作权人支付报酬。网络服务提供者提供著作权人的作品后,著作权人不同意提供的,网络服务提供者应当立即删除著作权人的作品,并按照公告的标准向著作权人支付提供作品期间的报酬。依照前款规定提供作品的,不得直接或者间接获得经济利益。"

⑤ 王国柱:《著作权"选择退出"默示许可的制度解析与立法构造》,《当代法学》,2015 年第 3 期,第 112 页。

意,①法定默示许可是法律规定在特定的情形下,如果权利人未声明不得使用,即视为许可他人使用。② 在版权公共领域制度视域下,本书重点讨论的是法定默示许可制度。③

在《信息网络传播权保护条例》第九条的规定中,构成该默示许可的要件是:(1)权利人"明知使用"。使用者需公告拟使用作品、拟支付报酬的标准等信息,目的是告知权利人使用情况。(2)权利人"保持沉默",即著作权人没有选择退出这一机制。法定默示许可制度中,法律赋予权利人在知晓其作品被使用后有选择退出的权利,若权利人保持沉默,则许可达成,著作权人享有获得报酬的请求权。法定的默示许可制度具有法定性和适用的特定性两个特征。

默示许可必须是"法定"的原因在于:首先,法定具有较强的约束力。著作权"具有某种超越私人本位的社会公共政策属性",④版权默示许可是对意思自治原则的修正,免除了作品使用者与著作权人进行协商的义务,将著作权人原本可以积极主动行使的权利限缩为"声明拒绝"这一被动形态。这一权利义务上的倾斜并不是为了效率,而是基于激励创新、促进文化等社会公益因素的考量,⑤因此立法者将这些默示许可使用情形确立为法律制度、赋予其较强的法律约束力。虽然谷歌公司推出的"选择退出"模式本身具有合理性,但由于欠缺法定的强制力,在发生侵权争议时也欠缺直接的抗辩依据。其次,法定能够保障权利人的知情权。默示许可发挥功能的前提是权利人知悉作品将被使用,而通过法律规定默示许可适用的具体情形是"通知"权利人最直接、成本最低的渠道,再结合大数据、互联网平台等技术手段公示,可及时、有效地通知权利人作品被默示使用的情况,保障权利人的知情权。

---

① 孙昕:《图书馆使用数字版权的默示许可制度建构分析》,《图书馆工作与研究》,2016 年第 5 期,第 63-64 页。
② 王国柱:《著作权"选择退出"默示许可的制度解析与立法构造》,《当代法学》,2015 年第 3 期,第 107 页。
③ 下文出现的"默示许可"特指"法定默示许可制度"。
④ 吴汉东:《知识产权的多元属性及研究范式》,《中国社会科学》,2011 年第 5 期,第 44 页。
⑤ 王国柱:《著作权"选择退出"默示许可的制度解析与立法构造》,《当代法学》,2015 年第 3 期,第 108-109 页。

默示许可的适用情形具有特定性：首先，默示许可应当成为补充性的制度选择。默示许可只能在市场规则之外发挥补充作用，因为"市场经济条件下竞争是常态，是资源配置的最优机制；管制只是在一定条件下才具有合理性，是竞争机制的补充"。① 在授权许可中，市场机制和意思自治原则发挥着基础性作用，对"先授权再使用"的专有权限制只应限定在基于公共利益的特定领域。② 其次，默示许可适用的"泛化"将导致利益关系的明显失衡。默示许可使权利人的独占许可权与议价能力都受到了限制，因此这一限制必须基于充分的理由，即为公共利益的特定情形，这一限制的广泛运用将造成对权利人的损害。③ 最后，对权利的限制应限于特殊情形是《伯尔尼公约》的要求。《伯尔尼公约》第九条第二款规定了"三步检验法"④，"应将专有权的限制或例外局限在一定特例中"。TRIPS 协议第十三条及《世界知识产权组织版权条约》第十条也有此要求。

二、游戏直播与版权默示许可的联姻

在"互联网+"时代背景下，游戏直播产业逐渐发展为游戏著作权人不可小觑的收益板块，其基本模式为主播通过互联网直播平台向公众展示操作游戏的过程。游戏直播对游戏具有强烈的依附性，虽然主播在直播过程中自配点评、音乐等，但直播的主要内容为操作电子游戏的游戏动态画面，因此游戏的版权人对游戏直播具有绝对的掌控权，如果版权人不允许直播此游戏，则相应游戏的直播产业便无法存活。不同于其他类型的直播，如美食、才艺直播中使用音

---

① 张占江：《反垄断法的地位及其政策含义》，《当代法学》2014 年第 5 期，第 111 页。
② 王国柱：《著作权"选择退出"默示许可的制度解析与立法构造》，《当代法学》，2015 年第 3 期，第 108-109 页。
③ 付继存：《网络版权授权的模式选择》，《中国出版》，2018 年第 15 期，第 46 页。
④ 《伯尔尼公约》第九条第二款规定："全体成员均应将专有权的限制或例外局限在一定特例中，该特例应不与作品的正常利用相冲突，也应不合理地损害权利持有人的合法利益。"

乐作为背景音乐、翻唱音乐的,若某首歌曲的著作权人禁止使用,主播可以更换其他音乐,不会影响直播的进行。游戏直播对游戏版权的强烈依附性,也造成游戏著作权人对游戏直播的垄断性,而游戏直播和其他直播一样,不仅是一项新兴的经济产业,还具有满足公众娱乐需求的公共利益属性,若被完全垄断,不利于其公共价值的实现,这也是笔者认为可将游戏直播纳入版权默示许可的主要原因。

(一)游戏直播蕴含的公共利益价值

首先,游戏直播蕴含公众基本的娱乐性需求。游戏所有权人代表以营利为目的的私人利益,而进行游戏直播的玩家却大都为不以营利为目的、带有公益色彩的个人使用行为。在游戏直播行业,除了部分签约主播(玩家)会获得高额的薪酬回报外,大部分注册主播主要是为了获得分享游戏经验的趣味性与成就感,追求的是自我展现和社交性表达。玩家向其他用户展示其游戏技巧的同时,观众也从观看、学习该玩家的经验或对其技巧战绩的评价中获得娱乐感。直播受众不是为了单纯欣赏游戏动态画面本身的美感,基本的娱乐需求是类似评论、研究、教育等对作品的需求,因此大部分游戏直播的行为都应纳入公益范围进行考量。若游戏所有权人不予授权使用,则损害的是公众的娱乐需求。因此,为协调公益与私益的冲突,强调游戏著作权人专有权的同时应保障大众基于特定目的获得作品的需求,通过构建对游戏直播使用的默示许可防止权利人垄断。

其次,共享经济对社会经济的推动作用。在互联网传播条件下,权利人为了阻止其他用户使用其信息产品投入的成本也十分高昂。显然,传统的授权许可机制在互联网环境下更多时候呈现为一种无效率或低效率的制度选择。[①] 相比之下,默示许可是使用人经合理的公示催告后,著作权人未明确表示拒绝,就推定同意的使用方式。对使用人而言,大幅降低了沟通成本,提高了使用效率。

---

① 宁立志:《知识产权权利限制的法经济学分析》,《法学杂志》,2011 年第 12 期,第 38 页。

对于权利人而言,信息产品通过默示许可分享,不但有利于减少信息的搜寻和监督执行成本,而且互联网环境下的规模使用会大幅提高总收益。互联网高效、广泛的传播特性创造出很多传统时代所没有的正面外溢效应,例如分享经济。[①]

(二)游戏直播在国内外的使用模式述评

1. 权利人的授权要约模式

授权要约模式是指,版权人在作品中作出版权声明,以要约方式规定使用者使用其作品的条件,使用者只要愿意接受其条件,即可自动达成与版权人的授权合同关系。如美国《火人》游戏的网站上贴出"声明":玩家在遵守开发商的一系列规则的前提下,可以进行直播和制作商业化视频。授权要约模式与"玩家协议"等格式合同相似,游戏著作权人利用地位和技术优势通过"点击许可"或"拆封许可"等形式要求玩家(主播)接受。无论是授权要约模式中的"声明"还是"玩家协议"格式合同都包含着大量不平等条款,例如《火人》游戏的"声明"中包括当游戏主播表达对此游戏的不满时,开发商可以直接依据此"声明"要求其删除已录制的实况直播;《腾讯游戏许可及服务协议》完全禁止玩家进行任何形式的复制行为。[②] 授权要约模式和版权方提供的格式合同都保持着游戏开发商的绝对主导权,开发商可能滥用其专有权,漠视游戏直播对公众的公益价值。例如大众只能在游戏开发商自己的平台上直播,或只能发表有利于开发商的直播内容,或开发商基于商业利益封杀主播,直播授权条款的不稳定性会打击主播的创作积极性。美国游戏主播也在寻求"中间措施",使版权制度

---

① 分享经济的概念最早由美国德克萨斯州立大学社会学教授马科斯·费尔逊等人提出,是指将社会上海量、分散和闲置的资源,按供需匹配规则平台化、协同化地聚集与利用,从而实现经济与社会价值爆发的新形态。参见[美]布莱恩·克雷默:《分享时代:如何缔造影响力》,浮木译社译,北京:中信出版集团,2016 年版,第 15 页。

② 《腾讯游戏许可及服务协议》规定:用户在使用腾讯游戏服务过程中不得未经腾讯许可以任何方式录制、直播或向他人传播腾讯游戏内容,包括但不限于不得利用任何第三方软件进行网络直播、传播等。

不被版权方滥用,玩家和媒体自由表达看法的话语权不被版权保护制度所控制。

2.集中授权平台的授权机制

有学者提出,随着技术的进步和商业模式创新,批量与规模授权的困境可以通过技术解决,如建立集中授权平台。YouTube 作为世界领先的网络服务平台,也是版权方与使用者之间授权许可的"桥梁",具体做法如下:首先,YouTube 与很多音乐出版商、电影公司等拥有大量作品的权利人达成使用协议。其次,根据协议达成的内容,YouTube 做成内容认证系统,对用户使用的作品片段、播放次数、广告收益等进行跟踪和统计。再次,平台根据协议和使用数据,与著作权人、用户分享平台产生的收益。平台用户使用他人作品进行创作时,也只需要参加 YouTube 提供的点击协议即可,用户可使用 YouTube 购买的作品素材,其 Content ID 系统也会自动识别用户使用素材的权属情况。当用户上传到 YouTube 上的作品涉及使用他人的素材,且这些素材被其他版权所有者声明了版权,就会自动触发 Content ID,Content ID 自动匹配,YouTube 会按照版权方的声明屏蔽或删除涉案视频。对于此情形,用户如果对素材有合法来源,可以提起异议。平台作为集中授权的平台,对于使用者确实起到了提高使用效率的功效,但前提是平台仍需一一取得每个著作权人的许可。美国的著作权集体管理组织较为完善,平台往往只需和集体管理组织接洽便能取得大部分作品的著作权供用户使用,且平台通过技术能够清晰标识集体管理组织拥有及转授权的权利类型与期限,准确地统计使用数据用于向版权方付酬;而我国的集体管理组织代理的权限较少,且管理存在疏漏,难以代表权利人将用户需要的权限转授权给直播平台。

3.游戏直播的合理使用

游戏直播的合理使用在我国司法实践中已被完全否定。广州网易公司与广州华多公司侵害著作权及不正当竞争纠纷案被称为全球首例网络游戏直播侵权案,于 2019 年终审落槌。在诉讼过程中,直播平台华多公司上诉主张,我国司法实践中认定合理使用并不限于著作权法规定的十二种情形,大部分游戏主播主要追求的是自我展现和社交性表达,游戏直播展示的作品元素有限,不会导致对游戏的直接替代,相反还极大地促进游戏行业发展,应认定游戏直播属于合理使用。法院最终认定,参照"三步检验标准"和"四步检验法",被诉游戏直播属于商业营利目的,使用涉案游戏属于独创性表达,使用比例超出合理限度,对涉案游戏著作权人自己开展游戏直播或者发放游戏直播许可的潜在市场产生不利影响,不能认定为合理使用行为。① 法院最终得出游戏著作权人基于对游戏连续动态画面享有的著作权应在游戏直播中享有利益,网络传播技术进步带来的红利,被传播作品的著作权人应当享有相应份额,而不应当采用合理使用的免费使用模式的结论。法院也提到,虽然本案中不能否定游戏著作权人网易公司在涉案游戏直播市场中主张权利、分配利益的诉求,但考虑到科技、经济、文化发展与立法滞后性之间的矛盾,以及游戏直播平台、游戏主播对于新兴产业的价值贡献等因素,若将新兴产业的全部市场收益都归于游戏著作权人独自享有,亦可能导致利益失衡。② 游戏直播带来的产业红利应该由主播、直播平台与游戏版权方共同享有,直播平台与游戏版权方寻求的是经济利益,而广大主播需要的是使用的权利。

(三)游戏直播与版权默示许可制度的契合

上文讨论了权利人授权要约模式的弊端,集中授权平台授权机制在我国的适应性难题以及合理使用、免费使用的不正当性,下文笔者将讨论游戏直播使用与版权默示许可制度的契合之处。

首先,互联网环境需要高效的授权方式。对版权利用传统的事前许可方式开始不适应网络时代的一些许可情形,试设想如果成千上万的网络用户访问海量网络资源都需要网页权利人的事前许可,则需要海量的许可协议来保证网络

---

① 参见:广东省高级人民法院(2018)粤民终 137 号民事判决书。
② 参见:广东省高级人民法院(2018)粤民终 137 号民事判决书。

功能的正常运行,这是难以操作的,也不符合效率规则。①　交易成本是著作权制度设计需考虑的核心问题,②版权交易成本包括信息搜寻成本、谈判签约成本和监督执行成本等,③授权许可往往因缺乏有效的授权机制和信息沟通渠道而导致成本高昂、流程漫长。④　游戏直播也是如此,互联网具有更迭快速的特征,如果每一个想要直播的主播都一一去寻求游戏著作权人的许可,不仅版权方的谈判成本高昂,而且主播的使用效率也会降低,最终可能少数主播经过漫长的合同签订周期获得授权许可开始使用,而这款游戏的直播热潮也已经过去。

其次,默示许可制度能够平衡各方利益。第一,默示许可制度保障了权利人的获得报酬权,而且保留了权利人随时退出的权利。除了免费使用的合理使用制度、完全由权利人自己决定权限的开放许可制度,不经许可只付费的著作权限制制度包括法定许可制度、强制许可制度、默示许可制度,其中默示许可制度对于游戏直播使用具有比较优势。法定许可和强制许可权利限制制度,版权人只有报酬请求权,而失去了对作品的控制权,其设立情形通常是为了与产业无关的、较高位阶的社会公共利益目的。而在默示许可制度中,版权人仍然享有对作品的控制权和获得报酬权,因此更适合于与大众传播相关的商业领域。⑤默示许可制度为权利人保留了退出权,其对版权的限制程度小于现有的法定许可和强制许可制度,更能够平衡多方利益。以降低交易成本、分享经济红利为宗旨的默示许可制度,更能够契合保护与利用的双轨制结构,实现原始性利益、派生性利益和公共利益的均衡保护。⑥　第二,默示许可的"禁止反言原则"能够

① 梁志文:《版权法上的"选择退出"制度及其合法性问题》,《法学》,2010年第6期,第86页。
② 保罗·戈斯汀:《著作权之道:从谷登堡到数字点播机》,金海军译,北京:北京大学出版社,2008年版,第199-207页。
③ 宋伟、孙文成、王金金:《数字出版时代混合授权模式的构建》,《电子知识产权》2016年第3期,第63页。
④ 张今:《数字环境下恢复著作权利益平衡的基本思路》,《科技与法律》,2004年第4期,第52-58页。
⑤ 宋伟、孙文成、王金金:《数字出版时代混合授权模式的构建》,《电子知识产权》2016年第3期,第67页。
⑥ 秦俭:《游戏动态画面的著作权保护之道及其利用机制探讨》,《网络法律评论》,2019年5月,第31页。

更好地保护使用者。我国《信息网络传播权保护条例》第九条蕴含了"禁止反言原则"[1],即默示许可使用后权利人不能再追溯侵权,只能要求使用人删除作品。对游戏开发者而言,玩家的游戏直播有利有弊,权利人可以选择拒绝,但是不能"秋后收庄稼"式地维权。当公告期内权利人未拒绝使用,那么主播在公告期后的游戏直播行为就符合默示许可的要件,权利人不能就已经发生的直播行为追究侵权责任。如果游戏开发者之后想退出默示许可,需明示拒绝。[2]

最后,在游戏直播领域,可以构建一个以默示许可制度为主,以平台管理为辅的混合授权模式。直播平台可在权利人和主播(玩家)之间发挥信息沟通的"桥梁"作用:平台可在网页界面、手机端界面显眼的位置公告要直播使用的游戏作品名单,便于版权方知悉与主播使用,使得权利人与作品使用者之间实现信息对称;权利人"退出权"的行使同样要依靠平台,"退出权"的行使方式应当尽量减少权利人的负担,即权利人只需要通知平台,平台再通过内部系统与公告的方式及时通知用户。平台还可保障权利人获得报酬权的实现,应由直播平台作为使用者代表先统一向版权方支付许可费。无论是"合约直播"模式还是"视频上传"模式,直播平台的行为都实质构成使用行为,而且,直播平台依靠游戏直播获得大量赞助、活动承揽、品牌回报、广告收益、会员订阅等巨额商业利益,无疑是游戏直播的最大受益者,因此应由直播平台代表主播统一向著作权人取得游戏画面的使用权。当然,直播平台在支付许可费后,可通过"平台协议"等与主播以服务费形式划分权利和义务。可见,默示许可制度在平台管理的辅助下,能够省去平台上数以万计的主播的重复劳动,进一步提高默示许可使用的效率,且能更好地保障权利人获得报酬权、退出权的实现。

---

[1] 我国《信息网络传播权保护条例》第九条规定:"网络服务提供者提供著作权人的作品后,著作权人不同意提供的,网络服务提供者应当立即删除著作权人的作品,并按照公告的标准向著作权人支付提供作品期间的报酬。"

[2] 许辉猛:《玩家游戏直播著作权侵权责任认定及保护途径》,《河南财经政法大学学报》,2017 年第 4 期,第 30 页。

三、互联网环境下版权默示许可制度的重塑

（一）我国现有版权默示许可相关制度的反思

首先,我国现行法律法规没能很好地区分合理使用、法定许可和默示许可,将三种制度杂糅在一起,使相关合理使用与法定许可条款收不到应有的立法效果。我国《著作权法》第二十四条规定的合理使用情形中第（四）项和第（五）项①的规定中都留有"但作者声明不许刊登、播放的除外"的"但书",这种带有"但书"的合理使用实际上规定了合理使用的例外,制度设计上属于典型的"选择退出"规则。另外,我国《著作权法》第二十五条、第三十五条第二款、第四十二条第二款规定的法定许可情形②也分别规定了"除作者事先声明不许使用的外""除著作权人声明不得转载、摘编的外""著作权人声明不许使用的不得使用"三项"但书",这三种附加"但书"的法定许可也属于典型的"选择退出"规则。我国在设立合理使用、法定许可制度时为了兼顾著作权人的利益,允许著作权人通过"声明不许使用"来排除适用,这种对合理使用、法定许可进行改造的做法,实则背离了合理使用、法定许可制度的立法目的,将使相应条款从根本上失去作用。③ 2020 年颁布的《著作权法》修正案意识到了此问题,修订④值得肯定。

---

① 《中华人民共和国著作权法》第二十四条第（四）项是关于报纸、期刊、广播电台、电视台等媒体刊登或者播放其他媒体已经发表的时事性文章的合理使用;《著作权法》第 24 条第（五）项是关于报纸、期刊、广播电台、电视台等媒体刊登或者播放在公众集会上发表的讲话的合理使用。

② 《中华人民共和国著作权法》第二十五条是关于编写出版教科书法定许可的规定,第三十五条第二款是关于报刊转载法定许可的规定,第四十二条第二款是关于制作录音制品法定许可的规定。

③ 王迁:《论"制作录音制品法定许可"及在我国〈著作权法〉中的重构》,载《东方法学》2011 年第 6 期,第 56 页。

④ 《中华人民共和国著作权法》第二十五条第一款规定:"为实施义务教育和国家教育规划而编写出版教科书,可以不经著作权人许可,在教科书中汇编已经发表的作品片段或者短小的文字作品、音乐作品或者单幅的美术作品、摄影作品、图形作品,但应当按照规定向著作权人支付报酬,指明作者姓名或者名称、作品名称,并且不得侵犯著作权人依照本法享有的其他权利。"此条没有规定"除作者事先声明不许使用的外"的"但书"。

第二,我国《信息网络传播权保护条例》第九条规定"不得直接或者间接获得经济利益"不代表默示许可制度不能用于商业使用。我国《信息网络传播权保护条例》第九条是我国著作权法对默示许可制度的首次确认,该条规定了默示许可的一种特定情形,即特定群体(农村地区公众)以特定目的(扶贫目的)对特定类型作品(种植养殖、防病治病、防灾减灾等作品)的默示许可。在此特定情形中虽然使用"不得直接或者间接获得经济利益",但扶助贫困默示许可情形的非营利性不代表默示许可只能用于非营利性目的,不能用于商业性质的使用情形。因为著作权默示许可来源于传统民法中的默示行为理论以及合同法中对默示条款的适用规则,在法律有特殊规定的情况下意思表示可以由默示方式作出,默示许可使用本质上建立了一种特殊的合同关系。既然是合同,使用主体当然不能排除商业机构。而且"选择退出"默示许可本是商业模式的法律表达,是商业主体在互联网传播条件下针对信息共享需求与版权专有之间矛盾自发形成的一种解决之道。①综上,版权默示许可相比于其他权利限制制度,更适用于与公共利益相关的商业领域。

(二)游戏直播版权默示许可制度的建立

1. 适用情形

我国《信息网络传播权保护条例》第九条确立了扶助贫困的互联网默示许可情形,笔者认为在我国立法中可添加游戏直播默示许可制度。从国外的制度经验中,可知默示许可机制生发于互联网产业,比如谷歌搜索、谷歌图书馆、YouTube 平台都是能够制造巨大产业红利的商业公司。当然,这些应用也带有很强的公共利益属性,这也是版权默示许可归属于权能公共领域的重要原因。谷歌搜索应用默示许可制度能为公众带来更加便捷的搜索引擎工具;谷歌图书馆应用默示许可制度能将图书电子化,能够更好地保存书籍;YouTube 除了作为商业公司的标签,还是全世界大众必不可少的娱乐和社交平台,平台用户应用

---

① 张今、陈倩婷:《论著作权默示许可使用的立法实践》,《法学杂志》,2012 年第 2 期,第 76 页。

默示许可制度可以制作有趣的视频与朋友分享,这也是互联网时代不可或缺的社交方式。在引入立法问题上,国外判例法国家通过判例赋予默示许可具体情形以法律效力,我国作为传统的成文法国家,应通过立法明确默示许可制度的适用范围。产业发展需要明确的法律指引,使用者也需要立法为其使用提供侵权抗辩依据,因此笔者认为我国在新一轮著作权法修订时可考虑将游戏直播的默示许可这一具体情形纳入法律之中。

2. 适用程序

上文已经论述了游戏直播适用默示许可制度的必要性与合理性,以下部分笔者将建构游戏直播默示许可制度的具体条款,并梳理版权默示许可制度的适用流程与注意事项。按照我国《信息网络传播权保护条例》第九条的规定,我国版权默示许可制度的适用流程包括公示催告程序、权利人明知而未申明拒绝、付酬机制、退出机制四个步骤。① 需要注意的是,默示许可理论上不需要事先公告程序,只要作者未申明拒绝即可推定作者认可了他人的使用,但"权利人没有明确拒绝即视为同意"的前提是权利人知悉作品将被使用,"知悉"在理论建构上并不困难,在实践操作中却并非易事,保留公告程序是为了以简单、直接的方式确保权利人知悉其作品被使用。另外,付酬机制是权利人获得报酬权的保障,我国《信息网络传播权保护条例》第九条规定报酬标准由使用者拟制,并发布于公告中,权利人只需作出是否同意的决定。有学者提出,默示许可的付酬标准为市场定价,且应当建立在充分调研和协商的基础上,并根据情势的变化及时调整。② 笔者认为,当使用者的拟制价格不符合权利人心理预期时,权利人可与使用者协商确定使用标准,并设置事后申诉的仲裁程序,给予权利人公告

---

① 公示催告程序为:使用者在使用前公告拟使用的作品及其作者、拟支付报酬的标准,公告期为30天;权利人明知而未申明拒绝,即自公告之日起30日内,著作权人不同意提供的,使用者不得提供其作品,自公告之日起满30日,著作权人没有提出异议的,使用者可以使用其作品。付酬机制为:权利人明知而未申明拒绝的,使用者按照公告的标准向著作权人支付报酬。退出机制为:给予权利人随时拒绝使用的权利。

② 王国柱:《著作权"选择退出"默示许可的制度解析与立法构造》,《当代法学》,2015年第3期,第112页。

期后申诉的机会。最后,保障权利人"退出权"的有效行使。"选择退出"默示许可制度的设置不能以侵害著作权为代价,权利人声明退出的权利必须充分保障,且应采取更为简易高效的方式——"通知解除"。我国《信息网络传播权保护条例》第九条并未详细规定退出的流程,笔者认为在游戏直播默示许可中,可借助直播平台的"桥梁"作用,当权利人的"通知"①到达直播平台时就必须停止使用了。

3. 配套措施

上文已经提到了在游戏直播领域,可以构建一个以默示许可制度为主、以平台管理为辅的混合授权模式。直播平台作为使用者代表,统一履行默示许可的公告、付酬、接收通知等义务,在互联网技术的支持下,平台借助数字权利管理系统可很好地完成上述工作。有学者提出数字权利管理系统的模型应包括四个方面的子系统:内容管理系统、授权管理系统、许可收费的支付系统、盈利分配系统。② 游戏直播默示许可制度的运行需要数字权利管理系统发挥统计、控制、监督和调整的作用,其中内容管理系统负责向主播提供可使用的作品信息;授权管理系统负责记录主播对作品的使用情况;许可收费的支付系统用于收集使用者基于使用类型和数量所需支付的使用费;盈利分配系统用于按照付费标准安全、便捷地向权利人转付使用费。

随着互联网产业的兴起,法定的游戏直播默示许可制度是基于特定情形创建的权能限制制度,是为了满足公众的使用需求,同时也让权利人盈利从而达到"双赢"的效果。"默示许可"作为一种公共领域制度,其立法应当谨慎,且应按照严格的程序适用。③ 互联网环境下,应鼓励互联网产业对默示许可制度的自发实践,目前立法除了已规定的以"扶助贫困"为目的的互联网默示许可外,笔者认为可尝试将游戏直播默示许可制度入法,条款设计建议如下:

---

① 通知可以是纸质或电子形式,如电子邮件等。
② 梅术文:《网络知识产权法——制度体系与原理规范》,北京:知识产权出版社,2016 年版,第 157 页。
③ 吕炳斌:《网络时代版权制度的变革与创新》,北京:中国民主法制出版社,2012 年版,第 127 页。

第××条【默示许可】为规范游戏直播产业,通过信息网络在直播平台使用中国公民、法人或者非法人组织已经发表的游戏相关作品,使用者应当在使用前公告拟使用的作品及其作者、拟支付报酬的标准,权利人可对报酬标准提出异议。

自公告之日起30日内,著作权人不同意提供的,使用者不得使用其作品;自公告之日起满30日,著作权人没有异议的,使用者可以使用其作品,并按照公告的标准向著作权人支付报酬。

直播平台使用著作权人的作品后,著作权人不同意提供的,通知使用者删除著作权人的作品,使用者按照公告的标准向著作权人支付使用作品期间的报酬。

第五节　互联网环境下的版权开放许可制度

一、互联网环境下版权开放许可的界定

开放许可是指,基于权利人自愿,弱化甚至排除著作权的使用方式。开放许可是权利人自己做出的对权利部分或全部的限制,可以由"保留部分权利"到"放弃所有权利",目的是将权利让渡给社会公众,推动信息开放共享、促进公众协同创新。20世纪80年代,麻省理工学院的软件编程人员认为商业软件的著作权许可证极端地约束或限制了程序员得到源程序,阻碍了软件的创新和发展,为避免垄断、加强软件技术交流与合作,发起了自由软件的运动,因此产生了最早的开放式许可证模式——通用公共许可证(General Public License,GPL)。尔后在互联网协同创作大量发生的背景下,美国互联网法律的领军人物劳伦斯·莱斯格深感创新遭受到诸多来自著作权的阻力,于是将软件领域的开放许可模式延伸到其他作品,设立了知识共享组织并推出了创作共享许可证

（Creative Commons，以下简称"CC 协议"）。在学术领域也兴起了知识共享运动，作者可参与开放获取宣言①（Open Access，以下简称"OA 宣言"），通过互联网公开发布自己的科学成果，允许社会公众自由获取、复制、分发、传播或者其他合法目的的利用，但不得侵犯作者保留的权利。无论是软件的 GPL，还是其他作品的 CC 协议，抑或 OA 宣言，都可统称为开放版权许可协议，其实质都属于对权能的限制制度，是权利人自己对权能的限制。开放版权许可协议也称开放版权许可证、公共版权许可协议，也是一种新型的授权许可机制，包含了授权者与被授权者的权利义务：授权者仅保留少数几项权利或放弃全部权利后，将其作品以数字化形式存储至网络，允许社会公众免费使用、演绎；被授权者需要承担维护作品与衍生成果继续开放的义务，即被授权者不能在传播过程中损害作品的完整性或是通过收取授权费等方式阻挠他人获得作品，被授权者基于原作品创作的衍生性成果也应继续保持自由传播。②

开放许可与公共领域的契合之处，在于开放许可对公共利益目标的追求。与追求创新利润最大化的授权模式不同，开放许可以追求创新活动的开放性以及创新成果的广泛传播为根本目标。通过互联网联结，人们相互接触、获取和共享知识资源，并让共享的知识不断更新与繁殖。互联网环境下的发展形成了追求知识的自由传播以及创新乐趣的利他主义价值观，知识共享活动来源于强大的内生性激励。很多时候人们创作不是为了获得产权，而纯粹是为了自我愉悦，比如好奇心驱使、追求真理、兴趣爱好、分享的快乐等。因此，人们在创作之后有很强的分享欲望。

开放许可是由传统合同发展而来的能够适应互联网信息共享需求的著作权授权许可模式，也是作品在传播过程中自发形成的一种解决之道。③ 面对网络的开放性与版权的封闭性之间的冲突，承认网络社区的"自生自发秩序"，将

---

① 包括《布达佩斯开放获取计划》《关于自然科学与人文科学资源的开放获取柏林宣言》等。

② 王宇：《开放与共享——开源创新的经济学思考》，南京：南京大学出版社，2013 年版，第 66-67 页。

③ 张今、陈倩婷：《论著作权默示许可使用的立法实践》，《法学杂志》，2012 年第 2 期，第 76 页。

实践中形成的权利人自我限制制度纳入公共领域制度体系是开放许可的内在目标使然。这种在实践中生发、改良的合同范式不必纳入法定，其能弥补法律的滞后性带来的不足。开放许可模式主要由民间组织①发起，权利人自行决定是否加入。开放版权许可协议在保留著作权人部分权限的同时，鼓励他们释出一部分权限，帮助权利人标识作品的权利状态以及赋予使用者使用的条件，倡导灵活的著作权利用模式，并提供多个权项的排列组合，②在尊重权利人意志、因循授权条件的前提下实现作品的广泛传播。这一授权模式很好地解决了互联网"自由、共享"的传播理念与版权"私有性、排他性"之间的矛盾和冲突，是互联网环境下版权限制制度的创新性方案。③

二、知识共享社区与版权开放许可的因应

维基(Wiki)平台是一种可在网络上开放多人协同创作的超文本系统，④它具有无壁垒交互、动态更新、群体参与等特点，使信息传播和知识传递更加迅速、直接。⑤ 建立在维基平台系统上的维基百科以及我国的百度百科旨在打造内容开放的知识社区，用户不仅可以浏览已有词条，还可以对已有词条进行修改补充或创建新的词条。维基百科将内容授权转向开源的 GNU 自由文件许可协议(FDL)，并借助维基的页面技术让用户可以更加方便地在网页浏览器上直接修改条目内容，自由且开放性编辑的特性吸引了大量用户。尽管维基百科中词条内容的准确性与可靠性存在一些争议，但是不可否认的是，相较于依靠精

---

① 例如 GNU 自由文件许可协议(Free Documentation License)是由自由软件基金会创建的，知识共享许可协议(Creative Commons)是由知识共享组织提出的，等等。民间组织包括科学家、科学研究机构、出版社、大学图书馆等。

② CC 协议首次指定了四个基本选项"署名、非商业使用、禁止演绎、相同方式分享"，后将这 4 种基本条款任意组合产生了数十种组合授权条款。2007 年，CC 组织又发布了 CC0 和 CC+，作为 CC 许可协议的补充。

③ 赵为学、尤杰、郑涵：《数字传媒时代欧美版权体系重构》，上海：上海交通大学出版社，2016 年版，第363 页。

④ Bo Leuf and Ward Cunningham. The Wikiway. London：Addison-Wesley Professional，2001，p. 2.

⑤ 张喜来：《对国内 Wiki 发展的多元思考》，东北师范大学硕士论文，2006 年 5 月，第 2 页。

英学者和研究专家来编写的传统百科全书,通过互联网依靠普通民众来编写的维基百科在词条质量上并不逊色,并且比传统印刷的百科全书能够收录更多的主题与内容。① 百度百科也采用开放许可模式进行站点著作权管理,用户浏览、修改、创建词条需遵守开放版权许可协议。另外,还存在学术维基平台。

知识共享社区与版权开放许可的结合有以下积极意义:首先,对知识创新具有促进作用。开放版权许可协议的目的在于鼓励人们利用网络技术带来的便利积极创作,鼓励作者间的广泛交流和协作,推动学术发展与知识创新。其次,充实公共领域可用资源。开放版权许可协议虽然不是直接将作品释放在公共领域,但它利于他人自由使用和演绎,并鼓励其他作者继续将作品公开。此外,开放式授权协议约束使用者的行为,使其并不能将演绎作品据为己有、退出公共领域,能够保证公共领域资源的延续性。② 再次,优化知识生产方式。工业时代的创新流程主要采用的是"精英"模式,通过具有较高创新能力的高素质人才形成一个规模较小的创新团体来承担创新任务。但"精英"创作模式,创作人数较少,生产效率较低。互联网时代知识共享社区为网民提供了分享与获取知识的途径,开放版权许可协议允许使用者对作品进行演绎和再传播,一种全新的知识生产方式——社群创新模式诞生了,即基于个人兴趣规模合作的知识生产方式。社群创新模式下,参与创新者并不存在任何门槛,从专业能力很高的开发者到普通用户都可以积极参与到创新活动中来,提高了生产效率。③

三、互联网环境下版权开放许可制度的创设

(一)国内互联网版权开放许可的制度反思

2006 年 3 月,创作共享中国大陆项目组正式发布了简体中文 2.5 版创作共

---

① 王宇:《开放与共享——开源创新的经济学思考》,南京:南京大学出版社,2013 年版,第 28 页。

② 雷雪:《面向知识创新的学术 Wiki 平台研究》,武汉大学博士论文,2009 年 4 月,132-133 页。

③ 王宇:《开放与共享——开源创新的经济学思考》,南京:南京大学出版社,2013 年版,第 17-18 页。

享许可协议,该版本包括署名、署名—非商业使用、署名—禁止演绎、署名—相同方式分享、署名—非商业使用—禁止演绎、署名—非商业使用—相同方式分享六种模式。[①] 在实践中,国内百度百科、知乎等知识共享社区大多倡导和利用开放版权许可协议以规范用户贡献作品的版权保护及保持良好的创作互动,已取得良好的运行效果。开放许可是一种私立的自治规则。若被授权者违反了协议的约定,协议中惩罚条款的执行会借助互联网的扩散性让某个参与者的违规行为立刻被社区所有成员知道,违规者因此会受到其他参与者的谴责与孤立。在这样的监督与惩罚机制之下,违规行为能够及时被制止。虽然开放版权许可协议在参与者之间形成了相对稳定、有效的信任与控制机制,但协议效力是否受法律保护以及与其他制度的兼容性问题还有待澄清。

(二)我国互联网版权开放许可的问题澄清

1. 效力问题

开放版权许可协议法律文本一直是本着在法院具有强制效力的意图而设计的,开放版权许可协议本质是一种契约式的授权,因此基于意思自治,我国应承认其具有法律效力。当开放版权许可协议的效力发生矛盾时,依具体情况具体解决:(1)授权者既使用开放许可授予非独占性权利,又通过传统授权方式授予独占性许可,使权利关系发生矛盾,合同的最终效力按照合同法重复授权的程序解决,产生损害时应追究授权者的责任。(2)授权者的权利存在瑕疵,导致后续使用者被诉侵权的情形。例如授权者的作品涉及侵权,但他仍通过开放许可授权他人使用,导致后续使用者被诉侵权。这时应考察后续使用者的主观状态:若后续使用者不知道且不应知道作品侵权,则权利人只能追究权利人责任;若后续使用者知道侵权仍继续传播,则与授权者共同承担责任,使用者在向权利人赔偿后可向授权者追偿其损失部分。(3)授权者通过不同的知识共享平台,使用多个不同程度的开放版权许可协议向不同主体授权。这时被授权者应

---

① 翟建雄:《知识共享许可协议以及司法判例介绍》,《图书馆建设》,2007 年第 6 期,第 43 页。

尊重授权者的主观意愿,并严格按照不同的协议内容执行。

2. 兼容性问题

开放许可的兼容性问题在我国主要体现为与集体管理组织之间的兼容性问题。有学者提出,在我国著作权集体管理组织和知识共享组织不能相互兼容。因为按照我国《著作权集体管理条例》第二十条①的规定,如果著作权人是某一著作权集体管理组织的成员,在其签订的著作权集体管理合同的有效期限内,他将无权再在其作品上施加开放版权许可。② 笔者认为,开放许可与我国集体管理组织的兼容性问题实质就是合同的兼容性问题。我国集体管理组织并非自动延伸管理,权利人需履行与集体管理组织签订授权协议的程序,才完成"委任托管"程序。且权利人可以只授权部分权利给集体管理组织代为管理,理论上存在集体管理组织管理部分权利,另一部分权利通过开放版权许可协议行使的情况。即使交付集体管理组织代为管理的权利与开放版权许可协议共享的权利冲突,例如上文已提到的独占与非独占的问题,其解决方法也如同动产"一物二卖"的执行方式,人民法院支持先取得权利者,③因此并不存在本质上不兼容的问题。因此基于合同法,开放许可在我国是具备实施的法律基础的,并不存在与现有制度难以兼容的根本性矛盾。

综上,开放许可协议本质是一种基于意思自治的契约式授权,因此其订立的具体内容无须通过立法规定,但对于其面临的效力与兼容性问题,有必要在

---

① 《著作权集体管理条例》第二十条规定:"权利人与著作权集体管理组织订立著作权集体管理合同后,不得在合同约定期限内自己行使或者许可他人行使合同约定的由著作权集体管理组织行使的权利。"

② 赵为学、尤杰、郑涵:《数字传媒时代欧美版权体系重构》,上海:上海交通大学出版社,2016 年版,第376 页。

③ 《最高人民法院关于审理买卖合同纠纷案件适用法律问题的解释》第六条,出卖人就同一普通动产订立多重买卖合同,在买卖合同均有效的情况下,买受人均要求实际履行合同的,应当按照以下情形分别处理:(一)先行受领交付的买受人请求确认所有权已经转移的,人民法院应予支持;(二)均未受领交付,先行支付价款的买受人请求出卖人履行交付标的物等合同义务的,人民法院应予支持;(三)均未受领交付,也未支付价款,依法成立在先合同的买受人请求出卖人履行交付标的物等合同义务的,人民法院应予支持。

学理中及时给予澄清,以便更好地开展实践。纵观国外开放许可制度的发展史,非政府组织在开放许可制度中扮演着重要的角色,我国的民间组织也应积极参与到我国开放许可制度的建设中,为互联网开放许可制度的完善贡献智识。

第六节　互联网权能公共领域中的其他制度

一、互联网环境下的人格权限制

(一)互联网环境下人格权限制的原因

人格权限制是指,基于权利人自愿,权利人的人格权是可以转让或放弃的。人格权限制是为了更好地促进知识产品的商品化,减少权利人对知识产品的控制。传统学说认为"著作人格权作为一种与著作人不可分离的权利,始终由著作人保留",这不利于互联网环境下的作品流转。首先,知识产品具有公共属性,作品的创作具有继承性,这些都决定了赋予作者永久性权利不利于作品的传承与再创作。其次,对于修改权和保护作品完整权而言,我们难以判断作品如何改动才与作者的人格保持一致,意味着只要是未经许可的修改,就极可能侵犯了原作的人格权。再次,互联网环境下,技术对作品的海量使用如数据与文本挖掘,目前还难以精确地列出使用清单,则可能侵犯权利人对作品的署名权。最后,精神权利的永久保护会对经济权利的实现产生一定的抑制作用。在著作权的转让中,即使受让人支付了对价,取得的权利也是不完整的,因为只有财产权,使用者或受让人仍难以自由地使用该作品,因为随时可能面临来自原作者对其人格权的主张。由于一些国家规定精神权利的保护期不受限制,这样即使已进入公有领域的知识产品,使用者仍然担心不受保护期限制的精神权利有朝一日会成为其使用的障碍,因此有必要对人格权施以一定限制以更好地利用作品。

（二）互联网环境下人格权限制的做法

1. 关于国外制度经验的借鉴

从版权法的发展来看，版权法存在版权（Copyright）法系和作者权（Authorship Right）法系两种不同的制度。作者权法系国家（多为大陆法系国家）将作品视为作者人格的表达，与作者不能分割，著作人格权不可转移或放弃；而版权法系国家将版权视为实用主义的产物，而不是作者中心主义的结果，因此版权法系国家仅规定了最低程度的著作人格权，以协调商业自由与作者非经济利益的保护之间的关系。①

美国作为版权体系国家，一直秉持版权是财产权的理念，认为不需要单独保护著作人格权，由于其参与的国际条约的保护要求，美国还是在其法律制度里加入了著作人格权，但其保护范围和种类与作者权体系有很大区别。在加入《伯尔尼公约》前，美国主要援引诽谤、商标法、合同法等其他民事法律制度保护著作人格权，例如援引诽谤判决纠正错误署名、援引版权归属和隐私权判决署真名、援引反向假冒支持加入合作者名字、引用合同法保护作品完整权。在加入《伯尔尼公约》后，为履行《伯尔尼公约》第六条之二的著作人格权保护义务，②不得不在其版权法案中加入著作人格权的保护条款，并制定了《1990 年视觉艺术家权利法案》（以下简称《视觉法案》）。《视觉法案》只限于视觉作品的著作人格权保护，而且在保护范围上存在限制，《视觉法案》仅保护视觉艺术作品作者的署名权和保护作品完整权。在保护期限上也存在限制，赋予著作人格权制度的权利期限仅为作者终生。《视觉法案》还列举出一系列免除责任的例外情形：因时间推移或材料的性质导致作品变化的，因保存或公开展示而导致

---

① 李琛：《著作权基本理论批判》，北京：知识产权出版社，2013 年版。

② 《伯尔尼公约》第六条之二规定："一、不受作者财产权的影响，甚至在上述财产权转让之后，作者仍保有主张对其作品的著作者身份的权利，并享有反对对上述作品进行任何歪曲或割裂或有损于作者声誉的其他损害的权利。二、根据前款给予作者的权利，在其死后至少应保留到财产权期满为止，并由向之提出保护要求的国家本国法所授权的人或机构行使。但在批准或加入本条约时其法律未包括保证作者死后保护前款承认之权利的各国，有权规定这些权利中某些权利在作者死后无效。三、为保障本条所承认的权利而采取的补救方法由向之提出保护要求的国家的法律规定。"

作品变化的,不构成侵犯保护作品完整权。总的来说,《视觉法案》只是为了履行《伯尔尼公约》义务的权宜之计,其保护标准远远低于作者权体系对于著作人格权的保护。现行美国《版权法》第106条之2规定保护"某些作者的署名权及其保护作品完整权",严格限定著作人格权保护的作者和作品范围,且在司法实践中,美国仍遵循版权是财产权的理念,援引法案中著作人格权保护规定判决的案例很少。[①]

在英国,作者是否享有著作人格权,与作品的性质有关。《英国版权法》第四章规定了四项人格权利:署名权[②]、作品完整权[③]、禁止冒名权[④]和隐私权[⑤]。但署名权、作品完整权并不适用于计算机程序、字体设计作品以及计算机生成的作品、任何以报道时事新闻为目的而创作之作品,在报纸、杂志或类似期刊、百科全书、辞典、年鉴或其他参考用途的集合作品上出版的一些作品的署名权和作品完整权也受到限制。并且,上述著作人格权受到合理使用、法定授权、期限届满的限制,如艺术作品、电影或广播偶然纳入作品,议会和司法程序使用,皇室委员会和法定调查使用等。关于人格权的保护期,《英国版权法》第86条规定,作品完整权、署名权和隐私权的保护期与财产权一样,当财产权不受保护时,其人格权也不再受保护,禁止冒名权持续至该人死亡后20年。另外,经权利人同意的使用行为、经权利人放弃的权利不构成对著作人格权之侵犯。《英国版权法》第87条规定,经权利人同意不侵权的行为受一般合同法和禁止反言原则之保护;权利人可通过签署书面法律文件的形式放弃上述著作人格权,弃权可针对某一具体作品,某一类特定作品或所有作品,也可针对现存或将来的作品。

2. 关于我国制度改革的建议

我国《著作权法》第二十四条[⑥]实际明确了作者署名权、修改权、保护作品

---

① 张娜:《论著作人格权保护在美国的演绎》,《知识产权》,2012年第4期,第85-91页。

② 参见:《英国版权法》第77-79条。

③ 参见:《英国版权法》第80-83条。

④ 参见:《英国版权法》第84条。

⑤ 参见:《英国版权法》第85条。

⑥ 《中华人民共和国著作权法》第二十四条规定对作品的合理使用"应当指明作者姓名或者名称、作品名称,也不得不合理地损害著作权人的合法权益"。

完整权等人格权利不受合理使用的限制。如此一来,著作权法对署名权的绝对保护规则无法应对如文本与数据挖掘等新技术对作品使用所带来的挑战。合理使用"也不得不合理地损害著作权人的合法权益"的规定当然也包含了合理使用不得限制作者的发表权。等于说,我国现行法没有对人格权施加任何限制。

借鉴于美国、英国等版权法系国家,我国互联网环境下人格权的限制制度可具体规定以下方面内容:(1)权项维度的人格权限制。保留在作者手中的精神权利权项愈多,愈有可能对被许可、被转让的财产权利的行使造成障碍。基于此原因,减少精神权项的设置将会大大降低障碍发生的可能性。不过,精神权项的减少将会削弱作者保持与其作品密切联系的能力,因此通过减少精神权项的方法来协调权利冲突的做法必须维持相对的平衡。参照美国《视觉法案》和《英国版权法》,其限制了人格权在某些作品类上的适用,我国在充分论证后也可对某些作品进行人格权限制。(2)权能维度的人格限制。从使用者利益的角度,作者对作品的控制程度应当是有限的,财产权利的被许可人在合理使用情形下应可以不经作者同意从事发表或者修改作品的行为。与通过权项设置来协调权利冲突的路径相比,通过限制人格权权能的路径效果更加明显,也更加直接。① (3)期限维度的人格权限制。关于人格权保护期限的限制,有学者认为,权利永久化只有利于继承人,而不利于作品流通、不利于公众接触作品、不利于激发使用者的创造力。② 因此,应使公众在一段时间后能够无偿地、自由地使用人类的精神财富,我国可参照美国《视觉法案》,将人格权限于作者终生。(4)人格权的处分问题。关于人格权能否转让与放弃的问题,笔者认为,符合诚信商业惯例制定的合同以转让或放弃著作权(包括人格权)的行为应受到保护,可避免某些作者为获得更多不合理的经济回报而通过行使著作人格权阻止权利受让人的合法利用行为。

---

① 杨红军:《版权许可制度论》,北京:知识产权出版社,2013 年版,第 104 页。
② 刘有东:《著作人格权制度研究》,西南政法大学博士论文,2010 年 5 月,第 147 页。

二、互联网环境下的首次销售原则

（一）首次销售原则在互联网环境下的适用问题

"首次销售原则"，又称"权利穷竭原则"，是指作品原件或者复制件在经版权人以销售或转让等方式首次转移所有权后，版权人就无权控制该特定原件或复制件的后续流转了。首次销售原则是对权利人发行权的限制，目的是限制权利人对版权的完全垄断，促进知识产品的流转。该原则本是对作品传统载体形式的发行权限制，在数字市场对作品无形载体的适用问题上具有较大争议。反对适用者认为，因为在传统市场，二手书对新书的销售市场影响不大，而互联网环境下，作品不再依附于物质载体，"二手"的复制品与原件没有任何差别，因此若适用首次销售原则，可能造成放任复制品传播的后果。而赞成适用者认为，计算机和互联网工作依赖于大量的复制，但每次复制都得到许可是不现实的，而且如果不允许首次销售权利穷竭，则会使版权人对于每一次复制都寻求报酬，这也是不公平的。对互联网环境下首次销售理论的适用学界争议较大，实践中只有欧盟法院的判例承认了计算机软件的网络传输适用首次销售原则。

（二）首次销售原则在互联网环境下的适用条件

欧洲在这一领域的经典判例是 2012 年的 UsedSoft v. Oracle International Corp. 案①。在该案中，Oracle 公司（甲骨文公司）起诉 UsedSoft 公司侵权。原告 Oracle 公司是一家计算机软件公司，UsedSoft 公司的主要业务是转售已合法售出的软件许可证，即出售二手软件的许可证。UsedSoft 公司从原告的客户处获取仍处于有效期的软件许可协议，并同时要求原客户后续不再使用，新的使用者可在原有效期内继续使用。Oracle 公司反对 UsedSoft 公司转售的理由在于，软件的拆封许可协议中包括禁止向第三方转让该项许可权，因此用户的转让行为是无效的，UsedSoft 公司基于无效的授权便不能继续转让。Oracle 公司还诉

---

① UsedSoft v. Oracle International Corp. [2012] ECR 10000, para. 22.

称,发行权穷竭原则不适用于数字软件销售,因为没有实体的产品。该案的关键点在于数字软件市场能否适用首次销售原则,如果适用则合同中的禁止转让条款将无效。此案中,欧盟法院认为"首次销售原则"对数字软件销售是适用的,"数字产品的权利持有人,在欧盟成员国范围内销售其产品,他就失去了对该产品特定复制件的专有权,不能阻止该特定复制件的再次销售"。欧盟法院同时指出,发行权穷竭原则只意味着数字软件的特定复制件的再发行穷竭,因此数字软件的后续购买者只能在原客户未使用完的有效期限内使用。至此,欧盟法院在一定条件的前提下有限地承认了首次销售原则在无形产品上的适用。

互联网环境下的智力成果多为无形知识产品,笔者认为,其数字二级市场应当开放,理由如下:

首先,若不适用首次销售原则,权利人可能通过合同控制转售市场。若不适用首次销售原则,则受让合同中的禁止转让条款有效,权利人对转让行为可以提起违约之诉。[1] 为了避免被诉,受让人难以开展除自己使用之外的活动。[2] 权利人控制数字作品的每一次转让,这与互联网复制共享的传播条件相违背,而且若对作品复制件的每一次转让都收取费用,这势必会抑制作品的传播,也会使版权人获得超出产品价值的额外利益。[3]

其次,适用首次销售原则,可能并不会出现所设想的后果。包括我国在内的很多国家因担心电子书、数字音乐文件或数字电影的二级市场影响到一级市场,从而暂缓了首次销售原则在数字网络环境下的应用。但正如有学者提出的,物理世界存在盗版,但从来没有以此理由消除首次销售原则,物理环境下存在的盗版行为也并不影响首次销售原则的适用。同理,数字世界的盗版也不应扼杀首次销售原则的适用;如果消费者依赖合法的二级市场购买作品,首次销

---

[1] Gary Donatello,"Killing the Secondary Market:How the Ninth Circuit Interpreted Vernor and Aftermath to Destroy the First Sale Doctrine,"Seton Hall Journal of Sports and Entertainment Law,Vol. 22,Issue 1(2012),pp. 59-92.

[2] Elizabeth McKenzie,"A Book by Any Other Name:E-Books and the First Sale Doctrine,"Chicago-Kent Journal of Intellectual Property,Vol. 12,Issue 1(2013),pp. 57-73.

[3] 陈健:《知识产权默示许可理论研究》,《暨南学报(哲学社会科学版)》,2016年第10期,第90-92页。

售原则恰恰可以减少盗版的发生。[1] 笔者认为,欧盟法院的判例对数字市场首次销售原则的适用条件进行了有益探索,如数字软件适用首次销售原则的条件为二次销售只能在软件的有效期内转让。

三、互联网环境下对拆封合同的限制

(一)互联网环境下拆封合同的弊端

"拆封合同",又称"启封许可证",是指计算机软件销售商在出售其软件产品时,经常采用的印刷在软件包装上或保存于软件内的格式合同条款,使用者必须"同意"或"接受",软件才能完成安装。拆封合同是一种标准合同或格式合同,目前拆封许可等互联网格式合同已成为计算机软件行业的行业惯例。然而,拆封合同中往往禁止使用者进行任何形式的复制,对《著作权法》所追求的权利人与使用者的平衡造成了实质性威胁,公共领域也因此受到侵蚀。互联网环境下,著作权制度面临新兴客体难以预测的挑战,开发商往往将法律规定范围之外的新"权项"作为格式合同客体的任意性规范,且权利人常常凭借在缔约过程中的优势地位,通过拆封合同条款排除使用者的使用利益,形成由权利人主导下的"私立著作权"权利配置模式。[2] 用户对产品的需求决定了用户对开发商的依赖,用户为了能够满足使用目的而别无选择,只能被动地接受所有条款。因此,当权利人利用其优势或垄断地位,对合同的权利义务做不合理的分配时,应适用著作权限制制度对合同的不正当条款进行干预。

(二)互联网环境下拆封合同的规范措施

美国 2002 年颁布的《统一计算机信息交易法》(简称 UCITA)规定了五类拆

---

① 梁志文:《变革中的版权制度研究》,北京:法律出版社,2018 年版,第 264-267 页。

② Diane Rowland and Andrew Campbell, "Supply of Software: Copyright and Contract Issues," International Journal of Law and Information Technology, Vol. 10, Issue 1, 2002, p. 23.

封合同条款可能无效的情形:(1)显失公平条款。① 在拆封合同中,用户在阅读条款后仍选择"同意"的效力应根据案件的实际情况作出公正合理的判断。(2)违反基本公共政策的条款。② (3)与各当事方已明示同意的条款相冲突的条款。③ 根据"特别规定优于一般规定"原则,合同中个别商议条款的效力较格式条款的效力优越;当二者不可能调和时,不能调和的格式条款部分应该摒弃。④ (4)未有机会审阅的条款。⑤ 用户有"预先审阅的机会",并在审阅后"表明同意"才是有效的。如果有些合同条款不易被人所察觉(例如字体过小、含义模糊等),导致用户对其明示同意是不可能的,则这些条款不具有法律效力。⑥ (5)被许可方不能保存的条款。⑦

在我国,《合同法》⑧规定的合同订立的一般原则,包括平等原则(第三条)、合同自由原则(第四条)、公平原则(第五条)、诚实信用原则(第六条)、遵纪守法原则(第七条)都可以用来认定拆封合同的有效性。《合同法》第三十九条"格式合同条款定义及使用人义务"、第四十条"格式合同条款的无效"、第四十

---

① 该法第 111 条(a)款规定:"如果法院就法律上的问题发现合同或其中的条款在订立时显失公平,那么法院可拒绝强制执行该合同,或执行该合同除显失公平条款以外的其余部分,或限制该显失公平条款的适用以避免导致显失公平的结果。"

② 该法第 105 条(b)款规定:"如果合同条款违反基本公共政策,那么,在与该条款不一致的公共政策明显优于执行权益的范围内,法院可拒绝强制执行该合同、执行该合同中不允许的条款以外的剩余部分、或限制不允许的条款的适用,以避免违反公共政策的结果。"

③ 该法第 209 条(a)(2)款规定:"在格式授权条款明显与协议授权条款冲突时,后者将能够阻止前者发生法律效力。"

④ 韩世远:《合同法总论》,北京:法律出版社,2004 年版,第 851 页。

⑤ 该法第 112 条规定,当一方或其电子代理人(1)了解某条款或记录后进行了认证;(2)明知对方或电子代理人会推定其为同意仍实施该行为;及(3)本法规定的其他情形,则认为该方已"表明同意"。而下列情况被视为享有"预先审视的机会":(1)以可以审查的方式提供给接收方或其电子代理人;(2)在先行支付的情况下,接收方享有退还权;(3)交易方在合同中商定的其他情形。如果一个拆封合同无法被审视或引起用户的预期注意,则用户对其明示同意是不可能的。

⑥ 郑成思、薛虹:《电子商务法律制度专题研讨各国电子商务立法状况》,《法学》,2000 年第 12 期,第 46 页。

⑦ 该法第 209 条(a)款规定,在被许可方对许可证表示同意后,不能提供给被许可方下列内容则影响款效力:可由被许可方保存的可即时获取的非电子形式的记录;为存档和审阅之目的,可由被许可方打印或存储的可即时获取的电子形式的记录;在被许可方无法为存档和审阅目的而打印或存储许可证的情况下,根据其记录中提出的及时的请求,提供的无附加费用的拷贝。

⑧ 《中华人民共和国合同法》于 2021 年 1 月 1 日起废止,同时《中华人民共和国民法典》施行。

一条"格式合同的解释"、第五十二条"合同无效的法定情形"、第五十三条"合同免责条款的无效"都可以用来识别拆封合同中的无效条款。另外,合同的生效要件、《中华人民共和国消费者权益保护法》以及一系列地方性法规和部门规章也可以用于认定具体案件中拆封合同的效力。虽然计算机软件等无形产品属于货物,但无形产品许可交易的独特性使其显然不能被简单等同于货物交易,因此运用传统《合同法》以及《中华人民共和国消费者权益保护法》等来认定拆封合同条款的效力问题不具有针对性,无法反映其新兴特征、保障使用者权益。① 笔者认为,应出台专门规范拆封合同等互联网格式合同的标准,如美国《统一计算机信息交易法》规定的"未有机会审阅的条款""被许可方不能保存的条款"等。

四、互联网环境下对技术措施的限制

(一)互联网环境下对技术措施限制的必要性

技术措施的保护确实有利于著作权人对作品权利的保护,但是对技术措施的过度保护则很可能会损害到社会公众的合理接触利益。技术措施的限制是指,基于合理理由对权利人设置的作品技术保护措施的限制,目的是保障使用者的合法权益。互联网环境下,在网络技术削弱著作权人对作品的控制能力的同时,权利人也开始寻求法律以外的技术手段来维护对作品的专有权。随着技术措施门槛的降低,技术措施被大量应用,但若过度使用技术措施不当,则会阻碍公众对作品的正常访问与使用,从而阻碍文化进步与社会创新。因此,当权利人滥用技术措施时,使用者基于合法权益可以规避技术措施,而不构成对专有权的侵犯。

(二)互联网环境下技术措施限制的情形

合理规避权是指在法律明确规定的情形下,使用者可以规避为作品等信息

---

① 刘颖、何天翔:《论计算机软件的大众市场许可——以美国〈统一计算机信息交易法〉为中心》,《太平洋学报》,2009 年第 4 期,第 65-66 页。

所设定的技术措施。1998 年生效的《美国数字千年版权法》(DMCA)第 1201 条在保护技术措施的同时,设定了一些保护的例外,即合理规避权的内容。①DMCA1202 条(e)款规定了广播电台、电视台等传输组织的反技术措施情形。②而且,美国国会图书馆每 3 年内会根据现实需要增加新的技术措施例外情形。③从 DMCA 限制技术措施的立法可知,限制技术措施的情形与新技术的发展密切相关。美国的立法对合理规避权行使条件的规定,具有两个方面的特点:(1)采取详细的立法描述。立法对合理规避的各种情形进行了详细的描述,其适用对象、限制权限、适用人群、规避目的都具有特定性,④维持保护技术措施与限制技术措施的平衡。(2)采取动态的立法技术。DMCA 授权美国国会图书馆周期性地评估新的规避情形,这种及时因应技术发展变化的动态立法方式,有助于矫正制度实施过程中可能出现的失衡。

我国《信息网络传播权保护条例》第十二条⑤封闭式列举了以"教学科研""盲人感知""国家机关执行公务""安全性能测试"为目的使用的合理规避权,

---

① 具体包括:(1)对非营利性图书馆、档案馆和教育机构的豁免;(2)执法、情报和其他政府活动;(3)反向工程;(4)加密研究;(5)关于未成年人的例外;(6)个人信息的保护;(7)安全测试。

② 如果版权人采取的控制接触或控制使用作品的技术措施使得广播电台、电视台等传输组织,从技术上看不可能避免侵权行为或是造成不适当的经济负担,则版权人应当在技术上可行和经济上合理的范围内,提供必要的手段以使传输组织得以实施复制。否则传输组织不因破解了技术措施而进行复制承担侵权责任。

③ 如 2015 年新增了"规避 3D 打印机给料限制技术措施例外规定",当以使用替代材料进行 3D 打印为唯一目的,不存在获取设计软件、设计文件或专有数据等其他目的时,允许 3D 打印机的拥有者规避打印机中"给料限制"技术措施。这是 3D 打印等新技术在社会生活各个领域深入渗透和广泛应用的产物,也是各方利益主体博弈的结果。

④ 规避 3D 打印机给料限制技术措施例外规定的适用情形为:"当以使用替代材料进行 3D 打印为唯一目的,不存在获取设计软件、设计文件或专有数据等其他目的时,允许 3D 打印机的拥有者规避打印机中'给料限制'的技术措施。"

⑤ 我国《信息网络传播权保护条例》第十二条规定:"属于下列情形的,可以避开技术措施,但不得向他人提供避开技术措施的技术、装置或者部件,不得侵犯权利人依法享有的其他权利:(一)为学校课堂教学或者科学研究,通过信息网络向少数教学、科研人员提供已经发表的作品、表演、录音录像制品,而该作品、表演、录音录像制品只能通过信息网络获取;(二)不以营利为目的,通过信息网络以盲人能够感知的独特方式向盲人提供已经发表的文字作品,而该作品只能通过信息网络获取;(三)国家机关依照行政、司法程序执行公务;(四)在信息网络上对计算机及其系统或者网络的安全性能进行测试。"

2020年新修正的《著作权法》第五十条在此基础上新增了一条"计算机软件反向工程研究"的合理规避情形。笔者认为,我国立法规定的反技术措施条款存在以下缺失:(1)适用情形与互联网合理使用情形存在很大部分的重合,未体现技术措施限制与技术发展的密切联系。(2)未建立动态的立法机制。目前我国立法规定的合理规避情形只有四种,而技术措施限制的需求是动态发展的,因此有必要建立相对应的动态立法机制。(3)适用主体单一。我国技术措施限制情形主要用于教育科研、公共政策或公共安全,未包含商业性使用中需要限制技术措施的情形。

第五章　互联网环境下版权责任中的公共领域

版权法上第三人责任源于《中华人民共和国侵权责任法》(简称《侵权责任法》)①,是指第三人参与了侵权行为而应被追究的责任。在互联网技术对作品的网络传播提供了传输、缓存、存储、定位等服务的情况下,技术提供方被追究第三人责任的情形也随之增多。为保护技术创新与发展,国内外为网络服务商设置了技术提供方的版权责任限制制度,但随着版权的扩张,权利人要求打破之前设定的责任边界,呈现出第三人承担侵权全部责任的态势,而且被要求承担更多的义务。在此背景下,重新厘定互联网环境下技术提供方的版权责任,明确网络服务商承担间接侵权责任的构成要件,对保障互联网企业的商业模式创新、市场利基创新和技术创新显得尤为重要。

第一节　互联网环境下版权责任公共领域的界定

根据版权公共领域"限制说",版权责任中的公共领域是指对版权责任的限制。从技术角度看,任何发生在网络环境中的"直接侵权"行为都不可能离开网络服务商的硬件设施和软件系统。以视频分享网站为例,对内容提供者而言,如果没有网络服务商为其提供的网络存储空间和平台,用户就无从上传侵权视

---

① 《中华人民共和国侵权责任法》于 2021 年 1 月 1 日起废止,同时《中华人民共和国民法典》施行。

频,用户对视频的"直接侵权"就不可能发生。因此,提供存储服务的视频分享网站为用户上传视频提供设施和服务的行为已满足了"间接侵权"在客观方面的构成条件。提供传输、缓存、接入、定位等服务的网络服务商在提供技术服务的同时也即满足了间接侵权的行为要件,即实施了帮助行为,为直接侵权行为的发生创造便利条件。① 若主观上,网络服务商再具有过错,即知道或应知用户的直接侵权行为,则网络服务商构成间接侵权。网络服务商的间接侵权责任属于第三人责任,然而由于直接侵权人难以查找或赔付能力有限,权利人往往只起诉承担连带责任的网络服务商,造成网络服务商背负巨大的赔偿压力。为了保护互联网企业提供网络服务的创新技术,国内外对于网络服务提供者的责任承担机制设定了限制制度,即只要符合一定条件,网络服务提供者不承担损害赔偿责任,或在有限范围内承担。随着技术的发展,网络服务商对内容具有更强的识别和控制能力,根据能力与义务相匹配原则,网络服务商因此负有更高的注意义务,免责的条件也因此发生改变。本书将首先介绍网络服务商责任限制规则的演变历程,并分析现今的限制规则是否合理。

一、"技术中立"抗辩原则

网络服务商的责任限制规则最早体现为"技术中立"抗辩原则。"技术中立"抗辩原则是对技术提供方的责任豁免原则,当一项技术既有可能用于侵权的功能,又具有非侵权的功能,只要其生产的主要目的不是侵权,则在用于侵权时不与直接侵权人承担共同侵权责任。此原则始于1984年美国索尼案②,由索尼制造的视频磁带录像机 Betamax 能够录制从电视广播中捕获的电视节目,最高法院认为 Betamax 录像机"能够进行大量非侵权用途",因此产品制造商不承担共同侵权责任。这一原则成为诸多技术制造商的抗辩依据,但也有学者指出,专门用于侵权的技术制造非常少甚至不可能存在,"技术中立"抗辩原则为

---

① 王迁:《视频分享网站著作权侵权问题研究》,《法商研究》,2008 年第 4 期,第 45 页。

② 参见:Sony Corp. of Am. v. Universal City Studios, Inc. , 464 U. S. 417, 104 S. Ct. 774, 78 L. Ed. 2d 574 (1984).

技术提供方等第三人帮助侵权提供了包庇制度,这一制度建立在损害著作权人利益的基础之上。① 笔者承认,"技术中立"抗辩原则较为概括的制度内涵可能会使部分具有侵权故意的技术制造商免于被追责,因为侵权故意难以查证,而具有非侵权用途易于证明,从而造成技术制造商的"野蛮生长"。但任何制度考量需结合当时的时代背景考察其合理性,版权制度本具有公共利益属性,相较于版权利益的损失,保护技术的蓬勃发展正是当时的制度制定者作出的利益取舍,在技术发展初期,扶持技术是比版权利益最大化更优的价值选择。当时,互联网传播技术等新兴技术正处于萌芽阶段,若被判定侵权承担巨额赔偿,无疑会直接扼杀新技术,因此,"技术中立"抗辩原则作为技术提供方责任限制规则的 1.0 版本具有重大的时代意义,为技术创新与商业模式创新提供了基本的生存空间。

二、"避风港"抗辩规则

网络服务商责任限制规则的 2.0 版本为"避风港"抗辩规则。"避风港"抗辩规则又称"通知—删除"规则,是指在一定条件下,网络服务商通过履行"通知—删除"程序能够减免赔偿责任的责任限制制度。"避风港"抗辩规则始于1996 年美国 Netcom 案②,在此案中法官确立了 Netcom 准则,其核心在于为网络服务商制定了一种避免帮助侵权的机制。其内涵为:如果版权人确信自己的版权内容被 Netcom 服务器不正当地上传或传播,应当向 Netcom 发出侵权通知,要求删除该内容;上传方也可对侵权通知提出答辩,如果答辩成立,Netcom 将恢复被删除内容的访问。Netcom 准则其实就是数字版权立法中"通知—删除"规则的前身。③ 网络服务商"避风港"抗辩规则于 1998 年正式被美国《数字千年版权法》(以下简称 DMCA),体现在 DMCA 第二章"对网上版权侵权责任的限

---

① 马一德:《视频分享网站著作权间接侵权的过错认定》,《现代法学》,2018 年第 1 期,第 57 页。
② 参见:Religious Technology Center v. Netcom On-line Communication Services,Inc. 转引自[美]约纳森·罗森诺:《网络法——关于因特网的法律》,张皋彤等译,北京:中国政法大学出版社,2003 年版,第 96 页。
③ 参见:《数字千年版权法》第 512 条(a)、(b)、(c)、(d)款。

制"。此章第512条首先规定了网络服务商责任限制的一般条件:(1)服务商必须制定和合理地实施一项政策,在用户多次侵权时中止用户的户头。(2)服务商必须接纳权利人自行设置的"标准技术措施",且不与其相抵触。除了上述两个一般条件的满足,网络服务商欲适用"避风港"抗辩规则还须符合不同类型服务商的具体规定。① 第512条分别规定了暂时性传输、系统缓存、信息存储、信息定位四类网络服务商的具体责任限制条件。一般情况下,暂时性传输、系统缓存网络服务提供者仅是帮助用户接入网络、传输数据或提高信息访问效率,被动地根据服务对象的指令进行操作。② 由于服务对象的"普遍性"以及传输信息的"私密性",无法要求暂时性传输、系统缓存服务提供者接触并甄别涉及的内容,其对侵权内容的识别和控制能力几乎都为零,③因此基础网络服务提供者被追究间接侵权责任的可能性很低。"通知—删除"规则主要体现在信息存储、信息定位网络服务商的责任限制条件中,DMCA第512条(c)(d)规定信息存储、信息定位网络服务商责任限制的具体条件为:(1)服务商不知道侵权材料的存在,或没有意识到侵权活动的发生;(2)如果服务商有权利与能力去控制侵权行为,该服务商没有直接从侵权行为中得到经济利益;(3)在收到声称侵权的

---

① 冯晓青:《因特网服务提供商著作权侵权责任限制研究——美国〈数字千年著作权法〉评析》,《河北法学》,2001年第6期,第126页。

② 参见:美国1998年《数字千年版权法》第二章第512条(a)(b)款。第512条(a)款"对暂时传播的限制"条件:(1)传输行为必须是由他人,而不是服务商自己发动的。(2)传输、引导、提供链接或复制行为必须是由一个自动的技术过程进行,且材料没有经过服务商的选取。(3)服务商不能决定材料的接收人。(4)任何中间形成的复制件除能被预期的接收人得到外,通常不能被其他任何人获得,而且这些复制件保存的时间不能超过合理需要的期限。(5)材料在传输过程中不能有任何内容上的改变。第512条(b)款"对系统缓存的限制"条件是这种储存通过自动的技术过程进行,目的是为将该材料提供给后续要求的用户:(1)不得改变所保存的材料的内容。(2)如果被业界普遍接受的标准数据通信文件有特别规定,服务商必须遵从关于"刷新"材料的规则,即将保存的复制件用来源地材料替换。(3)服务商不得干预将"点击"信息反馈给材料提供者的技术手段,如果该技术手段符合一定要求的话。(4)服务商必须根据材料提供者附加的访问条件(即密码保护)限制用户对材料的访问。(5)一旦服务商被告知任何未经版权所有人许可而上网的材料已在原地址被除去、阻挡,或被勒令除去或阻挡,这些材料必须立即除去或阻挡。

③ 司晓:《网络服务提供者知识产权注意义务的设定》,《法律科学(西北政法大学学报)》,2018年第1期,第80页。

适当告知后,服务商必须立即作出反应,迅速撤下或阻挡材料的访问入口。① 满足上述条件的信息存储、信息定位网络服务商可以完全免除经济赔偿。同样是以保障技术发展为目的的网络服务商责任限制规则,"避风港"抗辩规则比"技术中立"抗辩原则更加清晰地界定了责任限制的具体条件,"避风港"抗辩规则不仅使网络服务提供商知道避免侵权可以采取的预防措施,而且为网络服务提供商对用户侵权之连带责任提供了确定的抗辩理由,为全世界国家所借鉴。"避风港"抗辩规则是立法者根据当时网络服务商对内容的管理和控制能力制定的行为准则,符合当时的技术水平。

三、合理的注意义务

随着互联网技术的发展,网络服务商对内容呈现的参与度提高,对内容的管理能力与控制能力加强,网络服务商被要求对版权保护承担更多的注意义务,其责任限制规则的适用门槛也变得更加严苛。进入数字时代后,用户能够利用互联网技术上传大量受版权保护的作品,且一些作品类型如视听作品,一旦上线短时间内就能获得极高点击率,而根据传统的"通知—删除"事后纠正机制,权利人发现后通知、技术方收到通知后删除的速度远远跟不上传播的速度,从而造成权利人巨大的经济损失,因此权利人希望在网络服务商的平台上建立事前防御机制,以更好地遏制互联网传播背景下的版权侵权行为。在权利人的强烈要求下,欧盟委员会率先以立法形式限制了网络服务商的责任限制条件。欧盟委员会于 2016 年 9 月 14 日公布《欧盟数字化单一市场版权指令》(以下简

---

① 参见:美国 1998 年《数字千年版权法》第二章第 512 条(c)(d)款。第 512 条(c)"对根据用户指示在系统或网络中存储信息的限制"条件:(1)服务商不具备以下描述的对侵权行为所需要的认知水平。(2)如果服务商有权利和能力对侵权行为进行控制,它必须没有直接从侵权行为中获得经济利益。(3)在收到声称侵权的适当告知后,服务商必须迅速撤下或阻挡材料的访问入口。第 512 条(d)款"对信息搜索工具的限制"条件:(1)服务商必须不具备能够认识到材料是侵权所必需的知识水平。该认知标准与对在系统或网络中保存信息的限制所适用的标准相同。(2)如果服务商有权或有能力控制侵权行为,该服务商必须没有直接从侵权行为中得到经济利益。(3)在接到侵权声明告知书后,服务商必须迅速撤下或阻挡材料的访问入口。

称《指令》)草案,并于 2019 年 3 月 26 日在欧洲议会正式通过。该《指令》要求
网络内容分享平台对用户上传的内容采取过滤措施,第 17 条(原《指令》草案第
13 条)对网络服务商设定了三大合规义务:其一,尽最大努力取得权利人的授
权;其二,尽最大努力确保权利人已经提供权利证明的作品和内容不得在平台
上出现;其三,在收到权利人有充分证据支持的侵权通知时,迅速断开链接或删
除涉嫌侵权的作品和内容,并尽最大努力防止其今后再次上架。[1] 该《指令》较
"避风港"抗辩规则,对网络服务商新增了一般过滤义务,即网络服务商应尽最
大努力确保侵犯版权的内容不在平台上出现,否则就不能免于承担侵权责任。

其实早在《欧盟数字化单一市场版权指令》颁布之前,国内外的司法实践就
已经在不同程度上偏离了"避风港"抗辩规则。比如,2005 年美国最高法院在
Grokster 案中,就暗示服务商采取过滤措施的可能性。尽管下级法院认为,
Grokster 没有采取过滤措施,是无关的事实,因为版权法不要求主动采取措施,
但美国最高法院指出,被告没有采取过滤等措施降低用户侵权风险,对于认定
其过错有关系。[2] 在我国"百度文库案"中,法院认为对因显而易见的因素应当
知道的侵权文档,百度公司除了履行针对一般侵权文档的应急措施外,还需充
分发挥主动性履行更高的注意义务。[3] 可见,司法实践中已有法院认为网络服
务商应负比"通知—删除"更高的注意义务,认为采取过滤措施是合理选择。合
理的注意义务是否履行影响主观过错的认定,网络服务商若没有尽到合理注意
义务,则推定其对平台上发生的侵权行为具有应知的过错。

"著作权法始终要在权利人和社会公众之间合理地分配侵权预防的成本。
重大的技术进步常常会彻底改变侵权法所预设的前提,导致权利人和相关公众
在预防侵权方面的相对成本发生变化,因而是推动侵权法变革的重要力量。"[4]

---

[1] European Commission,"Questions & Answers:EU Negotiators Reach a Breakthrough to Modernise Copyright Rules",2019-02-13.

[2] Metro-Goldwyn-Mayer Studios Inc. v. Grokster,Ltd. ,545 U. S. 913(2005).

[3] 参见:北京市海淀区人民法院(2012)海民初字第 5558 号民事判决书。

[4] 崔国斌:《论网络服务商版权内容过滤义务》,《中国法学》,2017 年第 2 期,第 224 页。

"通知—删除"模式曾经是必然选择,但并不意味着它现在或将来还是合理的选择。在网络技术有了长足的进步之后,网络服务商具备了一定预防侵权能力,而且网络服务商与著作权人合作预防侵权的成本迅速下降,在网络服务商能够以合理的成本侦测和阻止侵权行为时,要求网络服务商履行新的注意义务就有了合理性。在网络版权内容过滤等技术日趋成熟之后,立法者确实有必要修正现有的"避风港"抗辩规则,新增网络服务商采取预防措施的义务,如果网络服务商能够采取此类预防措施事先屏蔽侵权行为而没有采取,则可以推定网络服务商存在过错,需承担间接侵权责任。目前,我国存在的矛盾是,法条继续维持"避风港"抗辩规则,①并规定网络服务商一般不负有对网络用户上传作品事先审查、监控的义务,②同时又容忍法院通过案例判决增加网络服务商的过滤义务等注意义务,法律与实践的不统一模糊了网络服务商责任限制规则的适用条件。而且由于立法没有明确规定网络服务商注意义务具体包括哪些内容,导致司法实践中法官对于网络服务商注意义务的认知出现明显差异。由于我国不是判例法国家,即使案例类似,其判决对其他案件也不具有强制约束力,每个案件的法官都是依据自己对"善良管理者"标准的理解,来判定网络服务商应承担的注意义务。③ 判决多样性的后果是使责任限制规则碎片化,无法给予网络服务商明确而具体的行为指引,因此我国目前需要结合技术发展的客观情况重塑责任限制规则并纳入立法,使新增的注意义务具有统一性和稳定性。

第二节　互联网环境下版权责任公共领域的新问题

注意义务是认定网络服务商"应知"侵权主观过错的重要因素,④如果将注

---

① 参见:《信息网络传播权保护条例》第二十一条至第二十三条。

② 参见:《最高人民法院关于审理侵害信息网络传播权民事纠纷案件适用法律若干问题的规定》第8条第2款。

③ 崔国斌:《网络服务商共同侵权制度之重塑》,《法学研究》,2013年第4期,第155页。

④ 张民安:《过错侵权责任制度研究》,北京:中国政法大学出版社,2002年版。

意义务设置得很高,就等于说平台上只要出现了侵权行为,就认为网络服务商违反了注意义务,这时候过错责任实际上已经成为无过错责任,与我国网络服务商仅承担过错责任的准则①不符。而如果对其注意义务设定得过低,则可能与网络服务商的控制能力与主观过错不符。② 且要求网络服务商承担更多的注意义务,在一定程度上限制了网络服务商的商业经营自由。③ 因此,应谨慎地确定网络服务商应承担的注意义务。上文已经阐述间接侵权责任一般发生在信息存储、信息定位两类网络服务中,本书以司法实践为基础,致力于上述两种网络服务商注意义务的抽象化,并基于控制能力、预防成本等因素综合分析其正当性与合理性。

一、网盘服务商的合理注意义务

网盘服务商为用户提供信息存储空间服务,也向用户提供了一种分享功能,用户可将网盘内容的分享链接发布到微信、微博等开放平台上。在优酷公司诉百度公司"百度网盘"侵犯《三生三世十里桃花》一剧信息网络传播权一案④中,法院认为:"百度公司在收到通知后未及时断开全部涉案链接,亦未及时对重复实施侵权行为的用户采取封禁等限制措施,存在一定主观过错。同时,考虑到百度网盘服务的性质、方式、引发侵权可能性的大小及其具备的信息管理能力,百度公司有能力却未采取屏蔽措施制止用户分享涉案链接,导致了相应损害后果的发生,应当承担连带责任。"本判决首次明确了网盘服务商有事前采取技术措施遏制侵权的义务,仅被动的"通知—删除"义务已非网盘服务商免责的充分条件。国家版权局于 2015 年发布了《关于规范网盘服务版权秩序的

---

① 学理上,版权共同侵权的行为人必须有主观过错,即在明知或者应知会发生直接侵权情况下,教唆、引诱或帮助直接侵权人从事侵权活动。

② 司晓:《网络服务提供者知识产权注意义务的设定》,《法律科学(西北政法大学学报)》,2018 年第 1 期,第 80 页。

③ 崔国斌:《论网络服务商版权内容过滤义务》,《中国法学》,2017 年第 2 期,第 216 页。

④ 参见:北京市海淀区人民法院(2017)京 0108 民初 15648 号民事判决书。

通知》(以下简称《通知》),其中有如下规定:"网盘服务商应当建立必要管理机制,运用有效技术措施,主动屏蔽、移除侵权作品,防止用户违法上传、存储并分享他人作品。""网盘服务商应当采取有效措施,制止用户违法上传、存储并分享下列作品:(一)根据权利人通知已经移除的作品;(二)权利人向网盘服务商发送了权利公示或者声明的作品;(三)版权行政管理部门公布的重点监管作品。""网盘服务商应当采取有效措施,制止用户违法上传、存储并分享下列未经授权的作品:(一)正在热播、热卖的作品;(二)出版、影视、音乐等专业机构出版或者制作的作品;(三)其他明显感知属于未经授权提供的作品。"①此《通知》通过政府规章的方式确认了网盘服务商具有通过技术措施主动过滤的义务。到底网盘服务商应尽到怎样的注意义务,才可避免承担间接侵权责任,本书将结合网盘服务商对上传内容的控制能力进行评述。

(一)网盘服务商不应承担版权"审查义务"

"审查义务"是指网络服务商必须采取有效措施对服务对象上传的全部内容进行逐一审查,以确保服务对象上传的内容不存在侵权可能,这无疑是对网络服务商提出了极高的要求。② 无论是国外还是国内,都规定过网络服务商不负有事先主动审查、监控的义务,如2000年《欧盟电子商务指令》第15条"成员国不得规定网络服务商负有监视其传输或存储的信息和积极发现相关侵权事实的义务",2010年北京市高级人民法院《关于审理涉及网络环境下著作权纠纷案件若干问题的指导意见(一)(试行)》第十七条"提供信息存储空间、搜索、链接、P2P(点对点)等服务的网络服务提供者对他人利用其服务传播作品、表演、录音录像制品是否侵权一般不负有事先进行主动审查、监控的义务"。③ 其中,在对《欧盟电子商务指令》的报告中特别指出不为网络服务商设置"审查义务"的原因在于"要求网络服务商监视成百万计的网站和网页不仅在实践中不

---

① 参见:《关于规范网盘服务版权秩序的通知》第二条、第五条、第六条。
② 刘鹏:《网盘存储服务商的版权义务探析》,《知识产权》,2016年第6期,第50页。
③ USC DMCA 512(c),512(c)(1)(A),512(m),512(c)(1)(B),512(i)(1)(B),512(i)(2).

可能,而且还会给网络服务商造成过重的负担和提高用户使用基本网络服务的费用"。① 从中可以得出,之前国内外不设置版权"审查义务"主要是基于控制能力不足、预防成本过高等因素的考虑,那么这一情况是否随着技术的发展有所改善? 在如今的技术条件下,为网盘服务商设置版权"审查义务"是否合理?

互联网环境下,网盘已经逐步成为公众常用的个人信息存储工具,网络服务商对用户上传内容的全面审查可能构成对用户权利的损害。一是对用户隐私造成风险。用户在网盘空间中存储的内容和 U 盘空间中一样具有私密性,用户有权拒绝他人未经许可或法定事由,窥查或干涉自己存储的内容,这是公民隐私权的基本保障。且网盘服务商与用户签订的服务协议中规定,网盘服务商不得以任何理由擅自查看用户的私人传输信息,在这种情况下,网盘服务商要求审查用户存储的信息内容、来源等可能构成违约。如果立法强制网盘服务商全面审查侵权信息,可能会使网盘服务商陷入权利人版权保护和用户隐私权保护的两难境地。② 二是会对用户使用产生威胁。③ "审查义务"要求网络服务商必须采取有效措施对服务对象上传的全部内容进行逐一审查,当网络服务商面对如此大的审查压力时,为避免因执行不力而承担责任,网络服务商会倾向于严格地进行屏蔽和移除。且海量的信息内容在非人工的处理机制下,用户以介绍、评论、说明为目的而进行的合理使用很难被机器人甄别出来进而直接被系统删除,损害用户的合理使用权益。④ 三是会增加用户的使用成本。严格的审查义务容易使网络服务商因执行不力而承担侵权赔偿责任,应用智能系统也会

---

① First Report on the application of Directive 2000/ 31/ EC of the European Parliament and of the Council of 8 June 2000 on certain legal aspects of information society services, in particular electronic commerce, in the Internal Market(Directive on electronic commerce), the Commission to the European Parliament and the Council and the European Economic and Social Committee,2003. p. 14.

② 刘家瑞:《为何历史选择了服务器标准——兼论聚合链接的归责原则》,《知识产权》,2017 年第 2 期,第 33 页。

③ Seth F. Kreimer, "Censorship by Proxy:The First Amendment, Internet Intermediaries, and the Problem of the Weakest Link", University of Pennsylvania Law Review, Vol. 155, Issue 1, November 2006, pp. 27-33.

④ 姜野:《算法的规训与规训的算法:人工智能时代算法的法律规制》,《河北法学》,2018 年 12 期,第 144 页。

产生高额成本,这些费用都可能被网络服务商计入生产经营成本,通过提高用户服务费的方式转嫁给网盘用户,增加了用户的使用成本。从控制能力上分析,网盘服务商难以及时获悉网盘用户分享的信息内容。正因为网盘服务商提供服务的性质是提供信息存储空间,其并不运营开放性的平台,用户只能以链接分享的方式传播信息内容,而因链接数据本身的特性,网盘服务商无法有效地、直观地比对侵权内容。[①] 网盘服务商对链接数据筛查的间接性与滞后性,使其难以建立有全面的事前审查机制。[②] 因此,无论是从用户权益还是控制能力的角度,要求网盘服务商承担版权审查义务以保证以用户上传内容不存在侵权是不合理的也是不现实的。综上,笔者认为司法实践中法院不应以网盘服务商未履行审查义务为由,推定其对用户的侵权行为"应知"从而让其承担侵权赔偿责任。

(二)网盘服务商应新增版权"过滤义务"

近年来,网盘是网络版权侵权的重灾区,大量盗版视频、音乐、小说等内容被上传至网盘,通过淘宝出售账号等方式非法共享侵权内容。[③] 由于直接侵权主体具有隐蔽性、侵权环节分散、证据难以搜集,权利人独自维权难度大,在此背景下,国家版权局于 2015 年 10 月出台《关于规范网盘服务版权秩序的通知》旨在通过对网盘服务商施加合理注意义务的方式,督促网盘服务商与权利人合作维权。随着技术的发展,网盘服务商对用户分享的资源具有一定的筛查和监控能力,那么与此能力相匹配的合理注意义务应是怎样的,应明确网盘服务商注意义务的内涵以防止注意义务的恣意扩张。

网盘服务商提供的网盘存储服务具有非实名、隐蔽性和去中心化特征,网盘预留的分享功能使网盘内部的信息资源可以实现公开传播,网盘的运营模式

---

① 由于网络链接是根据统一资源定位符(URL,uniform resource location),运用超文本标记语言(HTML,hyper text markup language)组成,因此链接服务商无法通过关键词过滤技术、内容比对技术等方式审查被链内容。

② 刘鹏:《网盘存储服务商的版权义务探析》,《知识产权》,2016 年第 6 期,第 50 页。

③ 刘鹏:《网盘存储服务商的版权义务探析》,《知识产权》,2016 年第 6 期,第 48 页。

客观上增加了版权被侵权的风险,其理应承担较高的注意义务。《关于规范网盘服务版权秩序的通知》中网盘服务商的注意义务包括以下几点。

首先,对明显侵权内容的过滤义务。《通知》第五条、第六条规定,网盘服务商应当采取有效措施,筛查明显属于未经授权提供的作品。除了权利人明确通知移除的版权作品,《通知》列举了明显侵权的作品类型,包括版权行政管理部门公布的重点监管作品,正在热播、热卖的作品,出版、影视、音乐等专业机构出版或者制作的作品等,笔者将从控制能力方面分析这些作品过滤义务的可行性。一是对行政管理部门公布的重点监管作品的过滤。行政管理部门会定期公布重点监管的作品名单,网盘用户在上传资源时也会给资源设定相关的文件名以使其他用户能够直观了解分享资源的内容,文件名往往为影视剧名称、缩写、谐音等,有的用户在分享资源时还对资源内容进行了详细描述与介绍,这时网盘服务商若将资源的文件名、介绍中包含的关键词与监管名单进行比对,以"关键词"过滤的方式对此类型的侵权资源进行过滤与筛查,能够取得较好的效果。二是对正在热播、热卖的作品以及出版、影视、音乐等专业机构出版或者制作的作品的过滤,这两个类型的作品往往为视听作品。不同资源类型的格式、占内存大小、长度等因素是不同的,视听作品主要为 AVI、WMV、MP4、FLV 等格式,且影视剧等视频文件的时长较长、所占网盘空间较大。网盘服务商可综合资源文件的名称、格式及时长、文件大小等因素,对这两种资源进行过滤筛查,对热门作品还可结合"关键词"过滤方式进行重点筛查。①

其次,对异常流量、账号的过滤义务。《通知》第八条规定,网盘服务商应当加强用户管理,要求用户对其账号异常登录、流量异常变化等可能涉嫌侵权的情况及时作出合理解释,对于拒绝解释或者不能给出合理解释的用户,可以暂停或者终止使用其账号。如果用户在其网盘空间中上传侵权作品,再通过出售、出租网盘账号,或通过提供定向分享链接传播给其他用户,那么购买者一定

---

① 刘鹏:《网盘存储服务商的版权义务探析》,《知识产权》,2016 年第 6 期,第 52 页。

会造成此网盘的多次登录和流量大幅增长。在这种情况下,网盘服务商应针对性地处理相关账号,能够取得较好的过滤效果。而且,账号和流量监控具有很强的实践操作性,不会过高地增加其经营成本。[①]

最后,对重复侵权内容的过滤义务。《通知》第十条规定,网盘服务商应当建立侵权用户处置机制,根据用户侵权情形,给予列入黑名单、暂停或者终止服务等处置。目前国外知名的云盘 Dropbox 就采用"文件哈希值匹配黑名单"技术来检查共享文件的哈希值是否匹配到禁止清单,如果匹配,则会阻止文件的上传或者分享。"哈希值匹配"的方法既可以防止侵权内容被传播,又不会查看用户存储的具体内容,不会侵犯用户隐私。

综上,基于控制能力的分析,网盘服务商不应承担对用户存储及分享内容的全面审查义务,但是应尽到一般过滤的注意义务,具体包括对明显侵权内容的过滤义务、对异常流量和账号的过滤义务、对重复侵权内容的过滤义务,司法实践应严格按照过滤义务的外延执行,不能恣意扩大注意义务的范围。值得注意的是,网盘服务商在履行过滤义务过程中采取的非人工技术措施应是"标准化的技术措施"[②]。根据 DMCA 第 512 条,"标准化的技术措施"需具备以下特征:经版权人和网络服务商达成一致共识后开发;经相关政府部门、行业协会认证;可以依据合理的和非歧视性的条款为任何人所获得;不会给网络服务商带来过高的成本;也不会对网络系统造成过重负担。[③] 一般过滤义务与全面审查义务的区别在于,前者只要网盘服务商履行了相应的过滤义务,则不能推定网盘服务商对用户侵权行为"应知",从而不承担间接侵权责任;而后者要求网盘服务商对用户存储内容进行全面审查,只要在其服务范围内存在侵权内容传播,就认定其"应知"且承担间接侵权责任。审查义务对网盘服务商提出了与其控制能力不匹配的过高要求,不仅难以实现,赔偿责任与审查成本还会给网盘

---

① 刘鹏:《网盘存储服务商的版权义务探析》,《知识产权》,2016 年第 6 期,第 53 页。

② 参见:DMCA 512(c),512(c)(1)(A),512(m),512(c)(1)(B),512(i)(1)(B),512(i)(2).

③ 参见:DMCA 512(c),512(c)(1)(A),512(m),512(c)(1)(B),512(i)(1)(B),512(i)(2).

服务商造成过重的经济负担,导致传播技术创新难以为继。全面审查在将来技术更加发达的阶段可能实现,但目前时机尚未成熟。

（三）网盘服务商应保持版权"通知—删除"义务

除了新增"过滤义务",网盘服务商还需保留已有的"通知—删除"义务。"通知—删除"规则作为网络信息存储和信息定位服务商对权利人最直接的"事后救济"方式,也是最简单的判定网络服务商主观状态的方法。当权利人向网络服务商发出侵权"警告",告知其提供的网络服务系统中存在侵权内容,网络服务商在收到通知后应采取相应措施,若通知内容属实则需要及时删除侵权内容、断开侵权链接,否则将承担间接侵权责任。《关于规范网盘服务版权秩序的通知》第四条也再次明确了网盘服务商的"通知—删除"义务,"网盘服务商应当在其网盘首页显著位置详细标明权利人通知、投诉的方式,及时受理权利人通知、投诉,并在接到权利人通知、投诉后 24 小时内移除相关侵权作品,删除、断开相关侵权作品链接"。"通知—删除"义务既能有效地推动权利人积极寻找和发现侵权信息,又能约束网络服务商督促其及时制止侵权行为,是权利人与网络服务商共同维权的合作路径,当然应予保留。① 综上只有当过滤义务与"通知—删除"义务未被履行时才能得出网络服务商存在"应知"过错的结论,才能排除责任限制规则的适用。

二、视频聚合平台的侵权认定标准

视频聚合平台是一种通过网络爬虫等技术手段在互联网中收集视频文件的深层链接,然后对这些链接进行整理和分类,再通过平台集中向用户提供信息的技术服务。② 视频聚合平台本质上是一种提供网络信息的定位服务,具体来说,视频聚合可以分解为以下几个步骤。首先,使用爬虫技术寻找视频源。

---

① 王迁:《视频分享网站著作权侵权问题研究》,《法商研究》,2008 年第 4 期,第 46 页。
② 刘家瑞:《为何历史选择了服务器标准——兼论聚合链接的归责原则》,《知识产权》,2017 年第 2 期,第 22 页。

应用"爬虫"技术按照一定的预置条件对网络资源进行定向搜索,并抓取相关视频的 URL 链接。[1] 其次,对链接内容的名称、简介等信息进行整理,并借助搜索引擎技术设置搜索框,用户可通过"检索框"查询视听作品的海报、年代、地区、评分等信息。再次,应用大数据技术分析节目热度,并根据用户搜索、观看等数据进行定向推荐,在视频聚合平台的首页呈现"电影推荐、热剧推荐、电影、电视剧、动漫"等栏目。最后,使用深层链接[2]技术在视频聚合平台展示被链接视频。[3] 即当用户检索视频名称,视频聚合平台会显示视频的所有来源,用户可选择其中任意一种"来源"播放,无须跳转至源网站首页。视频聚合平台链接的视频源分为三种情况:一种是版权方在互联网向用户开放使用的资源,任何人都可以在源网站上观看;另一种是版权方未完全开放,采取技术措施保护的视频资源,限部分人群观看,如缴费会员等;还有一种是第三方未经权利人许可上传的侵权视频源。当被链内容为第一种情形时,链接行为当然不侵权。因为著作权人将作品开放置于网络中,自然也默示任何服务商可通过其网页或客户端展示该作品。视频聚合平台通过爬虫寻找视频源,但爬虫工具不会对内容进行任何修改,所以二次传播也不会影响权利人的署名权、保护作品完整权、修改权等人身权。在这种情况下,若源网站在视频中前置了贴片广告,链接也会如实传播。而当被链内容为第二种情形时,视频聚合平台往往不能直接获取视频源,若视频聚合平台在未取得授权的情况下为了获取资源只能破解其技术措施,则按照著作权法对技术措施的保护性规定,[4]按特殊侵权对其加以规制。目前学界、司法界争议较大的是第三种情形,链接第三人上传的侵权视频源,视频聚合平台是否构成侵权以及侵权认定标准如何? 目前主要分为两种学说:一种为"直接侵权说",即认为视频聚合平台的传播行为为直接侵权行为;另一种为"间

---

① 张玲玲:《手机视频聚合平台服务提供者侵犯著作权问题研究——以预备合并诉讼及服务器标准的适用为视角》,《中国知识产权法学研究会 2015 年年会论文集》,2015 年 9 月,第 458-459 页。

② 深层链接,是指绕开被链接网站的首页而直接链接到其内容的链接方式。参见:黄汇、刘家会:《网络聚合平台深层链接著作权侵权责任的合理配置》,《当代法学》,2019 年 4 期,第 39 页。

③ 王迁:《论提供"深层链接"行为的法律定性及其规制》,《法学》,2016 年第 10 期,第 23 页。

④ 参见:《中华人民共和国著作权法》四十九条,《信息网络传播权保护条例》第十九条。

接侵权说",即认为视频聚合平台在有主观过错的前提下构成间接侵权。

（一）视频聚合平台构成间接侵权

"直接侵权说"的论点主要是将网络服务商视为内容提供者,并由此发展出"用户感知标准"与"实质呈现标准"。"用户感知标准"的含义是如果设链网站通过深层链接等方式能够让网络用户感知作品,就认为其实施了向公众提供作品的行为,从而可能构成对信息网络传播权的直接侵犯。"用户感知标准"的理论依据为信息网络传播权是著作权人"以有线或者无线方式向公众提供,使公众可以在其选定的时间和地点获得作品的权利"[1],因此侵害信息网络传播权的核心在于未经授权向用户提供了作品,而"提供"的方式就是让"用户感知"到了。[2] "用户感知标准"以用户识别视角来判断网络服务商是否侵权,具有主观的不确定性,不应将主观标准引入对网络服务商有没有提供信息内容这一客观事实的认定。例如用户"以为"视频来自于视频聚合平台,而实际上是因为用户忽视了真正"来源"的表示,此种情况根据"用户感知标准"认定已标示来源的视频聚合平台直接侵权有失公允。[3] "直接侵权说"所依据的另一个标准为"实质呈现标准",意指如果视频聚合平台通过深层链接等方式将他人作品作为自己网页的一部分向公众展示,则应将设链网站视为作品的提供者,而且设链网站主动寻求从该作品传播中获得实质性利益,其就应当承担直接侵权责任。[4] 反对者认为,网络经济为"眼球经济",视频聚合服务即使完全免费,也可能通过链接聚集大量人气,从而提升该公司的市场估值,网络环境下不存在不获得实质性利益的商业服务行为。[5] "实质呈现标准"根据作品展示效果判断深层链接行为的性质,相当于认为深层链接技术本身就是违法的,这一标准会扼杀深

---

[1]　参见:《中华人民共和国著作权法》第十条第一款第(十二)项。

[2]　刘银良:《信息网络传播权的侵权判定——从"用户感知标准"到"提供标准"》,《法学》,2017 年第 10 期,第 107 页。

[3]　冯刚:《涉及深度链接的侵害信息网络传播权纠纷问题研究》,《知识产权》,2016 年第 8 期,第 25 页。

[4]　崔国斌:《加框链接的著作权法规制》,《政治与法律》,2014 年第 5 期。

[5]　刘家瑞:《为何历史选择了服务器标准——兼论聚合链接的归责原则》,《知识产权》,2017 年第 2 期,第 23 页。

层链接技术的发展,损失深层链接技术带来的信息定位便利。① "直接侵权说"
将提供深层链接的视频聚合平台从服务提供者升级为内容提供者,只要侵权内
容被实质呈现、被用户感知,就认为视频聚合平台应承担直接侵权责任。但"直
接侵权说"忽视了第三方上传内容的客观事实,故意隐蔽传播行为的发生根源,
是为了要求视频聚合平台服务商承担所有的侵权赔偿责任,不顾技术发展的空
间,这是版权不合理扩张的表现。②

　　"间接侵权说"的论点来自于我国现有法规。深层链接作为一种信息定位
服务,提供此服务的视频聚合平台服务商承担的只可能是一种过错责任、间接
侵权责任。网络服务商承担过错责任的条款包括《最高人民法院关于审理侵害
信息网络传播权民事纠纷案件适用法律若干问题的规定》第六条③、第八条④。
网络服务商承担间接侵权责任的条款包括《侵权责任法》(已废止)第三十六
条⑤、《信息网络传播权保护条例》第二十三条⑥、《最高人民法院关于审理侵害
信息网络传播权民事纠纷案件适用法律若干问题的规定》第四条⑦、《北京市高

---

① 参见:北京知识产权法院(2016)京知民终字第 143 号民事判决书。
② 冯刚:《涉及深度链接的侵害信息网络传播权纠纷问题研究》,《知识产权》,2016 年第 8 期,第 26 页。
③ 《最高人民法院关于审理侵害信息网络传播权民事纠纷案件适用法律若干问题的规定》第六条规
　定:"原告有初步证据证明网络服务提供者提供了相关作品、表演、录音录像制品,但网络服务提供者
　能够证明其仅提供网络服务,且无过错的,人民法院不应认定为构成侵权。"
④ 《最高人民法院关于审理侵害信息网络传播权民事纠纷案件适用法律若干问题的规定》第八条规
　定:"人民法院应当根据网络服务提供者的过错,确定其是否承担教唆、帮助侵权责任。网络服务提
　供者的过错包括对于网络用户侵害信息网络传播权行为的明知或者应知。"
⑤ 《中华人民共和国侵权责任法》第三十六条规定:"网络服务提供者接到通知后未及时采取必要措施
　的,对损害的扩大部分与该网络用户承担连带责任";"网络服务提供者知道网络用户利用其网络服
　务侵害他人民事权益,未采取必要措施的,与该网络用户承担连带责任"。《中华人民共和国侵权责
　任法》于 2021 年 1 月 1 日起废止,同时《中华人民共和国民法典》施行。
⑥ 《信息网络传播权保护条例》第二十三条规定:"网络服务提供者为服务对象提供搜索或者链接服务,
　在接到权利人的通知书后,根据本条例规定断开与侵权的作品、表演、录音录像制品的链接的,不承担
　赔偿责任;但是,明知或者应知所链接的作品、表演、录音录像制品侵权的,应当承担共同侵权责任。"
⑦ 《最高人民法院关于审理侵害信息网络传播权民事纠纷案件适用法律若干问题的规定》第四条规
　定:"有证据证明网络服务提供者与他人以分工合作等方式共同提供作品、表演、录音录像制品,构成
　共同侵权行为的,人民法院应当判令其承担连带责任。网络服务提供者能够证明其仅提供自动接
　入、自动传输、信息存储空间、搜索、链接、文件分享技术等网络服务,主张其不构成共同侵权行为的,
　人民法院应予支持。"

级人民法院关于网络著作权纠纷案件若干问题的指导意见(一)(试行)》第三条①。从上述规定可得知,视频聚合平台在知道被链内容侵权以及接到通知却不采取必要措施这两种情况下,承担间接侵权的连带责任。支持"间接侵权说"的学者提出,"上传+传播"两个行为才构成完整的"提供"行为。传播的前提必须要有一个有效的传播源,若内容提供者未上传作品则服务提供者无法传播,或是内容提供者上传后又删除了作品,则服务提供者会中断传播,这足以说明内容上传在"提供"行为中的中心作用,因此侵权内容的上传者构成直接侵权,提供链接的传播者仅可能构成间接侵权。② 很多发达国家坚持按照"服务器标准"③,认定网络服务商对已处于网络空间的作品提供链接的行为不构成"向公众提供作品"。④ 相较于"直接侵权说"认为未经授权的深层链接一律构成侵权所带来的不良后果,"间接侵权说"考虑聚合平台网络服务商的主观过错,为仅提供技术服务的网络服务商保留免责依据,符合保障技术发展的原则。

(二)侵权认定标准的澄清

1. 视频聚合平台主观过错的认定标准

"通知—删除"规则下,网络服务商的主观过错易于判断,当权利人向服务

---

① 《北京市高级人民法院关于网络著作权纠纷案件若干问题的指导意见(一)(试行)》第三条规定:"网络服务提供者为服务对象提供自动接入、自动传输、信息存储空间、搜索、链接、P2P(点对点)等服务的,属于为服务对象传播的信息在网络上传播提供技术、设施支持的帮助行为,不构成直接的信息网络传播行为。"

② 冯刚:《涉及深度链接的侵害信息网络传播权纠纷问题研究》,《知识产权》,2016 年第 8 期,第 24 页。

③ "服务器标准"是指,网络服务提供者的行为是否构成信息网络传播行为,通常应以传播的作品、表演、录音录像制品是否由网络服务提供者上传或以其他方式置于向公众开放的网络服务器上为标准。

④ 美国联邦第九巡回上诉法院不认为谷歌对其他网站中的图片提供"加框链接"属于《美国版权法》中的"传输或传播",因为"谷歌提供的链接仅仅将用户的浏览器指引至存储并展示图片的网站,谷歌自己并没有传播对图片的展示"。澳大利亚联邦高等法院针对指向其他网站中侵权音乐作品的"深层链接"指出,对音乐的传输是在被链网站启动下载过程时开始的,并不是在设链网站中进行的,设链网站并没有将作品传输给公众。德国联邦最高法院拒绝认定对其他网站中的文章提供"深层链接"构成"向公众传播行为",并强调提供链接"既没有根据需要保存作品,也没有应他人的请求自行传输作品。是那些将作品置于网络中的人决定了作品是否持续处于向公众提供的状态"。挪威最高法院认为,链接的形式是"深层链接"还是"普通链接"无关紧要,关键在于作品是如何通过技术手段被获取的,而仅提供网址(链接)并不属于向公众提供作品。转引自王迁:《论提供"深层链接"行为的法律定性及其规制》,《法学》,2016 年第 10 期,第 35 页。

商发出符合法定要求的通知时,网络服务商即知晓了侵权内容的存在,此时其应当立即断开涉嫌侵权内容的链接,否则人民法院会要求网络服务商承担未及时删除造成的损害责任。若告知程序未实质性符合法定要求,则"侵权通知"将不能被用来衡量服务商所必需的认知水平。① 而告知义务并非权利人的强制义务,若权利人未发送通知,则需要根据网络服务商的客观行为推断其主观状态。在大多数案件中,要证明网络服务商实际知道第三方侵权很困难,因此法院通常认定服务商"应当知道"的过错。"红旗原则"明确了"应当知道"的情形,也压缩了"应当知道"的情形,即只有"侵权活动事实很明显"②时,法院才能推定网络服务商知道该侵权行为,这实际上是在表述一种比"应当知道"范围更窄的主观认知标准。发源于美国的"红旗原则"在我国立法中进一步细化,体现为我国《最高人民法院关于审理侵害信息网络传播权民事纠纷案件适用法律若干问题的规定》第九条③、第十条④和北京高级人民法院《关于视频分享著作权纠纷案件的审理指南》第 8 条⑤列举的情形。我国关于"红旗原则"的立法规范并不

---

① 参见:美国 DMCA 第 512 条和我国《信息网络传播权保护条例》第十四条。
② 在美国法上,这一标准被形象地称作"红旗原则"(red flag test)——只有用户的侵权行为像鲜艳的红旗一样在网络服务商面前前飘扬时,才能说网络服务商应当知道该侵权事实。参见崔国斌:《网络服务商共同侵权制度之重塑》,《法学研究》,2013 年第 4 期,第 141 页。
③ 《最高人民法院关于审理侵害信息网络传播权民事纠纷案件适用法律若干问题的规定》第九条规定:"人民法院应当根据网络用户侵害信息网络传播权的具体事实是否明显,综合考虑以下因素,认定网络服务提供者是否构成应知:(一)基于网络服务提供者提供服务的性质、方式及其引发侵权的可能性大小,应当具备的管理信息的能力;(二)传播的作品、表演、录音录像制品的类型、知名度及侵权信息的明显程度;(三)网络服务提供者是否主动对作品、表演、录音录像制品进行了选择、编辑、修改、推荐等;(四)网络服务提供者是否积极采取了预防侵权的合理措施;(五)网络服务提供者是否设置便捷程序接收侵权通知并及时对侵权通知作出合理的反应;(六)网络服务提供者是否针对同一网络用户的重复侵权行为采取了相应的合理措施;(七)其他相关因素。"
④ 《最高人民法院关于审理侵害信息网络传播权民事纠纷案件适用法律若干问题的规定》第十条规定:"网络服务提供者在提供网络服务时,对热播影视作品等以设置榜单、目录、索引、描述性段落、内容简介等方式进行推荐,且公众可以在其网页上直接以下载、浏览或者其他方式获得的,人民法院可以认定其应知网络用户侵害信息网络传播权。"
⑤ 北京市高级人民法院《关于视频分享著作权纠纷案件的审理指南》第 8 条规定:"有下列情形之一的,可以推定网络服务提供者'能够合理地认识到网络用户提供的涉案作品、表演、录音录像制品未经权利人的许可',但有相反的证据除外:(1)网络用户提供的是专业制作且内容完整的作品、表演、录音录像制品,或者处于档期或者热播、热映期间的作品、表演、录音录像制品;(2)网络用户提供的是正在制作过程中且按照常理制作者不可能准许其传播的作品、表演、录音录像制品;(3)其他情形。"

十分明确,是诸多因素综合判断的结果,近年来我国司法实践中按服务类型分类①、按作品类型划分②的精细化认定方法都是对网络服务商主观过错认定持审慎态度的体现。

2.“直接获益”不是视频聚合平台侵权认定的标准

以损害后果为侵权认定标准的“实质性替代标准”认为,由于深层链接不跳转至源网站首页、不必浏览源网站所有页面,因此视频聚合平台对源网站的页面广告收益和用户资源造成了损害,因此构成直接侵权。③ 北京知识产权法院对此标准不予认可,其认为:“实质性替代标准不从行为特征角度出发而强调该行为所带来的获益及损害,这一做法明显违反基本法律逻辑,扩张了法律规定的信息网络传播权的范围。”④有学者提出:“即使视频聚合平台从设链行为获益,对源网站流量或广告利益造成一定损失,但这也符合技术进步带来的竞争规律,竞争不可避免地会对其他同业经营者带来经济损失,实质性替代标准有可能混淆正当竞争者与侵权者的界限。”⑤“直接获益”能否成为视频聚合平台的侵权认定标准? 值得注意的是,美国 DMCA 第 512 条(d)规定的三个条件中包括“如果服务商有权利与能力去控制侵权行为,该服务商没有直接从侵权行为中得到经济利益”,也就是说,如果服务商有权利与能力去控制侵权行为,且该服务商直接从侵权行为中得到经济利益,就应对被链内容的侵权行为承担一

---

① 在上海全土豆网络科技有限公司与广东千鹤影视传播有限公司案中,法院指出,上诉人提供专门用于网络用户自由上传各类视频的存储空间,造成侵害后果的概率较大,即便令其负担较大的预防成本也并不为过;而对于那些主要提供文字或图片作品分享服务的网站而言,过滤或人工审查之类的措施或许并非有效的应对措施,更有效的用户举报与惩罚政策等才能降低用户上传盗版作品的积极性。参见:上海市一中院(2010)沪一中民五(知)终字第 32 号民事判决书。

② 在北京广电伟业影视文化中心诉被告酷溜网(北京)信息技术有限公司案中,法院认为,电影作品的特殊属性(高投入)决定了版权人不会免费上传电影到互联网,超过特定时长的影视作品、短期内的热播影视和音乐作品、网络访问量猛增的作品、源自著名版权内容提供方(比如有名的电视台或音乐人)的作品等属于能够显示侵权活动明显的事实。参见:北京市海淀区人民法院(2008)海民初字第 14025 号民事判决书。

③ 参见:北京市朝阳区人民法院(2015)海民(知)初字第 40920 号民事判决书。

④ 参见:北京知识产权法院(2016)京知民终字第 143 号民事判决书。

⑤ 刘家瑞:《为何历史选择了服务器标准——兼论聚合链接的归责原则》,《知识产权》,2017 年第 2 期,第 29 页。

定责任,这就是替代责任规则。替代责任规则是基于公平原则而诞生的,美国司法实践逐渐达成共识,如果经营者对他人的侵权行为具有监督的权利和能力,同时又从侵权行为中获得了直接经济利益,那么即使其不知道他人的侵权行为,也应当为他人的侵权行为承担责任。[①] 但是,替代责任规则也侧面证明了仅"直接获益"标准不能使网络服务商承担替代责任,还需"具有监督的权利和能力"。我国立法仅将"直接获益"作为网络服务商负有较高注意义务的情形,而非网络服务商的侵权认定标准。设链服务商聚合平台对链接内容并不具备完全监督的权利和能力,这也是我国立法未设置网络服务商替代责任规则的主要原因。监督能力意味着审查能力,随着科技的发展,网络服务商对内容呈现的参与度提高,对内容的管理能力与控制能力加强,但信息定位服务商较之信息存储服务商,对第三人侵权内容的审查难度更大,视频聚合平台难以查明每条链接的内容。由于网络链接是根据统一资源定位符(URL),运用超文本标记语言(HTML)组成,链接服务商无法通过关键词过滤技术、内容比对技术等方式监督被链内容。另外,只有"网络服务提供者针对特定作品、表演、录音录像制品投放广告获取收益,或者获取与其传播的作品、表演、录音录像制品存在其他特定联系的经济利益",才属于直接获得经济利益。[②] "网络服务提供者因提供网络服务而收取一般性广告费、服务费等",不属于直接获得经济利益。

总之,链接将世界互联,链接是互联网的基本内容和必然要求,无论是浅层链接,还是深层链接,其本质都是帮助信息定位的工具,促进信息传播,"一旦完全僭越技术中立对工具的保护屏障,技术发展将失去很大的自由想象空间"[③]。在认定深层链接的侵权标准时,不应忽视用户利益,视频聚合平台链接直接跳

---

① 如在舞厅、夜总会等娱乐场所,当乐队未经版权人许可演奏音乐时,只要经营者根据合同或事实上有权对娱乐场所加以管理,同时从付费欣赏演奏的观众中获得了经济利益,即使其并不知道乐队的非法表演行为,也要为其承担责任。

② 参见:我国《最高人民法院关于审理侵害信息网络传播权民事纠纷案件适用法律若干问题的规定》第十一条。

③ 刘银良:《信息网络传播权框架下深层链接的法律性质探究》,《环球法律评论》,2017 年第 6 期,第 87 页。

转至源网站资源播放页,可以省去用户逐页点击的步骤,利于用户便捷、高效地获取资源,因此不应将所有深层链接行为笼统认定为直接侵权行为,进而排除"避风港"抗辩规则的适用。根据上文分析,当被链内容为第三方上传的侵权内容时,应重点考察网络服务商的主观恶性来认定聚合平台的侵权责任,除了应根据"红旗原则"来判断网络服务商的主观状态外,对侵权责任标准的制定应持审慎态度,尽量做到标准的类型化、客观化、程序化,不应随意扩大网络服务商的侵权认定标准范围。

第三节　互联网环境下版权责任中的公共领域制度厘定

以信息存储、信息定位网络服务商为代表的技术服务提供商,在其平台或链接中出现侵权内容时,应如何认定网络服务商的责任,以及在何种情形下能够适用"避风港"抗辩规则免除其赔偿责任,这关乎公共利益。网络服务商责任制度的厘定能够为技术提供方提供明确的行为指引,防止专有权不当扩张,促进技术服务创新,从而为用户提供更好的技术服务。

一、侵权认定标准的统一

侵权认定标准的不统一、不可预见性,会使新传播技术的提供者难以预见其潜在的法律责任,也阻碍了网络技术的进一步发展。因此需要建立起明晰的责任归责原则,关键在于阐明间接侵权行为的认定原则,并在间接侵权规则中明确主观过错的内涵。①

首先,信息定位服务商的间接侵权认定原则。中外各国的司法实践对网络

---

① 熊琦:《著作权间接责任制度的扩张与限制——美国判例的启示》,《知识产权》,2009 年第 11 期,第66 页。

链接的定性,大多经过了一个起初在直接认定问题上摇摆不定,而后过渡到间接侵权认定的发展历程。① 有些国家依然坚持用服务器标准来认定链接服务商的间接侵权责任,是经过反复权衡的结果。上文已经论述了"用户感知标准"的主观性,"实质呈现标准"绝对否定了深层链接的生存空间,"实质替代标准"过于关注深层链接给权利人带来的损害,而忽视了行为违法性才是侵权认定的核心。这些认为网络服务商直接侵权的学说各有缺陷,因此出现了一种较为中立的学说,受到广泛追捧,即"法律标准说"。"法律标准说"认为,对于是内容提供行为还是服务提供行为的判断应以法律特征和法律本质为基础。究其本质,法律标准说是一种政策导向,要求侵权认定标准符合法律和客观的要求,但在此政策导向下还需要具体的技术标准将此原则落地,而服务器标准就是这样一种客观的技术标准。链接是内容互联互通,服务器标准通过细分链接侵权的构成要件,得出单纯的信息定位链接不构成侵权,能够保护这种技术工具的发展。② 随着互联网技术水平的提高,传统服务器标准确实存在难以判断出所有侵权行为的缺陷,比如作品的传播者可以利用他人网站上存储复制件从而只实施作品传播行为,以规避服务器标准的适用。③ 因此,在新技术背景下,应在坚持服务器标准的基础上改良服务器标准,以达到准确认定侵权行为的效果。有学者提出,服务器标准不能狭义地理解为上载到"服务器",而应当包括电脑和手机等其他网络节点,例如 P2P 等文件共享技术的发展以及硬盘存储技术的更新,使这些日常的消费电子设备如今也能够起到类似服务器的网络文件提供作用。④ 当设链网站与被链网站"合作"侵权时,可对"服务器"作目的性扩张解

---

① 刘家瑞:《为何历史选择了服务器标准——兼论聚合链接的归责原则》,《知识产权》,2017 年第 2 期,第 23 页。

② Perfect 10, Inc. v. Amazon. com, Inc., 508 F. 3d 1146 (9th Cir. 2007).

③ 参见:北京市一中院(2004)一中民初字第 400 号民事判决书。

④ 参见:《关于审理侵害信息网络传播权民事纠纷案件适用法律若干问题的规定》第 3 条;孔祥俊:《网络著作权保护法律理念与裁判方法》,北京:中国法制出版社,2015 年版,第 298 页;王艳芳:《〈关于审理侵害信息网络传播权民事纠纷案件适用法律若干问题的规定〉的理解与适用》,《人民司法》,2013 年第 9 期,第 16 页。

释,因为网络服务商已超越了一个中立的网络服务提供者应有的限度,可将被链接网站视为设链网站服务器的延伸,从而认为网络服务商演变为直接的内容提供商。[①]

其次,网络服务商主观过错的认定方法。网络服务商很容易满足构成间接侵权的帮助行为要件。因为任何在网络环境中发生的"直接侵权"行为都不可能离开网络服务商的硬件设施和软件系统。因此,网络服务商是否构成"间接侵权"的关键就在于其是否具有主观过错,即网络服务商是否在知晓他人从事"直接侵权"的情况下继续为其提供了网络服务。国外司法实践中对主观状态的认定提出了"高度概然性"标准,即如果行为人知道某一侵权事实的发生有高度概然性,却刻意避免证实该事实的存在,则行为人是在"故意装作不知道",应推定其"应知"。[②] 但是,"高度概然性"标准具有不确定性缺陷,考虑到我国不是判例法国家,不应把裁量的难度都加于法官身上,因此对网络服务商的主观状态的认定还是以建立明确的、法定的标准为主。笔者认为,对网络服务商的主观判定应坚持"红旗原则",并结合技术发展的情况固定新增适用情形、不断细化适用条件。

二、注意义务的合理分配

随着网络服务商对内容控制能力的增强,可以让网络服务商承担较"通知—删除"义务更高的注意义务。通过上文论述,现阶段版权过滤义务是比全面审查义务更合理的选择,如果服务商怠于履行过滤义务导致采取过滤措施本能预防的第三方侵权行为而未能避免,应推定网络服务商对第三方侵权行为"应知",需承担间接侵权责任。除了立法已明确规定的义务内容,在新增注意义务条款时应综合考虑以下因素。

[①] 冯晓青、韩婷婷:《网络版权纠纷中"服务器标准"的适用与完善探讨》,《电子知识产权》,2016 年第 6 期,第 49 页。

[②] Viacom Intern. ,Inc. v. YouTube,Inc. ,676 F. 3d 19,35(2012).

首先,注意义务应与控制能力相匹配。如果"看门人"缺乏控制侵权的权利和能力,就不应让其承担相应的责任;不同类型的网络服务商控制能力不同,应对其分配不同程度的注意义务。按服务类型对内容控制力的高低排序为:信息储存空间服务最强、信息定位服务中等、基础网络服务最弱。因此,信息储存服务商负有较高注意义务,信息定位服务商负有中等注意义务,暂时性传输、系统缓存等基础网络服务商负有较低的注意义务。总的来说,目前信息储存服务商可建立一般过滤的事前注意义务,信息定位服务主要是"删除、断开链接"等事后的注意义务,基础服务商的注意义务则具有较大的弹性空间。新出现的云计算服务、云服务器服务等可归入基础网络服务,因为局部的内容侵权,而要求基础服务商删除整体内容或者停止服务,无疑会使大量合法的内容被无辜中断,因此对于基础服务商的注意义务不以"删除"为限。[①] 对网络服务商注意义务的施加,应基于网络服务商提供服务的性质、形式、种类,以技术上能实现、合理且不超过必要限度为宜。[②]

其次,注意义务应考虑网络服务商的预防成本,按照不同经济承受能力分类建立标准。《欧盟数字化单一市场版权指令》在要求网络内容分享平台对用户上传的内容采取过滤措施的同时,对规模较小的平台(成立时间不足 3 年、年收入低于 1000 万欧元、月访问量不足 500 万次)给予了一定程度的义务宽免,以平衡增强的合规义务对小平台可能造成的巨大的运营成本和负担。由于过滤措施无疑会增加互联网公司的运营成本,我国在对信息储存服务商设置过滤义务时,也应按照互联网公司经济承受能力的不同建立分类标准,以保障小微企业的生存空间。

再次,注意义务应法定化、程序化。虽然注意义务应与技术相匹配,但完全

---

① 一般来说,对停止侵害责任进行限制,一般应符合以下条件:(1)当事人请求停止侵害具有法律上的依据;(2)判令停止侵害将会危害社会公共利益,或造成当事人之间的利益极大失衡,或者实际上难以执行;(3)采取其他责任形式,可以替代停止侵害的适用,或者弥补停止侵害的损失。参见沈志先主编:《知识产权审判精要》,北京:法律出版社,2010 年版,第 135 页。

② 参见:杭州互联网法院(2018)浙 0192 民初 7184 号民事判决书。

通过技术细节来评判注意义务的履行程度,会使得侵权规则与责任限制规则的碎片化,因为技术细节不断变化,而规则需要稳定性。如何使注意义务客观化、程序化,使网络服务商有矩可循是在新增网络服务商注意义务时必须完善的制度流程。① 通过法定方式对权利义务的分配,是理想的解决办法。② 因此,应将与控制能力匹配的、不会给网络服务商带来过高的成本的"标准过滤措施"纳入立法,使网络服务商在履行义务时有具体的程序指引和后果预判,为网络服务商提供明确的侵权抗辩依据。只要服务商履行了相应的过滤程序,就能够适用责任限制规则免除经济赔偿责任。

最后,合理分配注意义务,鼓励权利人采取技术措施。DMCA 第 512 条规定包括"服务商必须接纳权利人自行设置的标准技术措施,且不与其相抵触",这说明"避风港"抗辩规则设立的立法目的是希望让网络服务商与著作权人配合,共同扫除网络中的侵权物。如今网络服务商注意义务的加重,网络服务商追偿机制的缺失,维护版权的重任几乎全部落在网络服务商的肩上,立法应鼓励权利人自行采取技术措施,因为"注意义务的配置问题不仅关涉著作权人与服务提供者之间的私权利益,关乎整个互联网生态的良性发展",③因此网络服务商与权利人都有义务和责任打击侵权。例如有学者提出,源网站若不希望其内容被网络聚合平台抓取、链接,则需主动设置技术措施加以保护,如利用"Robots 协议"禁止,否则,就视为默示许可。④

---

① 田小军、郭雨笛:《短视频平台版权治理问题研究——以设定平台版权过滤义务为视角》,《出版发行研究》,2019 年第 7 期。
② 司晓:《网络服务提供者知识产权注意义务的设定》,《法律科学(西北政法大学学报)》,2018 年第 1 期,第 79 页。
③ 黄汇、刘家会:《网络聚合平台深层链接著作权侵权责任的合理配置》,《当代法学》,2019 年 4 期,第 39 页。
④ 黄汇、刘家会:《网络聚合平台深层链接著作权侵权责任的合理配置》,《当代法学》,2019 年 4 期,第 49 页。

三、"避风港" 抗辩规则的完善

我国关于"避风港"抗辩规则的配套制度规定包括《信息网络传播权保护条例》中通知的要求①、反通知程序②、误删的损害赔偿③;《最高人民法院关于审理侵害信息网络传播权民事纠纷案件适用法律若干问题的规定》中对"直接经济利益"含义的解释④,"删除是否及时"的判断方法⑤。但是,笔者发现我国目前关于版权责任限制规则的立法存在以下模糊之处。

首先,"删除"是否需要及时。我国《信息网络传播权保护条例》第二十条至第二十三条规定网络服务商在无主观故意的前提下,只需删除、断开第三方侵权内容⑥,网络就可豁免赔偿责任,并不需要"及时"删除。然而《最高人民法院关于审理侵害信息网络传播权民事纠纷案件适用法律若干问题的规定》第十四条规定网络服务商需"及时"采取删除、屏蔽、断开链接等必要措施,而又未规定具体多久算"及时"。"及时"这一模糊的描述却成为众多司法判例认定网络服务商责任的关键词,当法院认为网络服务商删除不及时,会判定其对第三人侵权具有主观过错,从而架空了"删除"程序的责任限制意义。对于"及时"的

---

① 参见:《信息网络传播权保护条例》第十四条。

② 参见:《信息网络传播权保护条例》第十五条、第十六条、第十七条。

③ 参见:《信息网络传播权保护条例》第二十四条。

④ 《最高人民法院关于审理侵害信息网络传播权民事纠纷案件适用法律若干问题的规定》第十一条第二款法条规定:"网络服务提供者针对特定作品、表演、录音录像制品投放广告获取收益,或者获取与其传播的作品、表演、录音录像制品存在其他特定联系的经济利益,应当认定为前款规定的直接获取经济利益。网络服务提供者因提供网络服务而收取一般性广告费、服务费等,不属于本款规定的情形。"

⑤ 判断因素包括权利人提交通知的形式,通知的准确程度,采取措施的难易程度,网络服务的性质,所涉作品、表演、录音录像制品的类型、知名度、数量等。参见:《最高人民法院关于审理侵害信息网络传播权民事纠纷案件适用法律若干问题的规定》第14条。

⑥ 我国《信息网络传播权保护条例》第二十条至第二十三条规定,系统缓存服务商在无主观故意的前提下,只需"在原网络服务提供者修改、删除或者屏蔽该作品、表演、录音录像制品时,根据技术安排自动予以修改、删除或者屏蔽";信息存储服务商"在接到权利人的通知书后,根据本条例规定删除权利人认为侵权的作品、表演、录音录像制品";搜索或链接服务商"断开与侵权的作品、表演、录音录像制品的链接的",就可豁免赔偿责任。

界定问题,在 IO Group Inc. v. Veoh Networks Inc. 案①中,法院指出 Veoh"必要的话,可在收到通知的同一天内作出回应,并删除通知指出的侵权内容"。在 Viacom International Inc. ,v. Youtube,Inc. ,& Google 案②中,Youtube 在收到通知后的第一个工作日就将通知中的所有侵权内容彻底删除,法院认为被告 Youtube 已做到了"避风港"抗辩规则的要求。结合国外实践,我国有学者提出,"为防止网络服务提供者故意延缓删除侵权作品,除有正当理由外,视听作品的必要措施期限应为 1 个工作日内,其他作品类型的必要措施期限不应超过 7 个工作日。"③我国《关于规范网盘服务版权秩序的通知》中规定网盘服务商采取必要措施的期限为"24 小时内"。④ 在我国司法实践中,广州互联网法院认为"百度公司作为大型的中文搜索引擎服务商,其运营的百家号上的信息发布具有数量大等特点;此外,作为网络服务提供者,其要收到相关投诉后必然需要一定的研判和处理周期,一周的时间并未超出合理期限。"北京知识产权法院认为"今日头条在收到权利通知 5 日内删除涉案文章,应属于及时"。⑤ 在我国相关规定与司法实践未予统一的情况下,笔者比较赞同北京海淀法院在优酷公司诉百度公司"百度网盘"侵犯影视剧信息网络传播权一案中以"实际效果评估"的做法:"对于何谓'及时',国家版权局《关于规范网盘服务版权秩序的通知》中的相关要求虽具有一定针对性和参考性,但鉴于个案之间在服务模式、链接数量、作品类型市场价值、紧急程度等方面可能存在巨大差异,因此也不宜'一刀切'式地将该通知中的'24 小时内'作为考量是否及时的唯一因素。""设置这一规则的目的,在于促使网络服务提供者在其控制范围内尽可能制止用户侵权的损害后果扩大。因此,判断是否'及时'应当根据在具体案件中最终的执行效果

①　Io Group,Inc. v. Veoh Networks,Inc. 586 F. Supp. 2d 1132(N. D Cal. 2008).

②　Viacom International Inc. ,v. Youtube,Inc. ,& Google,2010 WL2532404(S. D. N. Y.).

③　张春、邓丹云:《广州互联网法院网络著作权纠纷案件的审理思路》,《人民司法》,2019 年第 25 期,第 18 页。

④　我国《关于规范网盘服务版权秩序的通知》第四条规定,网盘服务商应当"在接到权利人通知、投诉后 24 小时内移除相关侵权作品,删除、断开相关侵权作品链接"。

⑤　参见:北京知识产权法院(2017)京 0108 民初 27549 号民事判决书。

来进行判断,即考察网络服务提供商在其能力范围内采取相应措施后,是否仍存在较为严重的侵权事实和较为明显的损害后果"。①

其次,"必要措施"的内涵模糊。《信息网络传播权保护条例》中必要措施的内涵仅为"删除或断开链接"②;而《侵权责任法》对必要措施采用了不完全列举,"等"意味着必要措施包括但不限于删除、屏蔽、断开的方式③。网络服务商是否采取必要措施会直接影响责任限制规则的适用,在具体案例中网络服务商采取的措施是否达到了必要的程度是由法官判断,为了避免判断的主观性,应明确"必要措施"的涵义。关于何为"必要措施"的问题,我国司法实践按网络服务商的服务类型进行了如下划分。对于基础网络服务商需要采取的必要措施,北京知识产权法院认为:"在不适合直接采取删除措施的情况下,'转通知'体现了网络服务提供者警示侵权人的意图,可以成为'必要措施'"。④ 对于信息定位服务商需要采取的必要措施,北京海淀法院认为:"在收到权利人通知后及时断开侵权链接,是网络服务提供者免于承担侵权责任的必要条件,但并非充分条件。除及时断开侵权链接外,信息定位服务商还应基于第三人重复侵权的可能性的大小以及其所具备的信息管理能力,积极采取其他合理措施,例如屏蔽制止侵权用户。"⑤对于信息存储服务商需要采取的必要措施,如上文所述,

① 北京海淀法院认为:"百度虽然对侵权链接的断开率当日达到64%,次日达到78%,三日达到91%,但综合考虑未及时断开的绝对数量(超过24小时仍有近4 000条、超过两天逾2 000条、超过三天近千条)及作品热播期等因素,认定百度公司在收到通知后并未'及时'对全部涉案链接采取断开措施,放任部分涉案链接持续、大量传播涉案作品,致使侵权范围和规模进一步扩大,应对由此导致的损害扩大部分与网络用户承担连带责任。"参见:北京海淀法院(2017)京0108民初15648号民事判决书。

② 《信息网络传播权保护条例》第十五条规定:"网络服务提供者接到权利人的通知书后,应当立即删除涉嫌侵权的作品、表演、录音录像制品,或者断开与涉嫌侵权的作品、表演、录音录像制品的链接,并同时将通知书转送提供作品、表演、录音录像制品的服务对象;服务对象网络地址不明、无法转送的,应当将通知书的内容同时在信息网络上公告。"

③ 《民法典》第一千一百九十五条第一款规定:"网络用户利用网络服务实施侵权行为的,权利人有权通知网络服务提供者采取删除、屏蔽、断开链接等必要措施。通知应当包括构成侵权的初步证据及权利人的真实身份信息。"

④ 参见:北京知识产权法院(2017)京73民终1194号民事判决书。

⑤ 参见:北京海淀法院(2017)京0108民初15648号民事判决书。

除了删除、断开侵权内容的事后必要措施,还包括过滤义务的事前防御措施。DMCA第512条规定的责任限制一般条件中包括"禁止重复侵权",当网络服务商的经营模式给权利人带来较大的风险时,其应在控制能力范围内采取禁止重复侵权的措施才达到"必要"的程度。

　　目前我国信息定位与信息存储网络服务商的责任限制制度在《著作权法》中未有体现,在《著作权法》新一轮的修订中,可根据我国互联网技术的发展情势重新厘定网络服务商的侵权责任制度与责任限制制度,解决之前规定零散杂乱或层级较低、效力有限的问题。根据上文论述,笔者建议可以在立法中做如下体现:

　　第××章【法律责任和责任限制】

　　第n条　秉持网络协同治理理念,鼓励著作权人、网络服务商共同参与治理,网络服务商必须接纳权利人自行设置的标准技术措施,且不与其相抵触。

　　第n+1条　人民法院认定网络服务商的行为是提供服务还是提供内容,应主要考虑传播的作品、表演、录音录像制品是否由网络服务提供者上传或以其他方式置于向公众开放的网络服务器上。

　　第n+2条　网络服务商对第三人侵害著作权的行为承担过错责任,其主观要件包括知道或应当知道。网络服务商知道或应当知道侵权行为而未及时采取必要措施的,即使权利人没有发送通知,网络服务商也应与直接侵权人承担连带责任。网络服务商不知道或不应当知道侵权行为,在收到权利人通知后及时采取了必要措施的,不承担赔偿责任。网络服务商不知道或不应当知道平台内侵权行为,在收到权利人通知后未及时采取必要措施,对损害的扩大部分存在过错的,应就该部分承担连带责任。

　　第n+3条　在认定网络服务商是否应当知道时,只有显示侵权活动的事实很明显时,法院才能推定网络服务商知道该侵权行为。人民法院还应考量网络服务商的合理注意义务,如果网络服务商未履行或怠于履行其合理注意义务的,应当认定其构成应当知道。

第 n+4 条　网络服务商的合理注意义务不包括事前审查义务,人民法院判断网络服务商是否履行了合理的注意义务,具体考量因素包括但不限于:(一)网络服务商对内容的控制能力;(二)网络服务商的预防成本与经济承受能力。

第 n+5 条　人民法院认定网络服务商采取必要措施是否"及时",应当根据网络服务商在采取措施后的实际效果来评估。

第 n+6 条　网络服务商在收到合格通知后应当采取的"必要措施"的类型,包括但不限于:转通知、删除、屏蔽、断开链接、终止服务。

第六章 互联网环境下版权期限中的公共领域

第一节 互联网环境下版权期限公共领域的界定

一、版权期限中公共领域的涵义

根据版权公共领域"限制说",版权期限中的公共领域是指对版权期限不合理延长的限制。法律设计著作权期限有限的目的是保持权利人利益和用户使用利益之间的平衡。根据法律的规定,著作权人只能在一定期限内获得专有权利益;超过这一期限,作品便可为社会公众免费使用,不合理延长著作权期限直接损害的是公众的使用利益。由于著作权法的最终目的是实现国家文化科技发展之公共利益,因此对著作权的保护期做出一定限制,有限的著作权保护期限是实现社会整体文化繁荣与科技进步的一种手段,才能维持文化表达多样性的延续。相反,如果不合理延长著作权的保护期会抑制公共领域对于公众消费、使用和再创作的基本功能。因为我国对著作人格权的保护期限为永久(发表权除外),因此本章讨论的期限限制是针对著作财产权的保护期限①。

---

① 本章提到的"著作权保护期限"也特指"著作财产权的保护期限"。

二、版权期限延长对公共领域的危害

根据《伯尔尼公约》和《与贸易有关的知识产权协定》，传统作品的著作权期限的最低保护标准是"作者终生以及死后50年"或"自发表（创作）之日起50年"。[①] 从20世纪中后期以来，国际社会掀起了延长著作权期限的运动。欧盟1993年通过《欧盟延长著作权保护期指令》，将欧盟成员国的著作权保护期延长到作者死后70年。美国1998年通过的《著作权保护期限延长法》（以下简称"CTEA"）再次拓展了著作权人的权利期限，自然人著作权期限为作者生前加死后70年，公司或法人著作权期限为作品出版后95年或创作完成后的120年。虽然各国根据权利人的诉求不断延长作品的版权保护期限，但必须正视保护期延长带来的不利后果。

第一，延长保护期限最直接的后果就是对公共领域的侵蚀。当著作权保护期快要期满的作品被延长保护期溯及保护时，便侵蚀了公共领域。[②] 立法将作品延长保护的期间，公共领域的发展是停滞的，延长的几十年间通过著作权到期而转入公共领域的作品数为零。版权期限中的公共领域制度是定期充实公共领域的常态化机制，著作权期限一旦届满，所有作品均可免费使用。较客体中的公共领域、权能中的公共领域，期限中的公共领域制度对公共领域的资源输入具有广泛性优势，且不受互联网环境下客体认定困难、合理使用等适用情形狭窄的限制。可以说，期限公共领域制度是公共领域中资源最重要的来源，只有保障了期限公共领域机制的正常运行，公众才可能有消费性使用、创造性使用的空间。[③] 著作权期限的不合理延长，可能使期限中的公共领域机制"形同虚设"，因为著作权保护的期限太长，无疑会损害文化继承与创新的连续性。

第二，延长保护期限会使无主作品增多。著作权保护期限越久，会导致更

---

① 参见：《伯尔尼公约》第七条和《与贸易有关的知识产权协定》第十二条。

② 李雨峰：《论著作财产权的保护期》，《政治与法律》，2008年第4期，第121页。

③ 梅术文：《著作权保护中的消费者运动与制度创新》，北京：知识产权出版社，2015年版，第70-72页。

多的作品沦为"无主作品"。以美国为例,自然人作品的著作权保护期限最长可达作者生前加死后 70 年,法人作品的保护期可达作品出版后 95 年或创作完成后 120 年,这么漫长的时间里作者本人及亲属都可能不在人世,企业倒闭的可能性也很大,特别在互联网环境下,作品有较强的流通需求,而当作品落入无人管理的境地且处于保护期时会导致公众难以使用。无主作品的著作权属于国家或集体,由于国家、集体授权许可的流程尚不完善,欲使用者难以取得著作权人的许可,使作品的利用陷入困境。而海量的作品被放置在互联网上,用户却无法使用,这与互联网开放共享的特质相冲突。

第三,延长保护期限会使作品的管理成本增加。谷歌图书馆项目的计划是准备将各大学图书馆的文献资料全部扫描成电子版上传到网络。然而,由于著作权保护期限的延长,已经要濒临绝迹的纸质版书籍还处于保护期限内,谷歌公司想通过扫描、保存方式挽救这些文本不灭失,但还得支付一笔数额巨大的著作权使用费,这使得这部分作品的电子保存工作停滞不前。而且当权利人已不在人世,或权利继承人难以搜寻,谷歌公司碍于法律对"孤儿作品""无主作品"的保护难以进行管理。虽然技术赋予了构建电子图书馆的可能,但著作权保护期限的不断延长打击了谷歌公司对人类文化进行保存的积极性。由于管理成本高昂,这些历史悠久的作品难以得到更好的保存,从而妨碍文化的传承。

三、互联网环境下版权保护期制度的机理辨析

目前我国学者支持版权保护期延长的理论基础主要有两种:第一种为自然权利论,强调著作权对作者人格的保护。由于作品与作者人格权密不可分,自然权利论建议将作品的著作权进行永久保护。另一种为经济激励论,基于经济学观念的分析,强调财产权保护对创造的激励机制。[1] 但是,这两种理论都对著作权期限延长的正当性论证存疑。

---

[1]　程松亮:《著作权保护期延长的合理性探究》,《湖北社会科学》,2012 年第 7 期,第 157-158 页。

首先,对自然权利论的反思。李琛教授曾指出,自然权利理论只能回答"谁是所有者",但没有回答"为何要在对象上设权"的问题。① 黄汇教授认为"自然权利理论只从对象与主体的关系上论证权利,而忽视了财产权是一种社会关系"②,绝不能忽视保护期延长给公共利益带来的负面效应。学者支持保护期延长的最主要理由,是认为人类平均寿命延长了,且著作人的亲属有权获得继承作品的财产性收益。③ 但有学者将人均寿命的整体性延长作为反对著作权延长保护的主要原因,因为在"作者终生+固定期限"计算模式下,人的寿命变长相当于保护期已经延长了,再延长固定期限是不合理的。④ 可见,即使是同一因素,大家对其影响所持的态度都是不同的,归根结底是因为保护期的延长实质为利益之间的博弈,一面是支持私益的强保护,另一面则认为应将保护限制在一定限度内以便公众早日获取这些作品,显然后者与著作权法的最终目的更契合。

其次,对经济激励论的批判。延长著作权保护期,并不能完全达到鼓励作者创作的目的。因为在多数情况下,作品的主要受益方不是作者及其后代,而是作为著作权人的产业集团。黄汇教授指出,从历史的进路看,"激励创造说"不过是出版商为著作权利益寻找的一个口号。⑤ 美国学者帕莱克提出:"美国近两百年来知识产权扩张的历史显示,对知识和技术传播的高额奖励几乎都流入了出版商和风险投资人的手中。"⑥彼得·达沃豪斯也认为:"绝大多数知识产品的权属不是掌握在创作人手中。保护知识产权的理由是为了激励创作人继

---

① 李琛:《著作权基本理论批判》,北京:知识产权出版社,2013 年版,第 11-12 页。
② 黄汇:《寻求著作权制度理论解放的力量——评李琛教授〈著作权基本理论批判〉之两题》,《知识产权》,2013 年第 12 期,第 46 页。
③ 罗施福:《著作权保护期立法的国际趋向及我国立法选择》,《集美大学学报(哲社版)》,2018 年第 4 期,第 59 页。
④ 王辉:《数字时代著作权保护期延长的非必要性》,《中国出版》,2019 年第 20 期,第 64 页。
⑤ 黄汇:《寻求著作权制度理论解放的力量——评李琛教授〈著作权基本理论批判〉之两题》,《知识产权》,2013 年第 12 期,第 47 页。
⑥ Malla Pollack, "The Democratic Public Domain: Reconnecting the Modern First Amendment and the Original Progress Clause(A. K. A. Copyright and Patent Clause) ," Jurimetrics, Vol. 45, Issue 1, Fall 2004, pp. 23-40.

续创造,然而由于知识产权的商业化,创造者往往与他们所创造的知识产品分离,而且只得到很少的报酬。"①值得注意的是,著作权扩张的历史还揭示了一个基本规律,当一国的著作权产业在国际上拥有比较优势时就会努力推动著作权保护期限的延长,目的是获得更多的产业利益。由此,再次论证了延长保护期并不在于激励作者继续创造,而是为了让利益方的利润最大化,且不顾公众的使用利益。我国目前不属于文化输出国,还属于文化输入国,应注意保护期延长对我国引进文化产品的负面影响。

第二节　互联网环境下数据库的保护期限问题

互联网环境下,由于互联网技术的发展逐渐涌现出一些新的智力成果形式,由于这些智力成果满足作品构成的一般要件,因此受到著作权保护。但这些新的作品形式又具有不同于传统作品的特性,适用传统作品的保护期限是否合适呢? 国外对新技术作品赋予较传统作品类型较短的保护期。本书以数据库的保护为例,试图证明互联网环境下新技术保护期限限制的必要性。

一、国外数据库保护期限限制制度的借鉴

数据库是对作品与信息数据等非作品系统汇编的集合,从数据库的作品属性来看,其集合过程体现了选择或者编排上的独创性,因此很多国家采用汇编作品的保护模式。数据库作为汇编作品享有与传统作品一样长的保护期。随着数字技术和信息技术的发展,电子数据库大量涌现,并逐渐摆脱公益性、教育性和经济价值低的属性,越来越成为具有市场价值的商品。数据库制作者在数据库材料挑选、校验、再现、制作过程中投入了巨大的投资,在此背景下,权利人

---

① ［澳］彼得·达沃豪斯、约翰·布雷斯伟特著:《信息封建主义》,刘雪涛译,北京:知识产权出版社,
　　2005 年版,第 15 页。

要求对数据库进行特殊权利保护。所谓数据库的特殊权利保护就是在立法上建构一种不同于著作权、专利权的新型知识产权,如数据库抽取权或者数据库权,规定只要在内容的获得、校验、编排等方面具有质量或数量上实质性投入的数据库,不管其是否具有独创性,都可以得到保护。① 这一新标准遵循的理念中蕴含着,投资的努力(而不是指数据库中的内容)应该得到保护,对投资造成实质性损害的行为,应加以制止。保护的实质为保护投资,因此保护的"度"应与投资"量"相匹配。② 经过对投资"量"的评估,欧盟最终确定受特殊权利保护的数据库与作为汇编作品保护的数据库相比,具有三个特征,即缺乏独创性、保护经济投资而非个人创作、保护期短。评估后确定的数据库保护期限明显短于传统作品的著作权期限,《欧盟数据库法律保护指令》规定数据库特殊权利自数据库制作完成之日起生效,有效期限为 15 年,自完成之日起的第二年 1 月 1 日起计算。③

二、国内互联网环境下新作品保护期限的反思

我国现行《著作权法》关于传统作品著作财产权保护期限的规定,分为四类:一是自然人作品实行"作者终生+固定期限"模式,即财产权的保护期限为作者终生以及死后 50 年;二是对于法人或者非法人组织享有的作品,自发表之日或者自创作之日起保护 50 年;三是视听作品的保护期则自发表之日或者自创作之日起保护 50 年;四是邻接权的保护期限为自客体首次发生后的 50 年。④ 2020 年修订的《著作权法》将摄影作品的保护期调整为作者终生以及死亡后 50

---

① 梅术文:《网络知识产权法——制度体系与原理规范》,北京:知识产权出版社,2016 年版,第 281-283 页。
② [英]马蒂亚斯·莱斯特纳:《数据库的保护》,[英]埃斯特尔·德克雷主编:《欧盟版权法之未来》,北京:知识产权出版社,2016 年版,第 344-345 页。
③ 参见:《欧盟数据库法律保护指令》第 10 条第 1 款。
④ 著作权的保护期限为《中华人民共和国著作权法》第二十二、二十三条;邻接权的保护期限为《中华人民共和国著作权法》第四十一条、第四十四条、第四十七条。

年,未增加互联网环境下新作品形式的保护期限,意味着新技术享有与传统作品相同的保护期限,即作者终生以及死后 50 年或自发表(创作)之日起 50 年。

不同类型作品的保护期应有所区别,在传统著作权领域已有体现,而在新技术领域却有缺失。传统领域中,自然人作品与法人作品、录音制品的保护期不同,做出这些立法安排是因为考虑了这些作品的特性。自然人作品的保护期限实行"作者终生+固定期限"原则,法人作品则常常是从创作完成之日或者从发表之日算起,因为法人通常难以确定其所谓的"生命周期";录音制品等在部分国家被纳入邻接权保护,而邻接权被视为对较自然人作品"独创性"价值更低的作品的保护,因此录音制品的保护期限往往短于自然人创作的作品。[①] 对于互联网环境下新技术的保护期限,冯晓青教授曾指出,我国应缩短计算机软件的保护期限[②],"因为软件技术的更新换代很快,而且在已有软件的源代码上进行后续开发能够节省大量人力和时间,因此赋予软件与传统作品一样的保护期限会损害软件的创新发展。"[③]因此,对于新技术的保护期限,我国应借鉴欧盟的做法,呈现出与传统作品不同的制度特点。

第三节　互联网环境下版权期限中的公共领域变革

一、遵循保护与价值相匹配原则

价值包括投入价值与投入产生的市场价值,例如建立数据库的投资就属于

[①] 罗施福:《著作权保护期立法的国际趋向及我国立法选择》,《集美大学学报(哲社版)》,2018 年第 4 期,第 60-61 页。

[②] 《计算机软件保护条例》第十四条规定:"软件著作权自软件开发完成之日产生。自然人的软件著作权,保护期为自然人终生及其死亡后 50 年,截止于自然人死亡后第 50 年的 12 月 31 日;软件是合作开发的,截止于最后死亡的自然人死亡后第 50 年的 12 月 31 日。法人或其他组织的软件著作权,保护期为 50 年,截止于软件首次发表后第 50 年的 12 月 31 日,但软件自开发完成之日起 50 年内未发表的,本条例不再保护。"即我国对软件设置的保护期限与传统作品完全一样。

[③] 冯晓青:《知识产权法利益平衡理论》,北京:中国政法大学出版社,2006 年版,第 589 页。

投入价值,数据库在市场流转中体现的经济价值就属于市场价值。首先,根据保护与价值相匹配原则,如果作品的投入价值较高,可设立与投入相匹配的较长的保护期,才能让投资人取回成本并获得回报以激励继续投入。其次,根据保护与价值相匹配原则,如果作品的市场价值较高,也可适当延长保护期。新古典主义经济学派认为,当作品具有较高的市场价值时,可以通过对作品的许可、转让等利用形式实现资源的有效配置;而当作品不再具有市场价值时,再给予其保护期就不再具有激励创新意义,这种情况下应让作品流入公共领域供公众自由使用以增加社会价值。[①]

二、建立配套措施

(一)评估程序

对市场价值与价值周期的评估可以通过建立经济模型与市场调研等方式来预估,除了经济价值的评估,美国专家还尝试建立一定的模型来评估限制保护的社会价值。[②] 在确定计算机软件理想的保护期限时,评估内容包括软件著作权保护带来的总体福利,总体福利为保护带给权利人的现行价值与不保护带给公众的社会价值的总和。研究报告的结论是:权利人现行价值越小,理想的保护期越短,公众社会价值就越大,总体福利越大。[③] 对总体福利的评估有助于找到保护期限中私人利益与公共利益的平衡点。

(二)听证程序

著作权法的最终目标为实现公共利益,建立著作权期限限制制度是实现立法目标的具体制度途径。延长著作权保护期限造成公共领域中资源的萎缩,实

---

① 冯晓青:《知识产权法利益平衡理论》,北京:中国政法大学出版社,2006 年版,第 581 页。

② Economics of Property Rights as Applied to Computer Software and Data Bases, Report Prepared for the National Commission on New Technological Uses of Copyrighted Works, Washington, D. C. ; Yale Braunstein and Dietrich Fisher, June 1977, pp. 1-2.

③ 冯晓青:《知识产权法利益平衡理论》,北京:中国政法大学出版社,2006 年版,第 589 页。

质损害的是公众对文化的接触权和获得权。因此,关于新技术保护期限的制定以及能否延长已有保护期限应征询公众的意见,即在期限设置与延长前举行听证程序,充分听取代表社会利益的意见,全面考虑延长的后果,再决定设置多久、是否延长。

有学者提出了一个取代延长著作财产权保护期的替代性方案,即认为与延长保护期相比,无限续展的做法更具效率。具体内容为,著作财产权的保护期设置为作者有生之年,但为权利人保留申请续展的权利,而每次续展期限为一段较短的固定时间,续展次数由著作权人决定,但每次续展须支付一笔费用。[①]笔者认为,这种付费续展的模式可能造成续展以金钱为标准,没有支付能力的权利人无法续展,导致权利人之间实质的不公平。纵观我国《著作权法》的修订历程可以看出,2001 年是为了我国能顺利加入世贸组织,2010 年第二次则是因为中国与美国发生知识产权争端,我国为履行世贸组织的裁定而进行的修订。而 2020 年的《著作权法》是基于我国国情作出的主动性调整,其中保护期限仍然采取的是作者终生以及死后 50 年或自发表(创作)之日起 50 年,并未屈服于发达国家的压力而将传统作品的保护期延长,这一做法值得肯定。但随着新技术的发展以及互联网技术的普及,在著作权立法中也应体现对新技术的区别保护,因循不同的技术特点和运营方式,重新厘定数据库、计算机软件等新类型作品的著作权保护期限,笔者建议,可在立法中做如下规定:

第××条【期限限制】新型作品的著作权保护期限与其价值相匹配,需经过评估程序与听证程序确定。

[①]　William M. Landes and Richard A. Posnert, "Indefinitely Renewable Copyright," University of Chicago Law Review, Vol. 70, Issue 2, Spring 2003, p. 471.

结语　对《中华人民共和国著作权法》修改的具体思考

笔者认为,从构建公共领域制度体系的角度,零碎的公共领域制度易使人忽视公共领域对版权保护的制衡地位,因此将所有互联网版权公共领域制度统一安排在专章规范中,能够更好地发挥对版权的限制作用,保持版权保护与公共领域之动态平衡。根据公共领域"限制说",可将所有互联网版权公共领域制度统一放置于《著作权法》现有框架"权利的限制"章节中。目前我国《著作权法》"权利的限制"一节只规定了合理使用制度与法定许可制度,结合上文论述,笔者建议,我国《著作权法》可完善及增添如下互联网版权公共领域条款:

第××条【客体限制】著作权保护不延及纯粹的思想、公用因素以及事实上处于公共领域的客体。

(一)单纯事实消息;

(二)法律、法规,国家机关的决议、决定、命令和其他具有立法、行政、司法性质的文件,及其官方正式译文;

(三)历法、通用数表、通用表格和公式;

(四)无主作品;

(五)其他不受著作权保护的对象。

第××条【合理使用】在下列情况下使用作品,可以不经著作权人许可,不向其支付报酬:

(一)以新的创作目的对他人作品进行变革性使用的行为,须以非商业性目

的,注明作品来源;

(二)以合法目的通过检索技术对信息材料进行复制与传播的行为,须在技术必要的范围内,使用已发表的作品;

(三)以合法目的通过信息处理技术对信息材料进行解析与再创造的行为,须在技术必要的范围内,使用已发表的作品:

(四)以私人使用为目的对作品进行空间转换、时间转换、格式转换的复制与修改行为,须以非商业性目的,使用有合法来源的作品,使用人对作品进行转换后只能在私域范围内使用。

其他情形须按照使用目的、使用后果等因素进行严格判定。

第××条【强制许可】著作权保护期未届满的已发表作品,使用者尽力查找其权利人无果,符合下列条件之一的,可以在向国家著作权主管部门①指定的机构申请并提存使用费后以数字化形式使用:

(一)著作权人身份不明的;

(二)著作权人身份确定但无法联系的。

前款具体实施办法,由国家著作权主管部门另行规定。

第××条【默示许可】为规范游戏直播产业,通过信息网络在直播平台使用中国公民、法人或者非法人组织已经发表的游戏相关作品,使用者应当在使用前公告拟使用的作品及其作者、拟支付报酬的标准,权利人可对报酬标准提出异议。

自公告之日起 30 日内,著作权人不同意提供的,使用者不得使用其作品;自公告之日起满 30 日,著作权人没有异议的,使用者可以使用其作品,并按照公告的标准向著作权人支付报酬。

直播平台使用著作权人的作品后,著作权人不同意提供的,通知使用者删

---

① 2020 年修正的《中华人民共和国著作权法》第三十条将"国务院著作权行政管理部门"改为"国家著作权主管部门"。此处沿用新的表述。

除著作权人的作品,使用者按照公告的标准向著作权人支付使用作品期间的报酬。

第××章【法律责任和责任限制】

第 n 条　秉持网络协同治理理念,鼓励著作权人、网络服务商共同参与治理,网络服务商必须接纳权利人自行设置的标准技术措施,且不与其相抵触。

第 n+1 条　人民法院认定网络服务商的行为是提供服务还是提供内容,应主要考虑传播的作品、表演、录音录像制品是否由网络服务提供者上传或以其他方式置于向公众开放的网络服务器上。

第 n+2 条　网络服务商对第三人侵害著作权的行为承担过错责任,其主观要件包括知道或应当知道。网络服务商知道或应当知道侵权行为而未及时采取必要措施的,即使权利人没有发送通知,网络服务商也应与直接侵权人承担连带责任。网络服务商不知道或不应当知道侵权行为,在收到权利人通知后及时采取了必要措施的,不承担赔偿责任。网络服务商不知道或不应当知道平台内侵权行为,在收到权利人通知后未及时采取必要措施,对损害的扩大部分存在过错的,应就该部分承担连带责任。

第 n+3 条　在认定网络服务商是否应当知道时,只有显示侵权活动的事实很明显时,法院才能推定网络服务商知道该侵权行为。人民法院还应考量网络服务商的合理注意义务,如果网络服务商未履行或怠于履行其合理注意义务的,应当认定其构成应当知道。

第 n+4 条　网络服务商的合理注意义务不包括事前审查义务,人民法院判断网络服务商是否履行了合理的注意义务,具体考量因素包括但不限于:(一)网络服务商对内容的控制能力;(二)网络服务商的预防成本与经济承受能力。

第 n+5 条　人民法院认定网络服务商采取必要措施是否"及时",应当根据网络服务商在采取措施后的实际效果来评估。

第 n+6 条　网络服务商在收到合格通知后应当采取的"必要措施"的类型,包括但不限于:转通知、删除、屏蔽、断开链接、终止服务。

　　第××条【期限限制】新型作品的著作权保护期限与其价值相匹配,需经过评估程序与听证程序确定。

参考文献

一、中文类参考文献

（一）著作类

1. [美]詹姆斯·F.库罗斯、基思·W.罗斯:《计算机网络:自顶向下方法》,陈鸣译,北京:机械工业出版社,2018 年版。

2. 薛虹:《十字路口的国际知识产权法》,北京:法律出版社,2012 年版。

3. 郑重:《数字版权法视野下的个人使用问题研究》,北京:中国法制出版社,2013 年版。

4. [美]劳伦斯·莱斯格:《代码 2.0:网络空间中的法律》,李旭、沈伟伟译,北京:清华大学出版社,2009 年版。

5. [日]中山信弘:《多媒体与著作权》,张玉瑞译,北京:专利文献出版社,1997 年版。

6. 劳伦斯·莱斯格:《思想的未来:网络时代公共知识领域的警世喻言》,李旭译,北京:中信出版社,2004 年版。

7. [美]卡尔·夏皮罗、哈尔·R.范里安:《信息规则——网络经济的策略指导》,孟昭莉、牛露晴译,北京:中国人民大学出版社,2017 年版。

8. 李明德、管育鹰、唐广良:《〈著作权法〉专家建议稿说明》,北京:法律出版社,2012 年版。

9. 曾琳:《著作权法第三次修正下的"限制与例外"制度应用研究》,北京:中国政法大学出版社,2016 年版。

10. [加]迈克尔·盖斯特:《为了公共利益——加拿大版权法的未来》,北京:知识产权出版社,2008 年版。

11. [美]杰里米·里夫金:《零边际成本社会:一个物联网、合作共赢的新经济时代》,赛迪研究院专家组译,北京:中信出版社,2014 年版。

12. 方军:《付费:互联网知识经济的兴起》,北京:机械工业出版社,2018 年版。

13. 薄琥:《媒介社区化聚合》,北京:中国传媒大学出版社,2011 年版。

14. 李永刚:《我们的防火墙:网络时代的表达与监管》,桂林:广西师范大学出版社,2009 年版。

15. 王贵斌:《web2.0 时代网络公共舆论研究》,北京:中国传媒大学出版社,2015 年版。

16. 梁上上:《利益衡量论》,北京:法律出版社,2016 年版。

17. [美]E. 赫尔普曼:《经济增长的秘密》,王世华译,北京:中国人民大学出版社,2007 年版。

18. 黄汇:《版权法上的公共领域研究》,北京:法律出版社,2014 年版。

19. 杨仁寿:《法学方法论》,北京:中国政法大学出版社,2016 年版。

20. 崔国斌:《著作权法:原理与案例》,北京:北京大学出版社,2014 年版。

21. [英]埃斯特尔·德克雷:《欧盟版权法之未来》,徐红菊译,北京:知识产权出版社,2016 年版。

22. 黄武双等著译:《计算机字体与字库的法律保护:原理与判例》,北京:法律出版社,2011 年版。

23.《十二国著作权法》翻译组译,《十二国著作权法》,北京:清华大学出版社,1964 年版。

24. [意]桑德罗·斯奇巴尼:《正义与法》,黄风译,北京:中国政法大学出版社,1992 年版。

25. 赵震江:《法律社会学》,北京:北京大学出版社,1998 年版。

26. 冯晓青:《知识产权法利益平衡理论》,北京:中国政法大学出版社,2006 年版。

27. [德]雷炳德:《著作权法》,张恩民译,北京:法律出版社,2005 年版。

28. 韦景竹:《版权制度中的公共利益研究》,广州:中山大学出版社,2011 年版。

29. [英]约翰·洛克:《政府论(下篇)》,叶启芳、瞿菊农译,北京:商务印书馆,2011 年版。

30. 孙昊亮:《网络环境下著作权的边界问题研究》,北京:法律出版社,2017 年版。

31. 王宇:《开放与共享——开源创新的经济学思考》,南京:南京大学出版社,2013 年版。

32. 赵为学、尤杰、郑涵:《数字传媒时代欧美版权体系重构》,上海:上海交通大学出版社,2016 年版。

33. 易健雄:《加拿大版权法》,北京:知识产权出版社,2017 年版。

34. 吕炳斌:《网络时代版权制度的变革与创新》,北京:中国民主法制出版社,2012 年版。

35. 赵昆华:《开放版权许可协议研究》,北京:知识产权出版社,2017 年版。

36. 夏先良:《知识论:知识产权、知识贸易与经济发展》,北京:对外经济贸易大学出版社,2000 年版。

37. 刘春田:《中国知识产权评论(第一卷)》,北京:商务印书馆,2002 年版。

38. 孔祥俊:《网络著作权保护法律理念与裁判方法》,北京:中国法制出版社,2015 年版。

39. 张文显:《法学基本范畴研究》,北京:中国政法大学出版社,1993 年版。

40. 杨小兰:《网络著作权研究》,北京:知识产权出版社,2012 年版。

41. 王清:《著作权限制制度比较研究》,北京:人民出版社,2007 年版。

42. 梁志文:《变革中的版权制度研究》,北京:法律出版社,2018 年版。

43. 韩世远:《合同法总论》,北京:法律出版社,2004 年版。

44. 李琛:《著作权基本理论批判》,北京:知识产权出版社,2013 年版。

45. 杨红军:《版权许可制度论》,北京:知识产权出版社,2013 年版。

46. 张今:《版权法中私人复制问题研究——从印刷机到互联网》,北京:中国政法大学出版社,2009 年版。

47. 郑成思:《知识产权论(第三版)》,北京:法律出版社,2003 年版。

48. [美]约纳森·罗森诺:《网络法——关于因特网的法律》,张皋彤等译,北京:中国政法大学出版社,2003 年版。

49. 宋海燕:《中国版权新问题——网络侵权责任、Google 图书馆案、比赛转播权》,北京:商务印书馆,2011 年版。

50. 陈卫佐译注:《德国民法典》(第 3 版),北京:法律出版社,2010 年版。

51. 欧洲民法典研究组、欧盟现行私法研究组:《欧洲示范民法典草案:欧洲私法的原则、定义和示范规则》,高圣平译,北京:中国人民大学出版社,2012 年版。

52. 王先林:《知识产权与反垄断法——知识产权滥用的反垄断法问题研究》,北京:法律出版社,2001 年版。

53. 梅术文:《著作权保护中的消费者运动与制度创新》,北京:知识产权出版社,2015 年版。

54. [澳]彼得·达沃豪斯、约翰·布雷斯韦特:《信息封建主义》,刘雪涛译,北京:知识产权出版社,2005 年版。

55. 梅术文:《网络知识产权法——制度体系与原理规范》,北京:知识产权出版社,2016 年版。

56. 吴汉东:《著作权合理使用制度研究》,北京:中国政法大学出版社,2005 年版。

57. 孟兆平:《网络环境中著作权保护体系的重构》,北京:北京大学出版社,2016 年版。

58. [美]H. 范里安:《微观经济学:现代观点》,上海:上海三联书店,1994 年版。

59. 张民安:《过错侵权责任制度研究》,北京:中国政法大学出版社,2002 年版。

60. [英]维克托·迈尔-舍恩伯格、[英]肯尼思·库克耶:《大数据时代:生活、工作与思维的大变革》,盛杨燕、周涛译,南京:浙江人民出版社,2013 年版。

61. [美]弗兰克·帕斯奎尔:《黑箱社会:控制信息和金钱的数据法则》,赵亚男译,北京:中信出版集团,2015 年版。

（二）论文类

62. 李雨峰、陈伟:《为何"一次性"的发表权需要期限限制?——基于发表权的理论逻辑与权利框架的反思》,《电子知识产权》,2009 年第 6 期。

63. 李雨峰、邓思迪:《互联网平台侵害知识产权的新治理模式——迈向一种多元治理》,《重庆大学学报(社会科学版)》,2020 年第 4 期。

64. 李雨峰:《互联网领域不正当竞争行为的判定》,《重庆邮电大学学报(社会科学版)》,2016 年第 1 期。

65. 张耕、林楠:《规范性路径下作品的转换性使用标准重构及本土化运用》,《西南民族大学学报(人文社科版)》,2019 年第 8 期。

66. 张耕、孙正樑:《论体育赛事节目的独创性》,《电子知识产权》,2018 年第 10 期。

67. 周园、邓宏光:《论视听作品作者的利益分享权——以〈中华人民共和国著作权法〉第三次修订为中心》,《法商研究》,2013 年第 3 期。

68. 胡志兵:《互联网生产和消费三个模式的微观研究》,北京邮电大学博士论文,2008 年 5 月。

69. 黄汇:《版权法上的公共领域研究》,西南政法大学博士论文,2009 年 3 月。

70. 赵超:《学科研究视域中知识社会学的理论整合与范式转换问题研究》,南开大学博士论文,2013 年 6 月。

71. [美]约瑟夫·费尔德:《科斯定理 1-2-3》,李政军译,《经济社会体制比较》,2002 年第 5 期。

72. 赵锐:《论孤儿作品的版权利用——兼论〈著作权法〉(修改草案)第 25 条》,

《知识产权》,2012 年第 6 期。

73. 司莉、邢文明:《国外科学数据管理与共享政策调查及对我国的启示》,《情报资料工作》,2013 年第 1 期。

74. 梅术文:《信息网络传播权默示许可制度的不足与完善》,《法学》,2009 年第 6 期。

75. 周川磊:《网络环境下著作权法定许可制度研究》,河北大学硕士论文,2016 年 5 月。

76. 熊琦:《著作权法定许可的正当性解构与制度替代》,《知识产权》,2011 年第 6 期。

77. 王国柱、李建华:《著作权法定许可与默示许可的功能比较与立法选择》,《法学杂志》,2012 年第 10 期。

78. 许辉猛:《玩家游戏直播著作权侵权责任认定及保护途径》,《河南财经政法大学学报》,2017 年第 4 期。

79. 胡开忠、赵加兵:《英国版权例外制度的最新修订及启示》,《知识产权》,2014 年第 8 期。

80. 周玲玲:《〈欧盟数字化单一市场指令提案〉之著作权例外条款解读》,《图书情报工作》,2017 年第 3 期。

81. 张平:《网络环境下著作权许可模式的变革》,《华东政法大学学报》,2007 年第 4 期。

82. 付继存:《著作权法公共利益的结构》,《武陵学刊》,2018 年第 11 期。

83. 宁立志:《知识产权权利限制的法经济学分析》,《法学杂志》,2011 年第 12 期。

84. 吴汉东:《知识产权法的制度创新本质与知识创新目标》,《法学研究》,2014 年第 3 期。

85. 胡开忠:《知识产权法中公有领域的保护》,《法学》,2008 年第 8 期。

86. 王太平、杨峰:《知识产权法中的公共领域》,《法学研究》,2008 年第 1 期。

87. 冯晓青：《知识产权法的公共领域理论》，《知识产权》，2007 年第 3 期。

88. 黄汇：《版权法上的公共领域研究》，《现代法学》，2008 年第 3 期。

89. 郑成思：《信息、知识产权与中国知识产权战略若干问题》，《法律适用》，2004 年第 7 期。

90. 吴汉东：《财产权客体制度论——以无形财产权客体为主要研究对象》，《法商研究》，2000 年第 4 期。

91. 刘春田：《知识财产权解析》，《中国社会科学》，2003 年第 4 期。

92. 朱谢群：《信息共享与知识产权专有》，《中国社会科学》，2003 年第 4 期。

93. 昌家立：《试论知识的本质》，《青海社会科学》，1995 年第 4 期。

94. 胡波：《共享模式与知识产权的未来发展——兼评知识产权替代模式说》，《法制与社会发展》，2013 年第 4 期。

95. 张晓林：《开放获取、开放知识、开放创新推动开放知识服务模式——30 会聚与研究图书馆范式再转变》，《现代图书情报技术》，2013 年第 2 期。

96. 于超、朱瑾、张文倩、张耀耀：《信息交互视角下在线社群协同进化耦合域构建机制研究》，《情报科学》，2018 年第 12 期。

97. 陈妍如：《新新媒介环境下网络短视频的内容生产模式与思考》，《编辑之友》，2018 年第 6 期。

98. 兰磊：《创新视角下的知识产权——反垄断法关系》，《电子知识产权》，2013 年第 5 期。

99. 刘华、孟奇勋：《知识产权公共政策的模式选择与体系构建》，《中国软科学》，2009 年第 7 期。

100. 张平：《市场主导下的知识产权制度正当性再思考》，《中国法律评论》，2019 年第 3 期。

101. 胡鸿高：《论公共利益的法律界定——从要素解释的路径》，《中国法学》，2008 年第 4 期。

102. 黄学贤：《公共利益界定的基本要素及应用》，《法学》，2004 年第 10 期。

103. 胡建淼、邢益精:《公共利益概念透析》,《法学》,2004 年第 10 期。

104. 黄汇:《"山寨"诉求与中国知识产权建设的未来》,《法学评论》,2015 年第 3 期。

105. 黄汇:《寻求著作权制度理论解放的力量——评李琛教授〈著作权基本理论批判〉之两题》,《知识产权》,2013 年第 12 期。

106. 阳晓伟、杨春学:《"公地悲剧"与"反公地悲剧"的比较研究》,《浙江社会科学》,2019 年第 3 期。

107. 黄汇:《版权法上公共领域的衰落与兴起》,《现代法学》,2010 年第 7 期。

108. 徐瑄:《知识产权的正当性——论知识产权法中的对价与衡平》,《中国社会科学》,2003 年第 4 期。

109. 冯晓青:《知识产权法中专有权与公共领域的平衡机制研究》,《政法论丛》,2019 年第 6 期。

110. 董慧娟:《公共领域理论:版权法回归生态和谐之工具》,《暨南学报(哲学社会科学版)》,2013 年第 7 期。

111. 冯晓青:《知识产权法的价值构造:知识产权法利益平衡机制研究》,《中国法学》,2007 年第 1 期。

112. 冯晓青、周贺微:《知识产权的公共利益价值取向研究》,《学海》,2019 年第 1 期。

113. 曹新明:《知识产权与公有领域之关系研究》,《法治研究》,2013 年第 3 期。

114. 刘铁光:《著作权正当性的危机与出路》,《法制与社会发展》,2010 年第 2 期。

115. 冯心明、丘云卿:《现代著作权法公共领域的危机和出路》,《华南师范大学学报(社会科学版)》,2011 年第 4 期。

116. 郑重:《经济学视野下网络版权扩张之反思》,《中国版权》,2016 年第 6 期。

117. 兰磊:《创新视角下的知识产权——反垄断法关系》,《反垄断法》。

118. [日]田村善之:《"知识创作物未保护领域"之思维模式的陷阱》,李杨译,

《法学家》,2010 年第 4 期。

119. 严永和:《"信息封建主义"说的主要贡献、不足与完善——与彼得·达沃豪斯及约翰·布雷斯韦特教授商榷》,《暨南学报(哲学社会科学版)》,2013年第 1 期。

120. 杨利华:《我国著作权客体制度检讨》,《法学杂志》,2013 年第 8 期。

121. 冯晓青、徐相昆:《著作权法不适用对象研究——以著作权法第三次修改为视角》,《武陵学刊》,2018 年第 6 期。

122. 徐兴祥、顾金焰:《论著作权客体的演变》,《西南交通大学学报(社会科学版)》,2014 年第 4 期。

123. 王凤娟、刘振:《著作权法中思想与表达二分法之合并原则及其适用》,《知识产权》,2017 年第 1 期。

124. 张玉敏、曹博:《论作品的独创性——以滑稽模仿和后现代为视角》,《法学杂志》,2011 年第 4 期。

125. 芮松艳:《计算机字库中单字的著作权保护——兼评"方正诉宝洁"案》,《知识产权》,2011 年第 10 期。

126. 黄汇、郑家红:《论计算机字体单字著作权保护中的公共领域保留——以方正诉宝洁侵犯计算机倩体字"飘柔"案为例展开》,《法律适用》,2013 年第 4 期。

127. 赵锐:《作品独创性标准的反思与认知》,《知识产权》,2011 年第 9 期。

128. 刘庆、曾梦倩:《数字时代时事新闻的界定与版权保护》,《中国出版》,2015年第 3 期。

129. 冯晓青:《著作权法中思想与表达二分法之合并原则及其实证分析》,《法学论坛》,2009 年第 2 期。

130. 蔡之国:《新闻叙事学研究框架的构想》,《南通大学学报》(社会科学版),2006 年第 4 期。

131. 李琛:《论无人继承之著作财产权的处理》,《电子知识产权》,2008 年第

1 期。

132. 徐名勋:《论我国著作权行政保护的特点》,《法学杂志》,2010 年第 2 期。

133. 王果:《无主作品著作权归属的"公""私"之争》,《中国版权》,2016 年第 4 期。

134. 丁晓东:《数据到底属于谁——从网络爬虫看平台数据权属与数据保护》,《华东政法大学学报》,2019 年第 5 期。

135. 殷继国:《大数据市场反垄断规制的理论逻辑与基本路径》,《政治与法律》,2019 年第 10 期。

136. 刘剑文、王清:《关于版权客体分类方法与类型的比较研究》,《比较法研究》,2003 年第 1 期。

137. 李永明、钱炬雷:《我国网络环境下著作权许可模式研究》,《浙江大学学报(人文社会科学版)》,2008 年第 6 期。

138. 张金平:《人工智能作品合理使用困境及其解决》,《环球法律评论》,2019 年第 3 期。

139. 管育鹰:《我国著作权法定许可制度的反思与重构》,《华东政法大学学报》,2015 年第 2 期。

140. 熊琦:《著作权许可的私人创制与法定安排》,《政法论坛》,2012 年第 6 期。

141. 郭建鸾:《欧盟互联网反垄断有哪些"新招"》,《人民论坛》,2018 年 12 月上。

142. 麻思蓓、许燕:《面向互联网的著作权数字授权许可 CC0 研究》,《图书馆理论与实践》,2019 年第 3 期。

143. 周玲玲、杜静、费晓燕:《数字环境下合理使用立法的重新建构——基于文本与数据挖掘的发展与分析》,《浙江社会科学》,2018 年第 5 期。

144. 徐轩、孙益武:《英国数据挖掘著作权例外条款研究及其启示》,《图书馆建设》,2015 年第 9 期。

145. 罗娇、张晓林:《支持文本与数据挖掘的著作权法律政策建议》,《中国图书馆学报》,2018 年第 5 期。

146. 唐思慧:《大数据环境下文本和数据挖掘的版权例外研究——以欧盟〈DSM 版权指令〉提案为视角》,《知识产权》,2017 年第 10 期。

147. 樊佳怡:《欧盟有关文本和数据挖掘的法律框架》,《信息资源管理学报》, 2016 年第 1 期。

148. 彭桂兵:《取道竞争法:我国新闻聚合平台的规制路径——欧盟〈数字版权 指令〉争议条款的启示》,《新闻与传播研究》,2019 年第 4 期。

149. 孙昊亮:《媒体融合下新闻作品的著作权保护》,《法学评论》,2018 年第 5 期。

150. 刘友华、魏远山:《聚合分发平台与传统新闻出版者的著作权冲突及解决》, 《新闻与传播研究》,2018 年第 5 期。

151. 林秀芹:《中国专利强制许可制度的完善》,《法学研究》,2006 年第 6 期。

152. 杨红军:《版权强制许可制度论》,《知识产权》,2008 年第 4 期。

153. 邵国松:《新闻聚合的版权问题研究》,《南京社会科学》,2015 年第 5 期。

154. 蔡元臻:《新媒体时代著作权法定许可制度的完善——以"今日头条"事件 为切入点》,《法律科学(西北政法大学学报)》,2015 年第 4 期。

155. 钟凯、戴林莉:《共享经济相关市场界定:挑战与回应——兼议互联网反垄 断立法革新》,《经济法论坛》,第 22 卷。

156. 王迁:《孤儿作品制度设计简论》,《中国版权》,2013 年第 1 期。

157. 冯晓青:《网络游戏直播画面的作品属性及其相关著作权问题研究》,《知识 产权》,2017 年第 1 期。

158. 蒋舸:《论合理使用中的"行为"——兼评谷歌图书案》,《法学评论》,2015 年第 6 期。

159. 翟建雄:《信息开放存取中的版权问题及图书馆的对策》,《法律文献信息与 研究》,2006 年第 4 期。

160. 陈传夫:《开放内容的类型及其知识产权管理》,《中国图书馆学报》,2004

年第 6 期。

161. 郑成思、薛虹:《电子商务法律制度专题研讨各国电子商务立法状况》,《法学》,2000 年第 12 期。

162. 薛虹:《持续性的合同关系——"启封许可证"的法律效力》,《国际贸易》,1997 年第 8 期。

163. 刘颖、何天翔:《论计算机软件的大众市场许可——以美国〈统一计算机信息交易法〉为中心》,《太平洋学报》,2009 年第 4 期。

164. 谢晴川、何天翔:《论著作权合理使用制度的开放化路径——以"中间层次"一般条款的引入为中心》,《知识产权》,2019 年第 5 期。

165. 陈兵:《大数据的竞争法属性及规制意义》,《法学》,2018 年第 8 期。

166. 谢函余、孙婉清:《论著作权强制许可使用制度》,《云南科技管理》,2008 年第 4 期。

167. 马一德:《视频分享网站著作权间接侵权的过错认定》,《现代法学》,2018 年第 1 期。

168. 崔国斌:《得形忘意的服务器标准》,《知识产权》,2016 年第 8 期。

169. 丁文联:《数据竞争的法律制度基础》,摘自陈永伟:《数字经济时代数据性质、产权和竞争》,《财经问题研究》,2018 年第 2 期。

170. 崔国斌:《网络服务商共同侵权制度之重塑》,《法学研究》,2013 年第 4 期。

171. 王国柱:《我国知识产权间接侵权制度的立法构造——识产权间接侵权与多数人侵权的差异》,《东北大学学报(社会科学版)》,2015 年第 3 期。

172. 王迁:《视频分享网站著作权侵权问题研究》,《法商研究》,2008 年第 4 期。

173. 冯晓青、韩婷婷:《网络版权纠纷中"服务器标准"的适用与完善探讨》,《电子知识产权》,2016 年第 6 期。

174. 王迁:《视频分享网站著作权侵权问题再研究》,《法商研究》,2010 年第 1 期。

175. 郭红伟:《论搜索引擎服务提供者的安全保障义务》,《法学杂志》,2019 年第 11 期。

176. 李易敏、李华：《仅提供云技术链接不构成网络信息传播行为》，《人民司法》，2014 年第 2 期。

177. 黄汇、刘家会：《网络聚合平台深层链接著作权侵权责任的合理配置》，《当代法学》，2019 年第 4 期。

178. 吴汉东：《知识产权的私权与人权属性——以〈知识产权协议〉和〈世界人权公约〉为对象》，《法学研究》，2003 年第 3 期。

179. 肖尤丹：《网络环境下多元著作权保护制度的建构——以"Creative Commons"机制与合理使用为视角》，《图书情报知识》，2007 年第 3 期。

180. 易继明：《禁止权利滥用原则在知识产权领域中的适用》，《中国法学》，2013 年第 4 期。

181. 王先林：《若干国家和地区对知识产权滥用的反垄断控制》，《武汉大学学报（社会科学版）》，2003 年第 2 期。

182. 王炳：《我国反垄断指南的尴尬法律地位与救赎方法》，《政法论丛》，2018 年第 6 期。

183. 王先林：《日本关于知识产权滥用的反垄断控制及其借鉴意义》，《知识产权》，2002 年第 2 期。

184. 李雨峰：《论著作财产权的保护期》，《政治与法律》，2008 年第 4 期。

185. 程松亮：《著作权保护期延长的合理性探究》，《湖北社会科学》，2012 年第 7 期。

186. 罗施福：《著作权保护期立法的国际趋向及我国立法选择》，《集美大学学报（哲社版）》，2018 年第 4 期。

187. 王辉：《数字时代著作权保护期延长的非必要性》，《中国出版》，2019 年第 20 期。

188. 翟建雄：《知识共享许可协议以及司法判例介绍》，《图书馆建设》，2007 年第 6 期。

189. 谭洋:《在线内容分享服务提供商的一般过滤义务——基于〈欧盟数字化单一市场版权指令〉》,《知识产权》,2019 年第 6 期。

190. 熊琦:《著作权间接责任制度的扩张与限制——美国判例的启示》,《知识产权》,2009 年第 6 期。

191. 姜野:《算法的规训与规训的算法:人工智能时代算法的法律规制》,《河北法学》,2018 年第 12 期。

192. 张玲玲:《手机视频聚合平台服务提供者侵犯著作权问题研究——以预备合并诉讼及服务器标准的适用为视角》,《中国知识产权法学研究会 2015 年年会论文集》,2015 年 9 月。

193. 冯晓青:《因特网服务提供商著作权侵权责任限制研究——美国〈数字千年著作权法〉评析》,《河北法学》,2001 年第 6 期。

194. 司晓:《网络服务提供者知识产权注意义务的设定》,《法律科学(西北政法大学学报)》,2018 年第 1 期。

195. 崔国斌:《论网络服务商版权内容过滤义务》,《中国法学》,2017 年第 2 期。

196. 刘鹏:《网盘存储服务商的版权义务探析》,《知识产权》,2016 年第 6 期。

197. 刘家瑞:《为何历史选择了服务器标准——兼论聚合链接的归责原则》,《知识产权》,2017 年第 2 期。

198. 王迁:《论提供"深层链接"行为的法律定性及其规制》,《法学》,2016 年第 10 期。

199. 刘银良:《信息网络传播权的侵权判定——从"用户感知标准"到"提供标准"》,《法学》,2017 年第 10 期。

200. 冯刚:《涉及深度链接的侵害信息网络传播权纠纷问题研究》,《知识产权》,2016 年第 8 期,第 25 页。

201. 崔国斌:《加框链接的著作权法规制》,《政治与法律》,2014 年第 5 期。

202. 曾彩霞、朱雪忠:《论大数据垄断的概念界定》,《中国价格监管与反垄断》,2019 年第 12 期。

203. 刘银良:《信息网络传播权框架下深层链接的法律性质探究》,《环球法律评论》,2017 年第 6 期。

204. 詹馥静、王先林:《反垄断视角的大数据问题初探》,《价格理论与实践》,2018 年第 9 期。

205. 王艳芳:《〈关于审理侵害信息网络传播权民事纠纷案件适用法律若干问题的规定〉的理解与适用》,《人民司法》2013 年第 9 期。

206. 田小军、郭雨笛:《短视频平台版权治理问题研究——以设定平台版权过滤义务为视角》,《出版发行研究》,2019 年第 7 期。

207. 张春、邓丹云:《广州互联网法院网络著作权纠纷案件的审理思路》,《人民司法》,2019 年第 25 期。

208. 张守文:《反垄断法的完善:定位、定向与定则》,《华东政法大学学报》,2020 年第 1 期。

209. 张占江:《反不正当竞争法属性的新定位》,《中外法学》,2020 年第 1 期。

210. 傅萍:《互联网经济下价格歧视反垄断的国际经验及启示》,《改革与战略》,2017 年第 3 期。

211. 张志伟:《反垄断规制中不正当价格的认定方法》,《江西社会科学》,2015 年第 7 期。

212. 叶高芬:《认定违法价格歧视行为的既定框架及其思考》,《法商研究》,2013 年第 6 期。

213. 孙晋:《谦抑理念下互联网服务行业经营者集中救济调适》,《中国法学》,2018 年第 6 期。

214. 刘有东:《著作人格权制度研究》,西南政法大学博士论文,2010 年 5 月。

215. 杨学春:《开放存取的理论基础—兼论许可协议》,华东师范大学硕士论文,2008 年 5 月。

216. 刘玮琼:《互联网环境下的知识产权公有领域研究》,暨南大学硕士论文,2007 年 5 月。

二、外文类参考文献

（一）著作类

217. Henry Jenkins, *Textual Poachers: Television Fans and Participatory Culture*, New York: Routledge, 2012.

218. James Boyle, *The Public Domain: Enclosing the Commons of the Mind*, London: Yale University Press, 2009.

219. Klaus Schwab, *The Fourth Industrial Revolution*, Geneva: Currency, 2016.

220. Paul Goldstein, *Goldstein on Copyright*, New York: Aspen Publishers, 2005.

221. Lyman Ray Patterson, *Copyright in Historical Perspective*, Nashvile: Vanderbilt University Press, 1968.

222. Jay Dratler, *Licensing of Intellectual Property*, New York: Law Journal Press, 1994.

223. Robert H. Bork, *The Antitrust Paradox: A Policy at War with Itself*, NewYork: the Free Press, 1993.

（二）论文类

224. Diane Rowland and Andrew Campbell, "Supply of Software: Copyright and Contract Issues," *International Journal of Law and Information Technology*, Vol. 10, Issue 1, 2002.

225. Kelly Morris, "'Transforming' Fair Use: Authors Guild, Inc. v. Google, Inc. ," *N. C. J. L. & Tech*, 2014.

226. Keiyana Fordham, "Can Newspapers Be Saved? How Copyright Law Can Save Newspapers from the Challenges of New Media," *Fordham Intellectual Property, Media & Entertainment Law Journal*, Vol. 20, Issue 3, Spring 2010.

227. Ralph Oman, "The Compulsory License Redux: Will It Survive in a Changing

Marketplace," *Cardozo Arts & Entertainment Law Journal*, Vol. 5, Issue 1,1986.

228. Jane C. Ginsburg, "Une Chose Publique?," The author's Domain and the Public Domain in Early British, *Cambridge Law Journal*, 65 (3), November 2006.

229. Malla Pollack,"The Democratic Public Domain:Reconnecting the Modern First Amendment and the Original Progress Clause(A. K. A. Copyright and Patent Clause) ,"*Jurimetrics*,Vol. 45,Issue 1,Fall 2004.

230. William M. Landes and Richard A. Posnert, "Indefinitely Renewable Copyright,"*University of Chicago Law Review*,Vol. 70,Issue 2,Spring 2003.

231. Giuseppina D'Agostino, "Healing Fair Dealing? A Comparative Copyright Analysis of Canada's Fair Dealing to U. K. Fair Dealing and U. S. Fair Use," *McGill Law Journal*,153(2008).

232. Bo Leuf and Ward Cunningham. The Wikiway. London: Addison-Wesley Professional,2001.

233. Matthew Sag,"Internet Safe Harbors and the Transformation of Copyright Law," *Notre Dame Law Review*,Vol. 93,Issue 2,December 2017.

234. Giancario F. Frosio, "The Death of No Monitoring Obligations," *Information Technology and Electronic Commerce Law*,Vol. 8,Issue 3,November 2017.

235. Seth F. Kreimer, "Censorship by Proxy:The First Amendment, Internet Intermediaries, and the Problem of the Weakest Link," *University of Pennsylvania Law Review*,Vol. 155,Issue 1,November 2006.

236. Tyler T. Ochoa,"Origins and meanings of Public Domain,"*University of Dayton Law Review*,Vol. 28,Issue 2. 2002.

237. Wendy J. Gordon, "A Property Right in Self-Expression:Equality and Individualism in the Natural Law of Intellectual Property Right," *Yale Law*

Journal, Vol. 102, Issue 7, 1993.

238. Edward Samuels, "The Public Domain and Copyright Law," *Journal of the Copyright Society of the U. S. A.*, Vol. 41, Issue 2, Winter 1993.

239. James Boyle, "The Second Enclosure Movement and the Construction of the Public Domain," *Law and Contemporary Problems*, Vol. 66, Issues 1–2, Winter/Spring 2003.

240. Yochai Benkler, "Free as the Air to Common Use: First Amendment Constrains on Enclosure of the Public Domain," *New York University Law Review*, Vol. 74, Issue 2, May 1999.

241. Edward Lee, "Warming Up to User-Generated Content," *University of Illinois Law Review*, Vol. 2008, Issue 5, 2008.

242. Zhang Z, "Feeling the sense of community in social networking usage," *IEEE Transactions on Engineering Management*, 2010.

243. Sims J M, "Communities of practice: Telemedicine and online medical communities," *Technological Forecasting and Social Change*, 2018.

244. Lydia Pallas Loren, "Building a Reliable Semicommons of Creative Works: Enforcement of Creative Commons Licenses and Limited Abandonment of Copyright," *George Mason Law Review*, Vol. 14, Issue 2, Winter 2007.

245. Carol Rose, "The Comedy of the Commons: Custom, Commerce, and Inherently Public Property," *University of Chicago Law Review*, Vol. 53, Issue 3, Summer 1986.

246. Daniel Gervais, "The Tangled Web of UGC: Making Copyright Sense of User-Generated Content," Vanderbilt Journal of Entertainment and Technology Law, Vol. 11, Issue 4, Summer 2009. 219. Edward Lee, "Remixing Lessig," *I/S: A Journal of Law and Policy for the Information Society*, Vol. 6, Issue 1, Winter 2010.

247. James Boyle, "The Opposite of Property?," *Law & Contemp. Prob*, vol. 66, no. 1&2, Winter/Spring 2003.

248. Carol M. Rose, "Romans, roads, and romantic creators: traditions of public property in the information age," *Law and Contemporary Problems*, Vol. 66, Issues 1-2, Winter/Spring 2003.

249. Jessica Litman, "The Public Domain," *Emory Law Journal*, Vol. 39, Issue 4, Fall 1990.

250. David Lange, "Recognizing the Public Domain," *Law and Contemporary Problems*, Vol. 44, Issue 4, Autumn 1981.

251. Maurizio Borghi and Stavroula Karapapa, "Non-display uses of copyright works: Google Books and beyond," *Queen Mary Journal of Intellectual Property*, Vol. I, No. 1. April 2011.

252. Jiarui Liu, "An Empirical Study of Transformative Use in Copyright Law," *Stanford Technology Law Review*, Vol. 22, Issue 1, Winter 2019.

（三）其他类

253. *First Report on the application of Directive 2000/ 31/ EC of the European Parliament and of the Council of 8 June 2000 on certain legal aspects of inform at ion society services, in particular electronic commerce, in the Internal Market (Directive on electronic commerce)*, the Commission to the European Parliament and the Council and the European Economic and Social Committee, 2003. p. 14.

254. *Economics of Property Rights as Applied to Computer Software and Data Bases, Report Prepared for the National Commission on New Technological Uses of Copyrighted Works*, Washington, D. C.: Yale Braunstein and Dietrich Fisher, June 1977, pp. 1-2.